마을목회와 프런티어 교회들

총회한국교회연구원 '마을목회' 시리즈 ⑲

마을목회와
프런티어 교회들

김윤태 김의식 김한호 김휘현 노영상
민건동 이박행 최상민 허요환 **함께 씀**
총회한국교회연구원 **기획**

동연

책을 펴내며

'마을목회' 시리즈 19번째 책으로『마을목회와 프런티어 교회들』을 발간할 수 있도록 하신 하나님께 감사드립니다. 2020년 코로나19 바이러스는 우리가 살아가는 생활 전반에 큰 파장을 미쳤습니다. '사회적 거리두기'(Social Distancing)로 대변되는 활동 자제는 정치, 경제, 기업 활동, 여행, 인간관계에 이르기까지 우리 삶의 모든 영역에 영향을 주고 있습니다. 각 분야의 전문가들은 코로나19 이전의 사회와 환경으로 돌아가지 못할 것이라고 합니다. 다시 말하면 우리는 코로나19 이전과 이후로 확연히 구분되는 시대를 맞이할 것입니다. 새로운 환경에 대한 견해는 다양하지만 전 세계가 변화를 맞이할 것은 분명해 보입니다. 교회도 예외 없이 지금까지 경험해보지 못한 새로운 목회환경을 맞이하게 되었습니다.

한국기독교목회자협의회와 한국기독언론포럼이 기독교인 천 명을 대상으로 한 설문조사에서 "코로나19를 겪으면서 주일성수(예배 출석)에 대한 생각의 변화 여부"를 묻는 말에 교인의 22.9%가 "주일에 꼭 교회에 출석하여 예배를 드리지 않아도 된다는 생각을 하게 됐다"라고 응답했습니다. 무려 5분의 1 이상의 교인이 예배 방식에 대한 변화에 적응했다는 통계입니다. 아직은 코로나19 전염병이 종식되지 않은 상황이고 종식 선언 이후에 어떻게 대처할지를 지켜봐야 하겠지만, 예배 방식에 대한 다양한 준비와 기존의 목회환경에 대한 재점검이 필요한 때입니다.

교회의 역사에서 사회적인 재난을 통한 교회의 위기는 늘 있었습니다. 흑사병이 있던 종교개혁자들의 시대에는 종교개혁자들이 이에 대해 신학과 목회적인 응답을 했었습니다. 제1, 2차 세계대전과 스페인 독감 등 전쟁과 전염병의 소용돌이 속에서도 교회는 길을 찾고자 노력했습니다. 코로나19가 많은 변화를 불러오고 있지만 우리는 전통적 목회의 길을 놓치지 말아야 할 것입니다. 교회의 거룩성, 공공성, 예배의 가치 회복은 양보할 수 없는 것들로 사회의 변화에도 불구하고 이를 무시해서는 안 될 것입니다.

본 교단은 제98회기 총회에서 '치유와 화해의 생명공동체운동 10년'이라는 장기정책(2012~2022)을 채택하였습니다. 이후 6년째를 맞이하던 2017년부터 구체적인 실천을 위해 이 운동을 '마을목회위원회'로 재편하였습니다. 이 운동을 펼치는 중 연구원에선 총 19권의 마을목회 관련 책을 발간했습니다. 마을목회는 하나님의 진정한 사랑으로 마을을 품고 세상을 살리는 목회로, 개인주의적 행복을 넘어 공동체적 행복을 강화하는 목회입니다. '마을목회'는 신학자들이 책상머리에서 만들어 낸 목회신학이 아니며, 현장 목회자들의 목회를 바탕으로 구성된 실천적 방안입니다. 예전에 있었던 여러 한국적 신학들은 대부분 신학자의 노력에만 의존했었지만, 현재 우리 교단이 제시하는 '마을목회'는 목회현장에서의 실천과 그에 대한 신학자들의 반성이 함께 어우러진 신학입니다.

특히 『마을목회와 프런티어 교회들』은 현재 목회 현장에 있는 목사님들의 '마을목회'에 대한 소중한 경험이 실려 있어 더 큰 의미가 있습니다. 총회한국교회연구원 산하 마을학연구소의 민건동 목사님을 비롯하여, 전라남도 보성군에서 활발하게 치유 사역을 하시는 이박행 목사님, 사회복지재단 〈작은자의집〉을 운영하시는 최상민 목사님, 특별히 본 연구원의 이사로 섬기고 있는 김윤태, 김한호, 김의식, 김휘현, 허요환 목사님께 깊은 감사의 마음을 전합니다.

마지막으로 이 책의 발간을 위해 수고해 주신 총회한국교회연구원의 이사님들과 연구원 원장이신 노영상 목사님과 실장 김신현 목사님, 간사 구혜미 목사님 및 출판을 맡아주신 도서출판 동연 김영호 대표님께 감사의 말을 전합니다. 『마을목회와 프런티어 교회들』을 통해 불확실의 시대에 한국교회가 더욱 든든히 세워져 나가길 진심으로 소망합니다.

이사장 채영남 목사

(본향교회)

차 례

마을목회와 프런티어 교회들

노영상 원장

(총회한국교회연구원)

1. 마을목회란?

본 총회한국교회연구원은 '마을목회' 연구를 진작해오며 지난 4년간 19권의 책을 펴냈다. 마을목회는 한국교회 정체기에 각 교회가 실천한 생존 방안들을 검토하여 이론화한 실천적 목회전략으로, 제102회 총회의 주제인 '거룩한 교회, 다시 세상 속으로'를 구현하기 위한 목회의 실천지침이기도 했다.

몇 년 전 이 같은 '마을목회'를 남인도교회에서 온 교단 대표들에게 강의하며 영어로 표현하는 문제에 대해 고민한 적이 있었다. 보통 영어로는 'community ministry'(지역사회 목회)나 'small town ministry'(소도시 목회)로 표현할 수 있을 것이다. 필자는 이러한 표현이 뭔가 부족하다고 생각하여 영어로 'village ministry'

라는 표현을 채택하기도 하였지만, 그 말로도 충분한 것 같지 않았다. 이런 고민을 하던 차에 총회 변창배 사무총장이 "그냥 한글 그대로 'maul ministry'로 하는 것이 적합한 것 같다"라고 하는 말을 듣고 그 표현이 좋다는 생각을 했다. 우리가 말하는 '마을목회'는 서구의 커뮤니티 미니스트리와는 차이가 있는 것으로, 영어로 표현하면 그 의미가 정확히 드러나지 않으리라고 생각하였다. 이에 '마을'을 영어로 번역하며 'maul'과 'maeul' 중 어떤 게 좋을지 망설이기도 하였는데, 이전 '새마을운동'이 'Sae Maul Move-ment'로 표현되곤 하여, 'maul'로 번역하기로 하였다. 이에 '마을목회 운동'을 영어로 표현할 때는 'Maul Ministry Movement'로 할 것을 추천한다.

'마을목회'는 서구의 선교적 교회론이나 지역사회 목회와는 다른, 더 폭넓은 의미가 있는 목회개념으로, 한국교회가 창안한 오늘의 시대를 위한 새로운 목회방안으로 보는 것이 좋다. 이에 우리는 이 마을목회를 더욱 풍성하게 가꾸어 선교가 어려운 오늘의 시대에 목회적 대안이 되기를 바란다. 커뮤니티 또는 지역사회란 말은 행정상의 단위에 더 연관되지만, 마을이란 사람이 손을 뻗으면 닿을 수 있는 인간의 정감과 연결된 단위로서, 물적인 개념보다 사람을 중심으로 하는 삶과 연관된 개념이다. 아무리 물적 거리상으로 가까운 곳에 사는 사람들이라 할지라도 정신적인 공동체성과 하나 됨이 형성되어 있지 않은 곳은 마을로 보기 어렵다. 이런 견지에서 필자는 지역사회 목회라는 개념보다 마을목회라는 개념을 앞세우려 하는 것이다.

예전 국민일보 기자와 인터뷰를 하며 마을목회 정의에 대해 질문을 받은 적이 있다. 마을목회에 대한 책을 쓰기도 하였지만, 한마디로 정의한 적이 없어서 질문에 당황하기도 했다. 그 질문을 받고 조금 고심한 후 필자는 마을목회를 다음과 같이 정의했는데, 지금 와서 생각하여도 썩 괜찮은 정의라 여겨진다. 마을목회는 "하나님의 진정한 사랑으로 마을을 품고 세상을 살리는 목회"라는 것이다.

　　이상의 정의에서와같이 마을목회는 하나님의 사랑을 전제한다. 요한복음 3장 16절 말씀엔 "하나님이 세상을 이처럼 사랑하사 독생자를 주셨으니 이는 그를 믿는 자마다 멸망하지 않고 영생을 얻게 하려 하심이라"라는 말씀이 있다. 모든 피조물을 구원하시는 힘이 하나님의 사랑에서 나온다는 말씀이다. 마을목회는 이런 하나님의 사랑을 강조한다. 하나님 사랑이 온 생명체들의 구원의 동인인 것 같이, 우리의 선교도 이런 주님의 사랑에 바탕을 두어야 할 것이다. 남을 사랑하지 않고 입으로만 전도할 수 있다. 그러나 남의 영혼과 삶에 대한 사랑을 기반으로 하여 그에게 복음을 전하는 자는 그의 삶 전반을 도울 수밖에 없다. 보이는 형제와 보이는 삶의 실재를 사랑하지 않는 자는 하나님을 사랑할 수 없을 것이다. 헐벗고 배고픈 자식을 향해 너는 주님의 이름으로 구원받았으니 평안히 살라고 말만 하며 그를 도와주지 않는 부모는 없다. 행함이 없는 믿음, 사랑의 실천이 없는 선교는 허당이다.

　　이에 우리의 선교적 달음질이 허공을 치는 것 같이 되어서는 안 된다. 우리는 참된 주님의 사랑으로 이웃을 위해 헌신하고 복음 전도를 통해 우리 선교의 진정성을 입증할 필요가 있다. "내가 내

몸을 쳐 복종하게 함은 내가 남에게 전파한 후에 자신이 도리어 버림을 당할까 두려워함이로다"(고전 9:27). 하나님 앞에서의 참된 선교는 희생적 사랑을 요구하는 것으로 우리는 복음을 위하여 모든 실천을 하는 성도들이 되어야겠다(고전 9:22-23).

더 나아가 마을목회는 마을을 품고 세상을 살리는 목회를 지향한다. 지역사회에 관한 관심에서 시작하여 세계에 관한 관심으로 이어지는 목회로, 지역과 함께 세계를 품는 일종의 '글로컬'(glocal)한 목회를 강조하는 것이다. 정확히 말하면 글로컬이 아니라, '로글로'(loglo)로서 지역사회를 우선으로 강조하면서 세계를 향해 뻗어 나가는 목회를 말한다. 이런 의미에서 오늘날 교회의 세계화는 지역사회를 생략하며 무시하는 것으로 이루어져서는 안 되며, 지역사회에 방점을 두고 세계를 향해 나아가는 로글로의 운동이 되어야 한다.

2. 마을목회의 핵심 전략

남인도교회 대표들을 위한 강의를 위해 마을목회의 핵심 전략을 정리하여 그 내용을 아래에 적어보았다. 마을목회를 하며 유의해야 할 사항이다.

1) '마을'이란 주로 시골지역에서 여러 집이 모여 사는 곳을 말한다. 그러나 '마을목회'는 농어촌 지역의 목회전략을 말하는 것이 아니다. 마을이 하나의 공동체를 이뤄 그곳의 주민들이 서로 도우

며 살 듯, 도시에서도 이런 공동체를 이루며 사는 것이 필요한바, 지역공동체로서의 하나님 나라를 동네 속에 세우기 위한 목회가 마을목회다.

2) 교회에는 여러 사명이 있다. 복음 전도, 예배, 교육, 교제, 사회봉사 등이다. 마을목회는 이런 기능 중 교회의 **사회봉사 영역에 치중한 목회방안**이다. 그간 한국교회는 복음 전도, 제자훈련, 예배 및 교육 등의 일들을 잘 수행해왔다. 그 같은 노력과 함께 마을목회로서 대사회적인 교회의 기능이 잘 수행된다면, 보다 활력 있는 하나님의 선교가 가능해질 것이다.

3) 마을목회는 주님의 십자가 능력과 성령의 감화를 강조한다(갈 5:16-26). 주님의 칭의의 능력이 아니고는 아무도 이웃을 진정으로 사랑할 수 없으므로, 우리는 항상 주님께 의존하고 기도하면서 마을과 온 세상의 샬롬을 이뤄나가야 할 것이다(막 9:29, 사 11:1-9). 이처럼 마을목회는 오늘의 시대에 기독교 사랑의 진정성을 보여주려는 목회방안으로(요일 3:16-18), 우리는 **믿음에 따른 사랑의 실천**이 주님의 복음을 왕성하게 할 수 있음을 믿는다(마 5:16).

4) 마을목회는 이론에 앞서 실천을 중시하는 목회다. 마을목회는 본 교단의 교회들이 전개한 현실 목회에서의 노력을 살펴 만들어 낸 이론으로 실천성을 강조하는 운동이다. 그러므로 마을목회는 신학을 위한 신학이 아니라 교회를 위한 신학을 강조한다. 이전 해외에서 한국을 대표하던 신학으로 민중신학이 있었다. 사회현

실과는 밀착된 신학이었지만 목회현장에 적용하기에는 쉽지 않았다. 이에 비해 마을목회는 목회현장에 충실한 사회봉사 신학으로, 사랑의 실천을 구체화하는 목회방안이다.

5) 마을목회는 **개인적 행복과 함께 공동체적 행복**에 관심을 둔다. 이런 견지에서 마을목회는 지역사회를 공동체적 가치를 통해 만들어나가는 것을 강조한다(요 17:21-23). 마을목회는 오늘날 우리 사회의 위기를 지나친 개인주의적 삶의 방식에서 기인한 것으로 분석하여, 경제, 교육, 복지, 환경, 문화 등 사회 각 분야에 기독교가 강조하는 사랑의 하나 됨과 공동체성을 불어넣을 것을 주창하는 목회전략이다.

6) 마을목회는 교회 밖의 주민들도 회개하고 믿기만 하면 주님의 자녀가 될 수 있는 **잠재적 교인**으로 생각하며, 그들을 목회의 대상 안에 포함하는 운동이다(롬 3:29-30). 이런 의미에서 마을목회는 "마을을 교회로, 주민을 교인으로"라는 표어를 주창한다(요 3:16). 주님은 우리 안의 99마리의 양을 두고, 길 잃은 한 마리의 양을 찾아 나서시는 분이다(마 18:12-14).

7) 마을목회는 **평신도 사역**을 강화하는 목회전략이다(고전 12:4-31). 마을목회는 평신도의 역량을 강화하여 그들을 주민자치와 교회사역의 전면에 내세우는 목회이다. 우리는 마을목회를 통해 대사회적인 봉사의 일은 평신도들이 먼저 담당케 하며, 목회자는 기도하고 설교하는 일에 전념하는 분담이 필요하다.

8) 마을목회는 지방자치 분권화를 통해 **마을 만들기 운동**을 전개함으로 우리 사회의 풀뿌리 민주주의를 정착시키려는 노력을 지지한다. 이에 마을목회는 관 주도적인 하향식 운동이 아니며, **주민 주도적**인 **상향식 운동**이다. 이에 마을목회는 복음을 통해 마을 공동체를 행복하게 만드는 일에 교인과 주민이 앞장서는 주체적 시민의식을 강조하며, 마을의 일을 위해 함께 의논하는 민주적 소통을 중시한다.

9) 마을목회가 가능하게 하려면 주민들의 주체적 역량이 전제되어야 한다(벧전 2:9). 마을 만들기를 위해서는 주민들의 자주성과 소통능력, 마을을 개발하는 일을 위한 핵심 역량과 주민의 민주적 시민 정신이 함양되어야 하고, 이를 위해 지역사회와 교회는 주민들의 **역량을 강화하는 교육**에 관심을 두어야 한다. 이에 제자직을 위한 성경교육과 시민직을 위한 시민교육이 중요하다(마 28:19-20, 딤후 3:16).

10) 마을목회는 **삼위일체 하나님 안에 나타난 생명성**을 온 세상에 퍼뜨리는 운동이다(요 17:21). 삼위일체 하나님께서 세 분이면서 하나이신 것과 같이, 우리는 개인주의와 집합주의를 넘어서는 기독교 복음의 강조점을 나타내 보여야 한다. 이에 마을목회의 사역을 위해서는 상호 간 하나 됨과 네트워크가 중시된다(고전 12:12). 마을 속 주민들의 연대, 교회들의 연대, 교인과 마을주민 사이의 네트워킹, 교회와 관청, 마을의 학교와 기업 등과 폭넓은 사귐과 관계적 통전성이 이런 마을목회를 활력 있게 할 것이다.

11) 교회가 성장하려면 교회 밖의 사람들을 전도하고 선교해야 하는데, 이를 위해서는 그들과의 접촉이 확대되어야 한다. 마을목회는 교회의 문턱을 낮추는 목회전략으로, 교회의 봉사를 통해 **교회 밖의 사람들과 관계망을 확장**하여 그들이 교회 안으로 들어와 주님의 자녀가 되는 것을 쉽게 하는 목회전략이다.

12) 마을목회는 전략을 세워 사회봉사의 사역을 추진하는 **과학적 목회방안**으로 지역사회 개발 이론, 역량강화 이론 및 전략기획 이론 등의 방법론을 사용한다. 마을목회는 실천과 함께 일의 기획 과정과 사후 평가를 중시하는 목회 방식이다(엡 1:11).

3. 정행의 신학을 강조하는 '마을목회'

정론의 신학과 정행의 신학이 있다. 정론의 신학은 신학적 이론을 세우고 그에 따라 실천하는 신학이지만, 정행의 신학은 먼저 실천하는 것을 바탕으로 그것을 음미하여 이론을 세우는 신학이다. '마을목회'는 이 두 가지 중 정행의 신학을 선택한다. 먼저 이론을 세우는 것이 아니라, 실천의 긴급성을 강조한다.

한국교회는 2011년을 정점으로 교세 감소에 직면해 있다. 한국의 6개 주요 교단들의 통계는 지난 9년간 140만 명 정도 교인 수가 감소하였음을 나타내고 있다. 140만 명의 감소란 결코 적은 수가 아니다. 100명 교인의 교회 1만 4천 개가 사라진 것이다. 그렇지 않아도 목회자의 사역지 배치가 어려운 이때, 한국교회의 모든 교단은 목회자 수요공급의 불균형 문제를 걱정하고 있다.

중대형의 교회들은 이런 교인 수 감소를 크게 걱정하고 있지는 않지만, 작은 교회들에는 교인 수 감소가 큰 어려움이 되고 있다. 이에 작은 교회들을 위시한 여러 교회의 생존과 유지를 위해 많은 노력을 하고 있다. 본 총회한국교회연구원은 이런 교회들의 수백 사례들을 모아 분석하고 이론화하는 연구에 초점을 맞춘 바 있다. 교회의 유지를 위한 많은 실천에서 이론들을 도출하여 낸 것이다.

물론 그간 '마을목회'란 이름으로 여기저기서 세미나와 논의도 하였고, 이런 분석들을 바탕으로 본 연구원은 연구진들과 전체를 아우르는 이론도 세우고 책들도 만들었다. 혹자는 실천만 하면 되는 것이지, 그 실천의 내용을 이론화하면 다시 탁상공론의 추상성으로 되돌아가는 것이 아니냐라는 말도 하지만, 이 같은 신학적 작업이란 소중한 것으로 신학자들의 피드백과 미래의 제안들에 귀 기울일 필요가 있다. 교회의 실천들을 통해 이론을 만들고 이 이론에 따라 다시 실천한 다음 피드백하여 다시 이론을 수정하며 이 이론을 기반으로 재차 실천하는 하나의 순환이 필요하다는 것이다.

이에 본 연구원에서는 마을목회 운동을 하며 하나의 중요한 원칙을 세운 바 있다. 마을목회에 대한 이론의 내용을 담은 책을 펴냄과 동시에 마을목회의 실천을 담은 사례집을 반반 정도로 편찬하는 원칙이다. 신학자의 책상머리에서 나온 신학만으론 현실의 목회를 연계시키기 어려우므로 목회현장에서 실천을 바탕으로 한 신학적 이론을 세울 필요가 있다는 것이다.

이 책은 마을목회에 대한 사례집으로서 본 연구원의 이사진을 중심으로 한 교회들의 마을목회 실제적 실천을 모은 것이다. 대전 신성교회, 화곡동의 치유하는교회, 춘천동부교회, 천봉산희년교회, 벌교의 영송교회, 안산제일교회 등이 실천하는 지역사회를 위한 선교적 노력을 담았는데, 우리는 이를 통해 오늘의 마을목회가 어떤 방향으로 나아가면 좋을 것인가를 가늠할 수 있다. 본 연구원의 이사들은 그간 마을목회에 대한 이해를 넓혀 왔으며 이를 목회에 적용하여 마을목회의 프런티어로서 훌륭한 모델이 되고 있다.

특히 본 책에 글을 쓴 목회자들은 신학적 작업을 병행하며 우리 교단의 미래적 목회를 탐구하기 위해 노력해온 분들로서, 여기에 실린 글을 통해 우리는 우리 교단의 미래적 목회전망을 가늠해볼 수 있을 것으로 생각한다. 이 책의 글들은 단순한 사례를 모은 것들이 아니며, 신학적 반성을 통해 재해석한 것들이다. 우리는 마을목회의 실천적 사례들과 함께 그를 뒷받침하는 신학적 입장들에 관한 이야기를 들어볼 수 있을 것이다. 다시 한번 옥고를 써주신 필자들과 연구원의 직원들 및 도서출판 동연 김영호 대표에게 심심한 감사의 말을 드리며 서문에 갈음하고자 한다.

1장
마을을 품는 교회

민건동 목사
(마을학연구소 소장)

1. 들어가는 말

미래에 대한 불안감과 불확실성이 큰 우리나라는 마을이나 공동체에서 대안을 모색하는 현상이 어느 나라보다 뚜렷하다. 더는 경쟁 위주의 논리만으로 지탱하기 어려운 상황임을 의미한다. 이런 흐름은 우리나라가 국가-개인 중심에서 국가-공동체-개인 중심으로 전환하는 시기에 도달했음을 보여준다. 인류가 모여서 공동생활을 하는 방식은 다양하며 공동생활을 구성하는 기초는 마을이나 공동체 같은 작은 단위이다.

우리는 새로운 형태의 로컬리즘의 중요성을 강조하는 시대의 조류 정점에 있다. 가장 지역적 사고가 가장 세계적 브랜드가 될수 있다는 사실에서 지역사회 활성화와 국토의 균형적 발전이 분권화 시대에 얼마나 중요하고 필요한 사업인가를 간접적으로 확인할 수 있다. 이러한 지역발전을 위하여 공동체 의식이 성장하는 것에 반하여 공공성을 상실한 교회는 이제 공적 책임도 다하지 못하고 있다. 게다가 교인들은 민주시민이 되기 위해 제대로 된 양육받을 기회도 박탈당했으며, 시민직과 제자직을 모두 훈련해야 하는 기회조차 가질 수 없게 되었다.

이러한 교회의 모습을 극복하고자 노력하는 움직임으로 '마을목회'가 등장하게 되었다. 마을목회는 목회의 범위를 교회 울타리 안에 국한하는 것에서 벗어나 교회가 있는 마을과 주민 모두를 목회대상으로 보고 목회를 하는 것으로, 결과적으로 마을 전체가 함께 행복하여지자는 것이다(류은정, 2018). 정원범은 하나님 나라 운동으로서의 마을목회를 "마을 속에서 하나님 나라의 실현을 꿈꾸는 영성목회, 마을을 행복하게 만드는 행복목회, 마을의 고통당하는 사람들을 온갖 억압과 착취와 불의에서 자유롭게 하는 해방목회, 마을을 정의로운 공동체와 평화로운 공동체로 만드는 평화목회, 마을 속에서 치유와 화해를 이루어가는 사랑목회, 마을의 가난한 자들을(사회적 약자) 살리고 돌보는 복지목회, 마을의 생태계를 살리는 생태목회, 마을 속에 생명, 평화의 문화를 꽃피우는 문화목회"로 정리하고 있다.[1]

우리가 교회와 사회 앞에 직면해 있는 산적한 문제들을 신중히 접근하여 연구하고 대안을 제시하며 주도할 때 한국교회는 생존을 넘어 그 가치를 인정받고 사회적 지도력을 회복하게 될 것이다.

---

[1] 정원범, "하나님 나라 운동으로서의 마을목회," 「선교와 신학」 제43집 (2017), 388-395.

2. 마을공동체 운동에서 소외된 한국교회

지역사회의 지속 가능한 발전 담론과 실천을 이끄는 독일교회와 달리, 한국의 마을공동체 사업은 철저하게 세속의 시민사회와 (지방) 정부의 지원을 받아 진행되고 있다. 다시 말해 마을공동체 운동에서 한국교회의 역할과 기여도는 미미하다. 90년대 초반까지만 해도 최소한 지역사회의 문화적 중심 역할만은 제대로 해온 한국교회가 특히 2000년대 들어 예전만 한 존재감이 없다. 한국교회가 마을 또는 지역공동체를 더 많이 이해하고 연구하며 마을을 품어야 한다. 그전에 먼저 한국교회가 마을공동체 운동에서 소외된 이유2를 몇 가지 살펴보면 다음과 같다.

1) 탈지역화

한국 교계의 주류가 대형교회들에 의해 선도되면서 일어난 탈지역화된 상황과 무관하지 않다. 90년대 이후 등장한 서울과 수도권의 대형교회는 단순히 주변의 인구밀도가 높아서 자연스럽게 성장한 것이 아니라, 그 교회 나름의 특화되고 차별화된 선교전략과 목회 서비스, 목회자의 카리스마에 의해 "특정 성향을 지닌 교인들을 서울과 수도권 전역으로부터 유인하는 매력"을 지녔다. 대형교회는 교회에서 가족과 같은 1차 집단의 친교와 유대를 원하는 교인들에게 구역과 소그룹 모임, 심방 등을 통해 욕구와 필요를 충족시켜주며, 또한 경건한 예배를 통해 하나님과 대면하기를 바

---

2 김혜령, "마을공동체운동과 마을교회," 「기독교사회윤리」 27집 (2013), 224-228.

라는 교인들에게는 그러한 예배 의식을 제공한다. 아니면 카타르시스 효과를 주는 설교를 듣기 원하는 교인들, 또는 성경과 교리에 논리적이고 분석적인 이해를 원하는 교인들에게는 그러한 기호에 맞는 설교를 하는 교회들이 대형교회로 성장했다.

그래서 특정 교회의 교인들은 공통의 기호와 취향을 가지며, 사회 경제적인 지위와 가족의 배경, 출신 지역 또는 심지어 정치적 성향까지도 같거나 비슷하다. 여기서 중요한 것은 마을이라는 근접성의 공간을 벗어나 도시 전체에서, 심지어 시(市)와 도(道)의 행정구역의 경계를 넘어서 교인들을 끌어모으는 대형교회의 '매력'은 사회학적으로 보았을 때 혈연적·경제적·정치적·문화적 배경이 유사한 성도 집단을 창출한다는 점이다. 결국, 이러한 현실은 마을이라는 지역사회가 소멸된 거대 도시에서 일반적으로 발생하는 도시문화의 동일화 혹은 균질화 현상에 교회가 어떻게 가담하고 있는지를 보여준다. 성도들의 성향과 기호, 배경이라는 측면에서는 대형교회들 각각의 특성이 다양하게 나타나고 있지만, 역으로 말해 이러한 대형교회들은 마을 단위의 작은 지역사회의 특성을 무력화시키는 역할을 한다.

2) 비지역화

탈지역화를 통해 엄청난 교세를 확장하는 대형교회들과 달리, 무수히 많은 작은 교회 혹은 미자립교회는 교회가 자리 잡은 지역에 제대로 뿌리를 내리지 못하는 비지역화 현상을 겪는다. 현재 미자립 목회자들의 상당수가 재정과 목회에 교단의 지원을 제대로 받지 못한 채 지역 목회와 선교에 집중하지 못하고 다른 생계 현장에 내몰리고 있다. 동시에 이렇게 작은 교회들은 매우 근접한 거리에 있는 다른 교회들과 같은 선교지역을 놓고 경쟁하게 되는데 이 경쟁 또한 쉽지 않은 것이어서 언제든 교회의 문을 닫아야 하는 상황으로 치닫는다. 이러한 상황의 반복은 미자립교회가 마을 단위 지역사회공동체의 주체적인 참여자로 서지 못 하게 하며 곧 사라지고 없어지거나 다른 교회로 금세 대체될 외지인 취급을 받게 하기도 한다.

3) 종말론 강조

한국교회의 복음 선포에서 보편적으로 강하게 나타나는 "저 세상적 종말론"과 "미래적 종말론"에 대한 강조와 상관있다. 가장 강력한 힘을 발휘하고 있는 "저 세상적 종말론"은 "하나님의 나라나 구원이 이 세상이나 역사 내에서가 아닌 초역사적이고 초세상적이고 '저세상'에서 이루어진다"라고 봄으로써 기독교의 구원을 개인의 죽음과 상관된 문제로 전환한다. 결국, 이러한 복음은 "이 세상에 대한 기대를 끊고 사람들의 시선을 저세상으로" 돌리게 되는데, 이러한 복음에 익숙해진 기독교인들은 '이 세상'에서의 일상적이고 소소한 삶의 문제들에 무관심하게 된다.

미래적 종말론 역시 교회 성장주의와 관련하여 강력하게 한국교회에 퍼져있는데 현재 많은 교회가 여전히 교회의 부흥이나 성장에 몰두한 나머지, 현재의 모든 것은 미래의 목표를 위해 동원되고 사용되어야 하는 것으로 밖에는 생각하지 않는다. 이러한 경향성은 결국 현재를 상대화함으로써 기독교인으로 하여금 현재의 삶을 구성하는 일상적인 문제들을 비본질적인 것으로 여기게 만든다. 일상성에서 벗어나는 것을 구원과 일치시키는 한국교회의 일반적 복음 선포는 결과적으로 매일 얼굴을 맞대는 이웃들과의 관계 속에서 일상적 삶의 자족과 풍요, 행복을 누리려는 마을공동체 운동과 대치되는 상황을 만들고 있다.

4) 반세속주의

자유와 평등을 지향하는 '휴머니즘'의 가치에 대한 제대로 된 평가 없이 무조건적으로 죄악시하는 교회들의 반세속주의 역시 마을공동체 운동에서 교회의 입지를 좁히는 원인이 되고 있다. 엘리아데에 의하면, 종교적 경험은 어느 종교가 되었건 간에 보편적으로 인간의 세계 내의 존재 양식을 '거룩성'과 '세속성'이라는 이중의 겹으로 분리한다. 그러나 이러한 분리는 분리 자체로 의미가 있는 것이 아니라, '거룩한 공간과 시간'을 중심점으로 삼아 삶의 일상을 구성하는 '세속의 공간과 시간'까지 질서 있게 배치함으로써 결국 무질서에 속했던 인간의 삶 전체를 정갈하게 '성화'하는 역할을 한다는 데 있다.

그러나 엘리아데는 이러한 거룩성과 세속성이라는 이중의 겹이 펼쳐내는 삶의 성화 작업의 근간이 안타깝게도 노동과 재생산, 소비의 경제성을 최고로 확보하기 위해 공간을 계획적으로 구획하고 나아가 이윤의 창출을 위해 0.1초의 시간까지 균질한 단위로 수량화되는 근대 도시 문명에 의해 뿌리째 흔들리고 있다고 비판

한다. 즉 지나친 세속주의로 인해 거룩한 세계와 역사가 파괴되었으며 이로 인해 인간의 삶 역시 그 존재의 깊이를 상실해 버렸다는 말이다.

이와는 반대 상황이지만 엘리아데의 이론으로 바라본 한국교회의 반세속주의 역시 성도들의 삶 속에서 일상적인 세속적 삶의 여유를 내버려 두지 않는 지나친 금욕적 근본주의를 양산함으로써 인간의 삶 속에 마땅히 있어야 할 존재의 균형을 상실하게 하고 있다. 주일뿐만 아니라 평일에도, 아니 하루에도 여러 번씩 교회로 성도들을 끌어모으며, 성도들의 삶의 공간(집과 사업장)을 그들이 소속된 교회를 중심으로 배치하려는 '거룩한' 교회의 열정적 선교 전략이 기독교인들의 일상적 삶과 일상적 관계들을 빈곤하게 하고 있다.

이러한 주류의 근본주의적 성향 속에서도 상당한 교회들이 가장 세속적인 물질의 축복을 믿는 자를 위한 하나님의 거룩한 축복이라고 가르치며, 한국 사회와 해외의 선교 대상국에 자본주의 정신을 아무런 비판 없이 확산해 왔다. 이러한 위선적인 모습이야말로 글로벌 자본주의에 대항하며 대안적 삶의 창조를 모색하는 한국의 일반사회나 시민사회에서 반기독교주의를 양산하는 원인이 되고 있음은 부인할 수 없다.

3. 마을공동체의 개념

1) 마을과 동네

일반적으로 '마을'이란 단어는 걸어서 10~15분 정도의 거리 생활 단위를 일컬을 수 있고, 마을과 비슷한 개념으로 사람들이 많이 사용하는 단어는 동네이다. 지금 우리가 사는 사회에서 마을이란 단어와 함께 사용되는 단어는 '동네'이다. 우리의 행정체계는 '읍/면/동' 단위로 이루어져 있다.

'동네'는 주민들의 관계망이나 활동 범위를 동 단위로 제한하고 구역으로 나누는 느낌이 있다. 이에 반해 '마을'은 읍/면/동 단위를 뛰어넘어 더 넓게 혹은 더 좁게 등 자유로운 관계망 형성에 이로워 보인다. 그런데도 마을을 정의해 보면 경제, 문화, 복지, 환경 등의 공동체 활동을 토대로 연결된 사람들의 관계망으로서, 행정구역상 최소단위인 읍/면/동보다 작은 규모를 가지며 주민이 서로 얼굴을 알 수 있고 소통이 가능한 범위에서 형성되는 공동체라 할 수 있다.

2) 마을공동체

마을공동체란 "주민 개인의 자유와 권리가 존중되며 상호 대등한 관계 속에서 마을에 관한 일을 주민이 결정하고 추진하는 주민자치 공동체"라고 정의하고 있다. 즉, 마을공동체란 의지와 활동을 공유하는 주민들이 스스로 지역의 문제를 해결하며 서로 돕고 함께 살아가는 관계망을 의미한다고 정리할 수 있다.

　　1990년대 이후 마을공동체 혹은 마을 만들기 활동은 전국 각지에서 다양한 주체에 의해 다양한 모습으로 등장하기 시작했고 2000년 이후부터는 정부와 지자체에 의해 마을공동체를 형성하기 위한 활동들이 확산하고 있다. 이렇듯 주민의 일상생활에서 자연스럽게 발현된 마을공동체 활동과 마을공동체를 만들기가 확산하는 이유는 마을공동체를 요구하는 시대적 배경이 존재하기 때문이다.

　　마을공동체 형성에 대한 요구가 확산하기 시작한 첫 번째 이유는 급격한 도시화와 경제성장으로 인해 발생하는 다양한 사회문제의 대두이다. 우선 한국은 전 세계에서 유례없는 압축성장이 이루어진 국가이다. 한국의 빠른 경제성장으로 인한 도시화는 우리가 살아가는 공간과 그 공간 속에서 살아가는 사람들의 삶의 방식까지 변화시켰다.

이런 측면에서 도시화를 단순한 공간 지리적 현상이 아니라, 도시를 무대로 하여 개인의 정체성과 생활양식의 변화로부터 사회시스템 전반의 변화가 동시적으로 이루어지는 '공간 사회적 현상'으로 이해되어야 한다.

마을공동체를 주목하기 시작한 두 번째 배경은 지방분권 자치시대의 도래에 있다. 지방자치의 목적은 풀뿌리민주주의를 배경으로 하여 각 지역의 주민이 직접 또는 대표자에게 지역의 공적 문제를 지역의 실정에 맞게 자주적으로 처리함으로써 국민주권주의와 민주주의의 이념을 실현하는 데 있다. 1991년 시행된 지방자치제도는 이제 문재인 정부에 의해 본격적으로 시도되는 지방분권/주민자치라는 시대적 요구를 통해 중앙정부는 그들이 가지고 있던 권한을 지방정부로 이양하여 형식적 수준에 머무는 민주주의를 확장하려 하고 있다. 지방정부로의 권한 이양은 지방자치단체장이나 일부 행정 조직에 권한을 이양하는 것뿐만 아니라 지역발전과 변화를 위한 의제를 주민이 직접 선정하고 실행하는 '마을 자치'를 실현할 수 있도록 마을주민에게 권한을 이양하는 것을 포함한다.

이제 '마을공동체(만들기)'라는 용어의 사용은 전국적으로 확산하였으며, 이와 함께 '도시재생'사업도 전국적으로 활발하게 전개되고 있다. 1990년대 후반부터 각 지자체에서는 '살기 좋은 마을 만들기', '아름다운 마을 만들기', '행복한 마을 만들기' 등의 시범사업을 중심으로 시작되어 이제는 지역 내 물리적인 환경개선과 더불어 다양한 공동체 활성화를 시도하는 '읍면동 중심'사업으로 확장되고 있다. 이러한 움직임은 자신이 거주하는 지역에 대한 장소적 가치를 재확인하고, 일상의 생활환경을 편리하고 활기차며, 매력적인 곳으로 끊임없이 가꾸어간다는데 큰 의미가 있다.

4. 지역공동체 이해

1) 지역

교회의 입장에서 '마을', '마을공동체', '마을만들기', '운동'이라는 생소하고 설명이 딱히 충분치 않은 용어를 선명하게 하려고 지역3이라는 개념을 추가하여 설명하고자 한다. '지역공동체'의 특징은 개인의 고립과 분절화, 파편화를 극복하고 지역 중심으로 잘살아보겠다는 의지를 표명하고 있다. 이는 마을공동체가 '공동체 조성과 복원을 통한 지역 활성화 전략'을 논의의 중심으로 하는 점을 구체화하는 것이다. 또한, 최근 마을공동체와 관련한 연구가 지속가능성에 초점을 두고 있다는 점에서 마을공동체 복원과 활성화를 통해 지역 활성화와 삶의 질 향상을 성취하고자 할 때 교회가 역할을 할 수 있는 공간이 생긴다.

지역공동체를 구축하고자 하는 의도는 지역적 삶의 질 향상에 있지만, 궁극적인 지향점은 '성숙한 민주시민을 위한 훈련과 학습의 제도화를 통한 공동체적 삶의 형성'이라고 할 수 있다(서울특

---

3 지역(area or region)은 밀접한 상호작용의 흐름으로 묶여 있는 지리적으로 연속된 공간의 단위를 의미하며, 지역은 주민들이 일상적 생활을 경험하는 규모의 공간으로, 고정된 것이 아니라 개인의 공간 접근 능력에 따라 규모가 달라질 수 있다(곽현근, 2015).

별시 마을공동체 기본계획, 2012). 이러한 목표에 따라 공동체의 특성은 공동체의 해체를 조장하는 공간적 특성을 극복하고자 하며 지역이 담고 있는 현안에 관심을 불러일으키고 민주적 절차의 담론이 이루어질 수 있는 공간을 추구한다는 점이다.

2) 공동체

지역에서의 공동체[4] 가치 추구는 지역을 중심으로 주민들을 응집할 수 있는 원천이 되었고 그렇게 응집된 힘은 공동의 이익을 위한 집합적 행동으로 전이되어 실천성을 띠게 되었다. 공동체는 각자 처한 현안에 관심을 가지고 집합적인 행동에 동참하는 구성원을 확대해 가고자 하며, 이러한 노력 속에 공감과 납득, 합의의 과정이 존재하게 된다. 이러한 일련의 행위는 마을의 대표적인 공유 공간인 마을 카페, 공동육아, 마을도서관 등을 중심으로 펼쳐진다. 또한, 마을의 특성에 따라 사랑방, 목공소, 강의실, 학교 등 다양한 공간이 마을공동체의 공유 공간의 특성을 표출하며 역할을 하고 있다. 대표적으로 표출되는 공간의 이미지는 상이하지만, 공간을 중심으로 한 행위에는 공통적인 특성을 발견할 수 있다.

---

4 1910년 이전에는 공동체(community)용어를 사용한 문헌이 좀처럼 없었으며 C. J. Galpin이 1915년에 처음 사회학적 정의로 사용하였다. 공동사회와 이익사회로 구분하면서 공동사회를 공동체(community)로 규정하며, 역사적으로 생성되고 인간의 본원적인 욕구에 의해서 결합되어지는 것으로, 씨족 또는 친족집단과 같은 혈연공동체, 종교적 결사체인 정신적 공동체, 근린사회집단인 지역공동체로 구분한다(차경은, 2012). 공동체를 의미하는 community는 공동, 공동소유를 의미하는 common 또는 communal과 통일성 또는 통합을 의미하는 unity 의 합성어로서 오늘날 지역공동체, 지역사회, 마을공동체 등의 다양한 표현으로 사용한다(전대욱 외, 2012).

바로 공간을 중심으로 주민들의 상호작용과 소통, 학습이 이루어 진다는 점이다.

지역공동체는 공동체 의식과 공공성을 추구하는 특성이 나타 나며 소통의 과정으로 학습이 배태되어 있다. 정부의 정책적 지원 이 이루어지면서 주민의 역할과 공동체의 목적을 명확하게 하고 자 노력하는데, 이는 공동체에서 발생하는 문제에 대해 개인적 차 원의 책임 전가가 아닌 공공성을 부여하고 공동체 의식을 구축하 고자 하는 것이라 할 수 있다. 공동체를 활성화하기 위해 정책적 사업이 진행되고 관(官)에서 관심을 표명하고 있다는 점 자체가 공동체의 '공공성'이 지금 우리의 삶에 중요한 핵심 기제임을 인정 한 부분이라고 할 수 있다. 공공성은 사적인 것과 대비되는 개념이 며 공동체에서 추구하는 가치와 맥을 같이 한다.

삶의 문제를 개인의 문제로 치부하는 것이 아닌 공동의 문제로 인식하도록 하고 공공성을 부여함으로써 문제 해결 과정에서 공 동체 의식을 부각한다. 공동체 의식의 형성에는 공공성을 지향해 야 한다는 가치가 내재하여 있다. 또한, 공동체 의식 형성은 구성 원 상호작용이 밑바탕이 되어야 하는데, 상호작용은 공동체의 구 성원이 빈번하게 모이는 공간에서 촉발된다. 즉 공동체 공유 공간 에서 활발한 상호작용으로 촉진됨을 유추할 수 있다.

공동체의 구축과 본연의 목적을 구현하기 위해 구성원들의 상 호작용이 중요하며, 또한 상호작용이 가능한 공동의 공간을 중심 으로 공동체가 형성, 지속하고 있다는 점이 강조된다. 마을공동체 가 공동체 의식 형성과 공공성을 촉진한다는 점에서 공동체 주민 들의 상호작용이 자생적으로 발생하여 공동체 의식을 추동할 수 있는 공유 공간이 필요하다는 것을 고려할 수 있다.

2007년을 공공신학의 카이로스(Kairos)라고 부른 스토라(William Storrar)는 다원화된 세속적 공공 영역에서 교회가 민주주의 사회의 변화에 여전히 영향력을 끼칠 수 있으려면, "다원주의적 공공 영역에서 자신의 의견을 다른 많은 의견 중 하나로 여기고 기꺼이 참여할 수 있어야 하며, 다원주의적 시민사회의 한 동반자로서 역할을 다할 준비가 되어있어야 한다"라고 말한다. 공적 영역에서 기독교적 정체성을 정당하게 들어낼 방법을 발견하고, 실제로 많은 기독교 시민단체와 교회가 공공 영역에서 다양한 활동을 전개하고 있다(성석환, 2009).

5. 지역공동체 구성 요소

1) 주요 3요소

지역공동체의 의미는 다양하지만 몇 가지 중요한 구성 요소에 의해서 개념적 정의를 내리고 있다. ① 지리적으로 제한된 공간 안에서 활동하는 지역성(locality) ② 구성원들 간의 활발한 사회적 상호작용(Interaction) ③ 공통의 유대감과 소속감을 공유하고 정체성을 형성하는 공동의 유대로 구성된다. 오늘날 실제 많은 공동체 활동이나 사업에서는 공공성(또는 공익성)을 지역공동체 제4의 구성 요소로 포함하기도 한다.[5]

---

5 지역공동체이해와 활성화 (행정안전부, 2017)

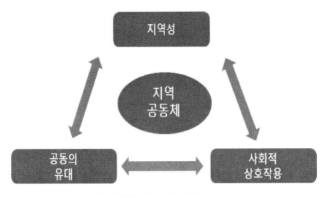

〈지역공동체 구성 주요 3요소〉

지역공동체 활동과 사업은 공동체의 편익을 위한 활동을 중심
으로 이루어질 필요가 있으며 활동이나 사업에서 잉여가 발생하
면 지역사회를 위해서 환원해야 한다는 공익성을 공동체 활동의
의의로서 강조되고 있다. 한편, 지역공동체 활동이나 사업을 지속
가능하게 만들기 위해서는 사업성을 중요한 구성 요소로 고려해
야 한다는 주장이 있으며 사업성은 공동체 구성을 위한 필수조건
이라기보다는 공동체의 지속성을 위한 조건이라고 볼 수 있다. 여
기에도 교회가 주도적 역할을 할 수 있는 부분이 있다.

2) 그 밖의 주요 요소

(1) 의사소통적 합리성

하버마스는 자유주의의 보편화 원칙이 정보의 제한 속에서 독
백적인 형태로 이루어지고 있음을 지적하면서 '상호작용'을 전제
로 하고 참여자 간의 '이해 도달'을 목표로 하는 의사소통적 합리

성(communicative rationality)을 통해 정의 원칙에 합의하여야 한다고 주장하였다. 또한, 의사소통적 합리성에 이르기 위해서는 '이해 가능성'(comprehensibility), '진리성'(truth), '정당성'(legitimacy), '신뢰성'이라는 이상적인 담화상황이 충족되어야 한다고 주장한다. 참여자들이 이상적인 담화상황의 토의에 합의하였다면 참여자는 모두 합의사항을 이행할 의무를 갖게 된다는 것이다. 또한, 참여자들의 이상적인 담화상황이 마련되기 위해서는 주체와 주체 사이의 의사소통이 개방적으로 이루어져야 하여야 한다고 보았다.

하버마스는 순수한 합의를 위해서는 다음과 같은 요소들이 대화 행위 속에 자연적으로 스며들어 있어야 한다고 주장한다. 첫째, 화자의 발화내용을 다른 사람들이 이해할 수 있어야 한다. 둘째, 화자가 소통하려고 하는 지식 또는 명제들이 진리에 따라야 한다. 셋째, 화자들은 말하고 행위하는 그들 자신의 맥락 내에서 그들이 스스로 설정한 규범적 규칙이나 가치들을 수용해야 한다. 넷째, 화자들이 사용하는 말과 행위가 다른 사람들에게 전달될 때 신뢰성이 있어야 한다.

(2) 거버넌스의 구성 요소

유엔개발계획, 세계은행, 아시아개발은행 등의 국제기구에서는 거버넌스의 구성 요소에 대해 다음과 같이 제시한다. 유엔개발계획(UNDP; United Nations Development Programme)은 참여, 법에 따른 지배, 투명성, 대응성, 합의지향 형평성, 효과성, 능률성, 책임성, 전략적 비전, 자원의 절약, 환경적 건전성, 권한위임과 권능부여, 파트너십 등으로 제시하고 있다. 세계은행(World Bank)은 참여성, 투명성, 책임성, 효과성, 형평성을 바람직한 거버넌스의 요건으로 제시하였다. 아시아개발은행(Asian Development Bank)은 책임성, 투명성, 예측성, 참여성이라는 4가지 구성 요소가 고려되어야 한다고 말한다. 상호의존성, 공유된 목적, 자원교환, 행위 주체 간의 신뢰, 게임의 규칙, 네트워크를 거버넌스의 구성 요소로 제시하였으며, 개방성, 참여성, 지속적인 상호 협력이 함께 강조된다.

(3) 협력적 계획의 구성 요소

힐리(Healey)는 참여자들이 그들의 상호이익을 표현하고 합의에 이르는 과정을 기술하기 위하여 협력적 계획(collaborative planning)이라는 용어를 사용하였으며, 1990년대 후반 이래로 계획 이론 분야의 핵심 용어가 되고 있다. 협력적 계획은 참여자들이 대화에 참여하면서 대안을 찾아가는 상호작용을 말하며, 참여자들 간의 새로운 네트워크를 형성하고 정보공유를 증진하기 위한 최적의 계획 형태로 발전해왔다.

힐리는 협력적 계획의 주요 요소로 제도적 맥락, 합의형성, 상호작용, 의사소통, 집단학습, 사회자본, 참여와 협력을 제시하였다. 추진협의체, 의사소통 채널, 참여 주체 간 상호작용, 사회학습과정, 합의형성과정도 주요 요소로 인정된다. 협력적 계획효과의 구성 요소로는 합의도출, 합의이행, 지역적 역량(지역사회 자본형성)을 선정하였다.

(4) 공동체주의 정의론

공동체주의 정의론의 논의를 통해 마을 만들기에 적용 가능한 요인으로 참여성과 상호작용 그리고 합의성의 3가지 요소를 끌어낼 수 있었다. 공동체주의의 개인은 구성적·관계적 자아로서 공동체적인 좋은 삶에 대해 고민하게 된다. 자율성을 지닌 공동체의 구성원들은 상호의존적인 관계망을 통해 공동체 내에서 형성된 고유한 가치, 규범, 정체성 등을 공유함으로써 상호 간의 관계성을 유지·강화할 수 있으며, 적극적인 참여와 대화를 통해 구성원들의 다른 이해관계를 조정하고 합의를 형성하는 숙의 과정을 강조하였다.

또한, 좋음과 옳음은 분리될 수 없는 문제로서 좋음을 바탕으로 옳음을 판단하여 공동선을 도출하여야 한다는 의견이다. 참여성, 상호작용, 합의성을 공간에 투영하기 위하여 참여성에서는 '보편적 참여 가능성, 상호 간의 주체 인식, 참여의 형태, 참여의 자발성'으로 세분하였으며, 상호작용은 '상호작용능력, 신뢰 형성, 권력분배의 특성, 리더의 유형'으로 나누었다. 그리고 마지막으로 합의성은 '숙의 과정, 호혜성의 원칙, 합의이행제도, 공동체 의식 형성'으로 세분하였다.

3) 지역공동체 활성화 단계

지역공동체 활성화 단계에 대해서는 합치된 견해가 존재하고 있는 것이 아니다. 지역공동체 활성화의 단계 역시 초점을 어디에 두느냐에 따라 다양하다. 중앙정부는 사업을 선정, 지원하기 위한 중앙정부의 관점에서 지역공동체 활성화를 형성단계, 발전단계, 정착단계로 구분하고 있다.

여기에 더해 적절한 지원의 필요성에 따라 지역공동체 활성화를 소득 및 역량 강화 단계, 목표합의 및 계획단계, 투자 및 협력단계, 성과 창출 및 확산단계로 구분하기도 한다. 그러나 지역공동체 활성화에 대해 중앙정부 지원 측면의 입장과 마을기업 등에 초점을 맞추다 보니 지역공동체 자체의 활성화 단계를 파악하는 데 한계를 보유하고 있다.

주민자치, 마을 자치의 관점에서 지역공동체 활성화를 4단계로 나눌 수 있다. 참여 활성화 단계는 주민들의 공동체에 대한 이성적 및 감성적 결합 또는 연계로 소속감을 느끼는 단계이며, 공동체성 구비단계는 주민의 거주기간이 장기화하고 동일 공간에 거주하게 됨으로써 공동체성을 가지게 되며, 행정과 협력을 할 수 있는 운영체가 되는 단계이다. 준주민자치 단계는 공동체 구성원이 공식, 비공식 상호작용을 하면서 사업과 프로그램을 운영하는

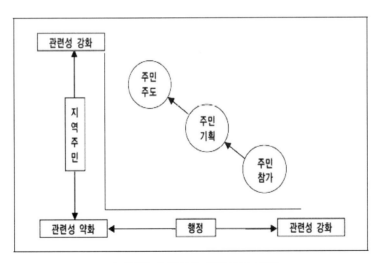

지역공동체 활성화 주민참여 단계

단계, 준단체자치 단계는 대의 기능까지 갖춘 공동체의 단계이다.

또, 주민의 관점에서 지역공동체 활성화 단계를 주민참가, 주민기획, 주민주도의 단계로 구분하고 있기도 하다. 지역공동체가 주민주도로 가야 한다는 판단 아래, 행정과 주민 상호 간의 반비례 관계 속에서 지역공동체에 대한 주민의 참여 단계를 적절하게 설명하고 있다.

보다 거시적인 관점에서 서울시, 충남 등의 지자체는 대체로 3단계로 구분하고 있다. 커뮤니티의 형성 정도에 따라 커뮤니티 형성이 미약한 단계, 커뮤니티 기반이 형성된 단계, 커뮤니티 활동이 활발한 단계로 지역공동체 활성화를 구분하고 있다.

연세대 도시문제연구소는 지역공동체 활성화의 단계를 ① 꿈 그리기 ② 보물찾기 ③ 조직화와 합의 ④ 전략 수립 ⑤ 실천 ⑥ 나눔 ⑦ 평가 및 환류의 7단계로 구분하고 있다.

충남 역시 지역공동체 활성화를 ① 주민 의제 설정 ② 지역자원 조사 ③ 주체 역량 평가 ④ 마을 발전 계획 수립 ⑤ 추진 주체 구성 ⑥ 재원 조성 ⑦ 마을 발전 계획 시행의 7단계로 제시하고 있다.

가와하리 스스무(川原 晉, 2012)는 지역공동체 활성화의 단계를 ① 지역공동체 활성화의 토양이 되는 미션의 공유단계(지역의 해결과제 설정, 해결목표 설정, 행동계획 수립의 세 가지 미션) ② 사업계획 수립, 사업체의 조직, 사업위험 저감 방법 모색을 포함하는 사업형성 단계 ③ 중간지원 조직 협력확보, 재원을 마련하는 설계, 건설 단계 ④ 사업의 집행 및 관리 단계를 제시하고 있기도 하다.

4) 중간지원기관 역할로서의 교회

중간지원조직은 기획력과 전문성, 마케팅 능력 등을 갖춘 에이전시로써 다양한 이해관계자들과의 네트워크 및 연구 등을 통해 활동 기반 및 전문지식을 구축하고 공동의 '핵심 목표'를 추진하는 데 필요한 협력과 정보제공, 인재 육성 등을 시행하는 기관이다. 중간지원조직은 정부, 비영리조직의 사회문제 해결을 위한 효과적인 방법을 추구하는 과정에서 출발하였다. 정부, 지자체 그리고 재단이 직접 다양한 사회문제를 해결하기 위해서 많은 인적·물적 자원과 전문성이 요구되는데 중간지원기관은 이러한 역할을 대행하는 과정에서 발달한 것이다. 전 세계에서 중간지원조직이 가장 잘 발달한 미국에서는 몇 가지 원인에 의해 활성화되었다.

첫째는 사회복지를 비롯한 비영리 부문 서비스에 대한 정부 정책의 위임이다. 연방정부에서 주정부로, 주정부에서 지방정부로 비영리 부문의 정책과 서비스가 위임되면서 지역 중심의 중간지원기관들의 역할이 요구되었다. 중앙에서 지역으로의 위임은 사업의 유연성과 지역 욕구의 반영 그리고 책임성을 촉발하였다.

두 번째는 기업을 중심으로 학교, 비영리조직 등 모든 조직에서 일어난 경제력의 분권화 현상이다. 기업의 19세기의 수직적, 중앙집중식의 조직구조는 20세기에 있어서 비효과적인 것으로 판단하였다. 복잡하고 글로벌 환경 속에서 경쟁이 심화하면서 기업들은 분권화, 죠인트벤처, 네트워킹 등의 유연한 전략들을 채택하기 시작하였다. 이러한 현상이 공공분야에도 영향을 미쳤다.

세 번째는 지역사회 파트너들 간의 의사소통과 연대에 따른 상호작용과 네트워크가 중요해지면서 중간지원기관의 역할이 요구되었다. 영국에서는 지역사회의 문제를 해결하는 데 있어 정부 또는 지자체와의 연결을 위한 과정에서 중간지원기관들의 역할이 제기되었다. 특히 사회적기업의 자본, 기술, 교육 등을 지원하기 위한 중간지원기관의 역할이 중요하게 대두되었다.

미국의 중간지원기관들은 첫째, 사회적기업이 필요로 하는 각종 지원과 기술을 알선, 조장하는 기능을 수행한다. 둘째, 사회적기업의 자립을 위해 조직 운영, 재정, 인력확보, 홍보 등의 관리를 위한 교육 및 컨설팅 기능을 담당한다. 셋째, 사회적기업이 필요로 하는 다른 조직과 네트워크하고 각종 제도와 법률의 적용을 수용하도록 조정하는 기능을 수행한다. 넷째, 사회적기업의 발전을 위한 사회기반의 정비, 조사, 연구, 여론형성, 제도화, 입법화를 위한 로비 활동 등 전략적인 장기적 역할을 담당한다. 중간지원조직의 기능과 역할은 나라마다 정치, 경제, 사회적 기능에 따라 다양한 형태를 지니고 있다. 미국의 경우는 주로 재단과 지역사회 그리고 자본조달과 같은 특정 분야를 중심으로 발달하여 있다. 특히 배분 기능 중심의 재단들은 조직의 목적달성을 위한 효과적인 사업을 수행하기 위해 중간지원기관들의 기술, 전문성을 활용하고 있다. 한국에서 이러한 중간지원 조직의 기능을 지역사회와 지역공동체에 제공하는 것이 교회의 시대적 사명임을 강조하고자 한다.

6. 교회가 주도하는 마을 만들기

도시화로 인해 사라진 사람 사이의 관계망 복원을 통해 공동체를 회복시키고 주민이 참여하는 마을 단위 행정으로 모든 시민이 만족하는, 주민이 주도하는 마을공동체 활동은 이제 교회가 참여하여 기여하고 주도적 활동을 할 때가 되었다.

마을공동체 회복은 단순히 마을을 만든다는 물리적이고 위로부터의 기획의 측면에서 벗어나 마을이라는 공간에서 시민의 주도적 참여를 끌어내 시민자치를 확대하고 연결망을 복원하며 경쟁을 넘어선 호혜의 경제를 일으키려는 것을 의미한다. 마을공동체 회복은 첫째, 마을주민 상호 간 유대를 형성하고 경험을 공유함으로써 공동체 회복을 형성할 수 있는 토대를 마련하고, 둘째, 마을과 관련된 다양한 행위 주체들이 참여하여 다양한 이견을 조율함으로써 마을의 문제를 주민 스스로 해결해 나가는 방식을 습득하게 되며, 셋째, 성과와 효율이 아닌 마을 구성원 상호 간의 호혜성, 활기, 시너지 증대뿐만 아니라 새로운 민관협력의 기틀을 마련하는 계기가 될 수 있다는 점에서 의의가 있다(서울시 마을공동체 기본계획, 2012).

1) 교회는 마을(공동체) 만들기의 거점이다

마을 만들기는 매우 실천적인 실증주의라고 할 수 있다. 마을 만들기의 진행은 경험적 실증주의를 토대로 그 기반을 이루고 있다. 따라서 마을 만들기에 있어서 중요한 것은 그 정확한 개념을 정립하는 것보다 어떻게 실천해야 할 것인가라 할 수 있다. 그러한 실천의 방식과 만들고자 하는 대상은 지역 및 그 구성원의 상황에 따라 매우 창의적이고 다양해야 할 것이다.

(1) 주체 형성의 필요성

어떤 사업을 함에 있어 그 주체가 형성되어야 하는 것은 지극히 당연하다. 마을 만들기의 주체인 마을의 구성원들이 마을을 만들기 위한 주체로 나설 수 있도록 하는 작업이 우선되어야 한다는 것이다. 마을 만들기의 주체는 결코 시민운동단체나 일부 전문가 또는 전문적 운동가가 아니다. 따라서 시민운동단체나 일부 활동가와 전문가들이 특정한 지역에서 마을 만들기 사업을 진행하고자 할 때 교회가 그 마을의 중심적 구성원이 될 주민들을 조직하는 일이 선행되어야 한다.

(2) 주민들의 생활 욕구에서 발의

마을의 구성원인 주민들이 모이기 위해서는 당연히 이들의 일상생활을 통해 자신이 사는 곳에 대한 욕구가 먼저 명확해야 한다. 즉, 자신들의 욕구를 만족하게 해줄 수 있을 때, 그러한 욕구를 가진 주체가 나서거나 발견될 수 있기 때문이다. 교회가 마을 만들기의 주요한 주체로 촉진하는 역할을 하여 마을 만들기에 관심을 두는 사회운동가나 사회운동단체와도 협력하여 마을 만들기 사업의 구체적 주제 또는 소재 역시 주민들한테서 나오도록 기여하여야 한다. 주민들은 자신들이 일상적으로 생활하는 공간에서의 욕구가 무엇인지 잘 느끼지 못하는 경우가 많다. 이러한 경우라도 주민들이 무엇을 원하는지를 생각해보도록 자극하는 작업(다양한 방법의 조사나 프로그램 등을 통해)이 우선되어야지, 조급하게 주민들에게 특정한 주제를 강요하는 것은 바람직하지 않다.

이럴 경우, 비록 특정한 사업 한 가지는 잘 수행할 수 있을지라도, 주민들의 주체적이고 지속적인 행동으로 이어지기 어렵기 때문이다. 여기서 주민들의 생활 욕구라는 것은 단순히 물리적인 환경에 국한되지 않는다. 생활 욕구는 물리적인 환경의 변화일 수도 있고, 때로는 개별화, 익명화되어 있는 도시에서의 삶을 보다 공동체적인 관계가 풍만한 삶터로 바꾸려는 것일 수도 있다. 중요한 것은 마을을 구성할 주민들이 과연 어떠한 대상을 어떠한 내용으로 변화시키고자 하는가를 파악하는 것이다.

(3) 구체적인 실천사업의 표현

마을 만들기는 주민들이 참여하는 구체적인 실천 활동을 통해서 진행된다. 그러므로 앞서 언급한 바와 같이, 주민들이 스스로 자신들의 이야기를 하도록 하는 장을 마련하고, 그렇게 수렴된 주민 욕구를 해결하는 실천 활동이 전개되어야 한다. 이를 위해서는 참여자들의 구체적 역할 분담이 이루어져야 한다. 조그마한 일이라도 전체 사업을 이루기 위한 각 분야의 역할이 참여자들 모두에게 주어져야 그 사업이 주민들의 참여를 통해 전 과정을 진행할 수 있게 된다. 단지 주민들에게 의사결정 권한만 준다거나 실천 거리만 주는 것이 아니라, 의사결정부터 실천에 이르기까지 조그마한 부분이라도 참여자들이 각자 구체적 역할을 맡을 수 있을 때, 마을 만들기는 구체적 성과의 여부를 떠나서 마을을 건설하고 지속적 발전을 위한 주체적 역량을 형성할 수 있으므로 교회가 그런 역할을 해야 한다.

2) 교회는 참여와 범위, 환경적 요인을 제공해야 한다

(1) 주체의 형성과 그들의 욕구로부터 시작

마을 만들기는 그 구체적 실천의 소재에서도 물질적 시설뿐만 아니라, 문화·역사 등의 비물질적 소재도 중요한 실천 거리로 활용되고 있다. 주민참여예산도 주민들이 주체가 되어서 지역의 발전과 자신들의 삶의 질 발전을 주도한다는 점에서 마을 만들기와 다르지 않다고 볼 수 있다. 즉, 주민들 자신이 살아가는 지역사회를 직접적 참여를 통해 발전의 구체적 실천을 주도한다는 점에서 이 두 가지는 매우 유사한 주체 설정과 과정을 보여준다. 마을 만들기는 무엇보다도 살기 좋은 마을을 만들기 위해 주민들이 구체적으로 무엇을 만들고 싶은가 하는 것을 교회가 플랫폼이 되어 주는 것이 필요하다.

전문가들이나 전문적 운동가들이 만들고 싶은 것을 주민을 설득하여 이루려는 시도는 참여 주민들의 자발성과 적극성을 심각하게 훼손할 수밖에 없다. 주민참여예산 역시 이와 비슷하다. 아무리 공적인 지출에 대한 필요성이 있더라도 주민들이 원하는 방향의 예산책정이 이루어져야 주민들의 참여가 보장될 수 있다.

주민참여예산에서 중요한 것은 주민들이 직접 예산을 책정하는 과정에 참여해야 하고, 이를 위해서 교회는 주민들이 토론장 조직을 시작할 때 공간을 제공하는 등 적극적으로 지원해야 한다.

마을 만들기와 주민참여 예산은 모두 다 공개와 공모의 원칙으로부터 시작되어야 그 사회적 의의가 달성될 수 있다. 이 두 가지 사업의 핵심은 참여의 주체를 형성하고, 이 주체들이 참여하고픈 일들로부터 시작되어야 한다는 것이다. 그럴 때만이 일반 주민들의 참여가 가능하고, 또한 자신의 참여에 보람을 느낀 주민들의 지속적 참여가 가능하다.

(2) 참여자 역량 강화

마을 만들기에 있어 중요한 것은 그 실천을 통해 주민들의 공동체 의식을 강화하고, 더 나아가 지역사회의 주인으로서 자신들의 위상과 역할을 인식하고 이를 실천하도록 하는 민주시민 교육 및 훈련의 장이 될 수 있다는 것이다. 지역에 교회의 인적 및 물적 자산들을 제공함으로써 한국교회의 전통이었던 지역의 구심점 역할을 다시 가져올 수 있을 것이다. 참여예산이든 마을 만들기든 그 실천의 과정에서는 참여자들의 주체적 의식을 향상할 수 있는 교육과 훈련의 기능을 명확히 설정하고, 또 그러한 기능이 효과를 발휘할 수 있도록 교회는 의도적으로 접근할 필요가 있다.

마을 만들기와 참여예산은 모든 참여자의 개인적 역량을 육성하고 이를 집단적 역량 강화로 발전시키는 과정이라 할 수 있다. 그리고 이는 지역사회의 역량을 강화하는 효과로 발전하게 될 것이다. 이는 바로 지역사회운동이 지향하는 운동적 핵심 가치를 실현하는 길이다. 이러한 지역사회 복지나 돌봄 문제를 포함하여 주민이기도 한 교인들의 역량 강화는 물론 지역사회의 역량 강화에 교회는 충분히 그 역할을 감당하고도 남는다.

3) 행정기관과 전문가와의 관계

교회는 지역의 시민단체나 활동가 그룹들과 함께 마을 만들기의 성공을 위해서 행정기관과 가교역할을 하여 주민들의 실천 활동이 행정적, 재정적 지원을 받게 하고, 이를 통해 주민들의 실천 활동에 안정성을 부여해 주어야 한다. 그리고 필요하다면, 주민들에게 이러한 실천 활동의 동기를 유발할 수도 있을 것이다. 여기서 동기부여란 주민들의 참여에 대한 권한 부여를 통해 가능하다. 전문가와 시민단체 및 활동가들의 역할은 주민들의 참여를 조직하고 행정과의 관계를 중재하며, 참여한 주민들의 의견과 욕구를 조정하고 이를 통합하여 실천 가능한 청사진을 제시해 주는 것이 되어야 할 것이다.

7. 네트워크로 마을을 품다

교회의 속성은 네트워크이다. 일반적으로 네트워크는 개인 대 개인, 조직 대 조직이 결합하여 공동의 과제를 해결하기 위한 활동이다. 결국, 마을 만들기가 그러하듯 네트워크 또한 지속적인 훈련 과정일 수밖에 없다. 대화와 협력의 문화적 전통이 약한 한국 사회 구조 안에서 개인적 성찰과 조직문화 개선이 병행되어야 한다. 마을 만들기 활동 속에서 교회도 성찰해야 하며, 조직이나 조직문화도 사회와 함께 개선해 나아가고 또 네트워크 활동 속에서 치열하게 자신을 단련시켜야 한다.

네트워크는 참가하는 개인이나 조직의 성실성과 책임성이 기반이 된다. 일정한 규율이 있어야 하고 그것은 '필요에 대한 공감' 정도에 달려 있다. 제도화 이전에 신뢰 관계를 형상하기 위한 상당한 토론과 높은 합의 수준을 요구한다. 참가 자체가 쉽지 않은 형태의 회의 구조, 지나친 부담을 느끼게 하는 경영 압박은 개인의 성실성만으로 극복하기 어렵다. '공동의 필요'가 명확할수록 네트워크 구성원은 신바람이 난다.

다양한 차원의 네트워크 활동으로 얻어낸 성과를 어디에 어떻게 축적할 것인가? 그 성과를 누구와 어떻게 공유하고 전파할 것인가? 그래서 다양한 활동의 거점 공간을 확보하여 공동의 지식을 확대하고, 시행착오의 경험까지 포함하여 축적된 성과를 다음 세대로 전달하기 위해 의식적으로 노력해야 한다. 교회는 마을주민들이 쉽게 모이도록 사랑방이나 북 카페와 같은 소규모 공간을 제공해야 한다. 수익성까지 갖춘 경제활동 기반을 병행한다면 훨씬 오래 지속할 수 있다. 유럽 민중의 집 사례처럼 여러 조직이 협력하여 생협 매장과 식당, 단체 사무실, 회의실, 강당 등이 겸비된 복합 건물을 확보할 수 있다면 훨씬 강력한 거점 공간이 될 수 있다.

지역사회의 다양한 활동가와 조직은 각자 활동을 강화하면서도 이러한 상호 협력을 통해 중심공간을 공동으로 확보하기 위해 노력해야 한다. 때로는 행정사업의 지원을 적절하게 활용할 수도 있고, 주민들의 회비나 출자금 등의 출연을 통해 협동조합 방식으로 조직할 수도 있다. 현실 역량을 고려하여 접근하되 네트워크 활동의 성과를 담아낼 수 있는 물리적 공간 확보의 중요성에 크게 주목하여 접근해야 한다.

마을공동체는 지역사회의 문제의식을 공유하는 주체들의 네트워크에서 출발한다. 당사자 의식을 가진 마을주민이 자발적인 연대조직을 구성하는 것이 가장 소중하고 시급하다. 주민 스스로 살기 좋은 마을을 만들기 위한 공동의 과제를 발굴하고 연대활동으로 공동대응하는 것이 출발점이다. 교회는 이런 주민 활동의 응원군이 되어야 한다. 행정이 주도하는 사업별 조직화는 운동성이 낮을 수밖에 없고 칸막이를 쉽게 극복할 수 없으며, 관료화되어 쉽게 해체되지도 않는다. 마을 단위 활동의 대표들이 당사자로서 주인공이 된 튼튼한 조직을 설립하도록 교회는 촉진자의 역할을 해야 한다. 농촌에서는 각종 마을(행정리, 권역) 위원장이, 도시에서는 풀뿌리 활동의 대표들이 되는 것을 주저할 필요가 없다. 조직 형태는 활동이 활발한 마을의 대표가 모두 참가하는 형태가 출발단계에서는 비교적 쉽다.

물론 마을 만들기의 역사가 짧고 실천 경험이 부족한 상황에서 공공성을 가지고 생활(경제)기반도 명확하게 확보된 리더는 많지 않다. 의식 수준의 편차도 매우 크다. 그런데도 무엇보다 가장 집중적으로 관심을 가지고 접근해야 할 점은 마을도 네트워크이듯이 원래 속성이 네트워크인 교회는 마을 만들기의 핵심 주체가 될 수 있다. 아니, 되어야 한다.

최근 정책적 흐름은 읍면동 단위 중심의 행정과 제도들이 쏟아져 나오고 있다는 것이다. 읍면동 단위로 전국적 조직 체계를 교회만큼 가지고 있는 조직은 흔하지 않다. 이를 위해 주민자치의 중요성에 주목해야 한다. 주민자치(위원)회야말로 애당초 읍면동 단위의 마을 만들기 네트워크 기능을 담당하도록 민주화운동의 성과

물로 설치된 것이다. 보수적인 운영, 권한의 한계, 지나친 행정 관여 등 여러 문제가 있지만 2013년부터 시범 시행되고, 2017년부터 확대 시행되고 있는 주민자치회 제도 등을 교회는 지렛대로 삼아 의식적인 활동으로 마을과 지역을 품어야 한다.

8. 나가는 말

이웃과 생활 관계회복을 통해 일상적 삶의 의미와 행복을 발견하게 하는 마을(운동)은 노동과 소비로 소외된 인간성을 회복한다는 면에서 기독교 윤리적으로 매우 가치 있는 일이다. 그러나 다른 한편 초월성 혹은 거룩성을 구분하지 않는 일상성의 삶을 인간 실존의 유일한 지평으로 보는 세속적 휴머니즘을 넘지 못한다는 면에서 그 한계를 드러낸다. 하지만 이러한 양가의 상황이야말로 한국교회가 '마을교회'로 부활할 가능성을 안겨 준다고 볼 수 있다. 성장이 정체되다 못해 감소하는 최근 이십여 년간의 위기 상황은 한국교회 선교전략에 변화를 요청하고 있는데, 이로 인해 노인대학, 문화예술·교육강좌, 장애인과 외국인을 위한 서비스 등과 같은 지역사회를 위한 복지서비스를 제공하여 연대적인 삶의 가치를 확장하는 교회와 저렴한 가격에 즐길 수 있는 북카페나 커피숍 등을 통해 마을커뮤니티의 소통 공간을 제공하고 있는 교회가 많이 늘고 있다. 아직은 소규모에 불과하나 이러한 교회 사역들을 통해 교회 밖의 지역주민을 위한 일거리를 창출하는 교회도 조금씩 생겨나고 있다. 그렇다면 이러한 교회야말로 마을공동체 운동이 추구하는 대안적 협치와 사회적 경제에 이바지하고 있는 마을교회가 아니겠는가?

새로운 마을 사역들은 디아코니아와 코이노니아의 주된 공간이 일차적으로 교회가 자리 잡고 살아가는 지역공동체라는 점을 다시금 상기시키면서 신앙이라는 특수한 장애를 넘어 성도들과 주변 이웃들과 삶의 네트워크를 형성하고 교회와 성도들을 일상적인 생활 세계 속으로 들어가게 하는 데에 크게 기여할 것이다. 이는 해외 복음 선교에 과도하게 치중하는 일부 교회나 계층적 편파성이 두드러지게 나타나는 대형교회의 탈지역화 현상이 주류인 상황 속에서 갈피를 못 잡고 있는 작은 지역교회들에게 새로운 비전을 제시할 수 있을 것이다.

마을 운동이 펼치는 다양한 사업들이 본질적으로 안고 있는 민주주의적 요소를 제대로 파악하지 못한 채 그 사업의 복지적 목표만을 보고 모방하여 펼치는 교회의 마을사업들은 오히려 교회뿐만 아니라 마을공동체의 위기를 자초할 수도 있다. 따라서 교회의 마을공동체 만들기 사업의 중요성을 강조하면서 동시에 그러한 일들이 파생시킬 문제들에 대처하기 위해 교회의 본질적인 역할을 다시금 되새겨야 한다. 교회는 성도들과 이웃 주민들의 일상의 삶, 즉 그들의 복지와 인격적 관계망을 돌보는 디아코니아와 코이노니아뿐만 아니라, 교회의 첫 번째 본질인 케리그마 선포 역할을 주의 깊게 감당해야 한다.

마을을 품는 교회인 '마을교회'의 부활은 마을 운동에 얼마나 잘 참여하느냐 뿐만 아니라, 마을공동체 사업의 세속성이 초래하는 위기들이 그 공동체를 전복시키지 않도록 중심을 잡아주는 거룩성 혹은 초월성을 어떻게 만들어 내는가에 달려 있다. 이러한 마을교회의 중재적 역할만이 세속적 마을공동체 운동이 그 과정 중에 맞이하게 될 무력감과 절망감에서 벗어날 수 있는 희망을 보여줄 수 있을 것이다. 마을공동체가 함께 만드는 풍요로운 삶 속에서 한국교회는 풍요를 만드는 일에 동참할 뿐만 아니라, 그 풍요의 의미와 가치를 다시금 묻게 하는 빈자리, 낮은 곳이 되어야 한다.

2장

끌어모으는 선교적 교회 마을목회론
― 신성교회 사례를 중심으로

김윤태 목사

(대전신성교회)

1. 들어가는 말

맥가브란(Donald A. McGavran, 1897~1990)과 와그너(Charles Peter Wagner, 1930~2016)에 의해 시작된 교회 성장학은 한국에서 그 꽃을 피웠다. 한때 세계에서 가장 큰 교회 50개 중 절반이 한국교회였고, 서울에만 1만 명이 넘는 교회가 15개를 넘었다. 그러나 2000년대 들어서 교회 성장의 역기능 사례들이 하나둘씩 나타나기 시작하면서 한국교회 성장세는 눈에 띄게 둔화하기 시작했다. 일부 극우 개신교인들의 정치참여와 교회분열, 목회자의 일탈 등은 한국교회의 대외공신력 하락에 큰 영향을 끼치며 청년층의 대규모 이탈을 가져왔고, 급기야 최근에는 성장 감소세로 접어들기 시작했다. 결국, 한국교회 역성장의 위기 앞에 2000년대 한국교회는 '어떻게 하면 성장할 것인가'라는 질문보다 '교회가 무엇인지'에 대한 보다 근본적인 질문을 던지게 되었다.

교회란 무엇인가? 한때 한국의 많은 목회자와 신학자들은 교회에 대해 기능적으로 접근한 적이 있었다. 아버지학교, 결혼예비학교, 각종 문화센터를 운영하며 교회를 교육기관으로 인식하기도 했고, 카페나 식탁 공동체와 같은 친교 기관으로 인식하기도 했다. 어떤 사람들은 봉사나 구제를 위한 단체로, 어떤 사람들은 불의에 항거하는 저항단체로, 심지어 어떤 사람은 특정 이념이나 정당을 지지하는 정치 공동체로 교회를 인식하기도 했다. 그러나 교회에 대한 기능적 접근은 곧 한계를 드러내고 말았다. 사회가 발전함에 따라 이미 사회 안에는 교회의 기능적 대체가 많이 생겨났기 때문이다. 이러한 상황에서 자연스럽게 한국교회는 교회에 대한 보다 근본적이고 본질적인 접근을 시도하게 되었다. 교회란 '어떤 일을 하는 곳인가'(what does the church)라는 질문보다 '교회란 누구인가'(who is the church)라는 질문을 던지기 시작한 것이다. 때마침 이 질문에 적절한 답을 제시해 준 것이 바로 선교적 교회론이었다.

선교적 교회론이 제시한 교회에 관한 담론의 핵심은 "교회는 선교사"라는 것이었다. 이전의 교회성장학 패러다임이 교회를 구원의 방주로 보고 좋은 시설이나 프로그램을 통해 사람들을 교회 안으로 끌어들여 교회 안에서 하나님의 나라를 이루려고 했다면, 선교적 교회론은 교회를 선교사로, 지역사회를 선교지로 보고 마치 선교사처럼 주민에게 다가가 지역사회에서 하나님 나라를 이루려고 시도했다. 이 과정 가운데 얻게 된 큰 패러다임 변화 중 하나는 지역사회를 바라보는 관점이었다. 지역교회가 속한 마을과 마을주민들을 더는 기피하고 경계해야 할 죄악 된 세상이 아니라 사랑하고 섬겨야 할 목회의 대상으로 인식하게 된 것이다. 이과정에서 나온 실천적 담론이 바로 마을목회론이다.

선교적 교회론과 마을목회론은 프로그램이나 전략의 문제가 아니라 교회나 세상을 바라보는 인식의 문제요 목회 철학의 문제다. 선교적 교회의 마을목회는 목사와 성도를 지역주민이자 선교사로, 교회가 속한 지역사회는 복음을 전해야 할 선교지이자 교구로 본다. 그런 면에서 대외공신력 하락과 교회 역성장의 시대에 선교적 교회 마을목회론은 사회 속에서 점점 고립되고 게토화되어가는 한국교회에 좋은 돌파구이다. 그런데도 선교적 교회론이 가지고 있는 선교 신학적 한계가 있는데 이를 보완하기 위해 필자는 '끌어모으는 선교적 교회 마을목회론'을 만들고 이를 직접 목회 현장에 적용해 보았다.

본 보고서에서 먼저 선교적 교회론과 끌어모으는 선교적 교회론이 무엇인지 설명하고, 대전 유성구에 소재한 신성교회에 어떻게 적용했는지 그리고 구체적인 마을목회 실천사례를 제시함으로써 더욱 보완된 선교적 교회 마을목회 이론과 사례를 제시하고자 한다.

2. 끌어모으는 선교적 교회 마을목회론

신성교회 마을목회 사례를 소개하기 전에 먼저 신성교회에 적용한 끌어모으는 선교적 교회론을 소개하고자 한다. 끌어모으는 선교적 교회론은 선교적 교회론의 한계 인식에서 출발한다. 이 장에서는 끌어모으는 선교적 교회론이라는 이론적인 토대를 구축하게 된 배경에 대해 간략히 살펴보고자 한다.

1) 선교적 교회란 무엇인가?

20세기 선교 신학의 양대 산맥은 '하나님의 선교'(Missio Dei)로 대표되는 에큐메니컬(ecumenical) 진영과 '교회의 선교'(Missio Ecclesia)로 대표되는 이반젤리칼(evangelical) 진영이라고 할 수 있다. 이반젤리칼 진영의 선교목적은 개인 구원을 통한 교회의 성장이다. 대표적인 교회 유형이 GOCN(The Gospel and our Culture Network) 선교적 교회 운동가들이 명명한 '끌어모으는 교회'(attractional church)다. 이 유형은 노아의 방주처럼 지역 내에 성스러운 공간을 만들어 놓고 그곳에 불신자를 초대하는 형태의 교회다. 이런 형태의 교회에서 선교나 전도란 사람들을 모임에 초대하는 것이며, 교회 지도자들은 가능한 가장 매력적인 교회를 만들려고 노력하게 된다.[1] 이런 유형의 교회는 자칫 교회가 세상과 유리되어 세상에서 하나님이 하시는 일에 대해 무관심하게 될 우려가 있다. 이와 달리 에큐메니컬 진영의 선교목적은 사회구원을 통한 하나님 나라 확장이다. 대표적인 교회 유형은 호켄다이크(J.C.Hoekendijk, 1912~1975)가 말한 '흩어지는 교회'(scattering church)다. 이 유형은 흩어져서 하나

---

[1] 그레이엄 톰린은 어떻게 하면 이 시대에 전도를 잘하는 교회가 될 수 있을까라는 질문에 관해 그의 책 『매력적인 교회』에서 "도전적이고 매력적인 교회"가 되면 된다고 답한다. 그는 "교회는 사람들을 하나님의 주권 안으로 초대하기 위해 존재한다"라고 정의한다. Graham Tomlin, *The Provocative Church*, 주상지 역, 『매력적인 교회』(서울: 서로사랑, 2008).

님의 정의와 하나님의 평화를 위해 일하는 바로 그곳에 교회가 존재하며, 모이는 교회는 세계 속에서 하나님의 나라를 위한 수단이요 도구일 뿐이라고 생각한다.[2] 그러나 이런 유형의 교회론은 '모이는 교회'가 약화하여 잘못하면 '흩어지는 교회'(scattering church)가 아니라, 이미 '흩어져 버린 교회'(scattered church)로 흘러가기 쉽다.

이런 교회론들에 대한 반성으로 나온 교회론이 바로 선교적 교회론(missional church)이다. 끌어모으는 교회론이 하나님의 선교에 무관심했고, 흩어진 교회론이 교회의 선교에 무관심했다면, 선교적 교회론은 세상에서 교회를 통한 하나님의 선교에 관심을 가진다. 기본적으로 선교적 교회에서 선교는 교회의 활동이 아니라 삼위일체 하나님 고유의 사역으로 보고, 교회는 하나님으로부터 보냄 받은 선교사로 본다. 록스버그(Alan J. Roxburgh)는 "선교적 교회는 그들 주변의 세상 가운데서 하나님이 무슨 일을 하려고 하시는지에 대해서 끊임없이 질문을 던지면서 하나님 나라의 선교에 하나님과 동참하는 온갖 방식을 실험하고 있는 사람들에 대한 것"이라고 하였다.[3] 쉽게 말해 전통적인 끌어모으는 교회론이 교회 안에 하나님 나라를 이루려는 시도라면,[4] 선교적 교회론은 교회 밖에서 하나님 나라를 이루려는 시도라고 할 수 있다.

---

2 J.C. Hoekendijk, *The Church Inside Out*, 이계준 역, 『흩어지는 교회』 (서울: 대한기독교서회, 1979), 42.

3 Alan J. Roxburgh & M. Scott Boren, *Introducing the Missional Church: What it Is, Why It Matters, How to Become One* (Grand Rapids, MI: Baker Books, 2009), 19.

4 그레이엄 톰린은 교회 안에 하나님 나라가 이루어지면 자연스럽게 사람들이 몰려오며 전도가 가능하다고 주장한다. Graham Tomlin, *The Provocative Church*, 『매력적인 교회』, 95.

2) 선교적 교회론의 한계 및 중심과제

한국적 상황에서 선교적 교회를 본격적으로 다룬 것은 2003년 최형근의 논문 "한국교회를 위한 선교적 교회론"이었다.5 흥미로운 것은 하나님의 선교 신학을 반대하는 보수 교단에서도 선교적 교회론을 연구하게 되었다는 점이다.6 이에 대해 한국일은 한국의 선교적 교회론이 매우 좁은 의미의 선교를 의미하는 전도적 교회론이 되고 있다며 비판한 바 있다.7 그런데도 선교적 교회론은 프로그램 중심적이고 전도 중심적인 한국교회를 향해 교회의 선교적 본질을 일깨우고 있다는 점에서 큰 의의가 있다.

선교적 교회론은 이론적인 타당성에도 불구하고 개념적, 선교신학적, 실천적 한계를 가지고 있는데, 그 첫 번째가 개념의 불확실성이다. 선교적 교회론은 '선교적'이 무엇을 의미하느냐에 따라 바뀔 수 있는 교회론이다. 예를 들어, 선교가 복음 전파를 의미한다면 선교적 교회는 전도 중심적 교회론과 비슷하게 이해될 수 있고, 선교가 하나님의 선교를 의미한다면 선교적 교회는 흩어지는 교회론과 비슷하게 이해될 수 있다. 둘째, 구심적 선교의 약화도 문제다. 선교적 교회론자들은 더 많은 구성원을 교회에 추가시키는 것보다 예수를 위해 헌신 된 제자들을 세상에 보내는 일에 더 관심을 가진다.8 문제는 선교적 교회에서 원심적 선교가 지나치게

---

5 최형근, "한국교회를 위한 선교적 교회론," 『한국선교 KMQ』 Vol. 3 (2003/겨울): 26-40.

6 고신교단에서는 2008년 8월 태국 치앙마이에서 제2차 고신세계선교포럼을 개최하며 "선교전략 이슈" 중 '선교신학'의 주제를 "선교적 교회론"으로 다루기도 했다.

7 한국일, "특집대담 한국일 교수," 『목회와 신학』 285권 (2013.3): 30.

8 Rick Rouse and Craig Van Gelder, *A Field Guide for the Missional Congregation*

강화되면 모이는 구심적 선교가 약화할 수 있다는 것이다. 과연 '끌어모으는 교회'는 잘못된 교회론인가? 모이지 않으면 흩어질 수 없다. 교회 내에 구성원이 없는데 어떻게 세상에 보낸다는 말인가? 끌어모으지 않고 어떻게 파송하는 선교적 공동체를 형성시킬 수 있는가? 무엇보다 가장 큰 문제점은 선교적 교회론의 적용이다. 물론 선교가 교회의 본질이라는데 이견이 있을 수 없다. 그러나 교회의 선교적 본질을 그대로 구현해 낼 수 있느냐는 또 다른 문제다. 과연 선교적 교회론이 보편적으로 적용 가능한가? 선교적 교회론은 북미 유럽의 후기 기독교사회(post-Christendom) 상황에서 발생한 이론이다. 이 이론이 과연 제3세계나 아시아 지역, 혹은 한국에서도 적용 가능한지 검토해 보아야 한다. 한국교회는 기독교사회(Christendom)에서 후기 기독교사회(post-Christendom)로의 전환을 경험해보지 못한 교회다. 한국은 처음부터 선교적인 상황이었고, 한국교회는 처음부터 전도 중심적인 교회였다. 이런 한국적인 상황 가운데 선교적 교회론은 과연 어떻게 이해되고 적용되어야 하는가? 필자의 고민은 바로 이 지점에서 시작되었다.

3) 선교적 교회론을 넘어서: 끌어모으는 선교적 교회 마을목회

전통적인 '끌어모으는 교회론'은 선교의 구심성을 지나치게 강조하는 경향이 있다. 그러다 보니 선교의 원심성은 약화되어 세상을 향한 그리스도인의 사회적 책임을 무시한 채 점점 교회가 게토화되는 결과를 낳고 말았다. 반대로 '선교적 교회론'은 선교의 원

(Minneapolis: Augsburg Fortress, 2008), 60.

심성을 지나치게 강조한다. 그러다 보니 상대적으로 선교의 구심성이 약화되어, 모이는 교회는 약화되고 흩어지는 교회가 지나치게 비대해지는 경향이 있었다. 나가기 위해서는 모여야 한다. 모이면 흩어져야 한다. 모이는 교회와 흩어지는 교회, 끌어모으는 교회와 선교적 교회, 두 교회론의 유기적 결합이 가능할 수는 없을까?

오늘날 한국은 선교적 교회론이 처음 형성되던 북미 유럽의 상황과 매우 다르다. 그레이엄 톰린(Graham Tomlin)은 사람들을 모으려면 매력적이고 도발적인 교회가 되어야 한다고 주장한다. 문제는 오늘날 현대인들은 더는 전도와 교회에 관심이 없다는 점이다. 지금은 후기 기독교(post-Christendom) 사회가 아니라 탈기독교(post-Christianity), 혹은 탈종교(post-religion) 시대다. 아무리 좋은 프로그램이나 시설을 갖추어도 교회는 이제 매력이 없다. 사람들도 몰려오지 않는다. 이미 매력이 없어진 교회가 하는 선교적 운동이 무슨 영향력이 있을까? 이미 텅 비어 버린 교회가 어떻게 교회 밖에서 선교적 운동을 한다는 말인가?

끌어모으는 교회론이 교회 안에서 일으키는 하나님 나라 운동이라면 선교적 교회론은 교회 밖에서 일으키는 하나님 나라 운동이라고 볼 수 있다. 그러나 문제는 교회 안에서 하나님 나라가 없는데 어떻게 교회 밖에서 하나님 나라를 건설한다는 말인가? 불신자 측면에서 보면, 교회 안에서조차 구경하기 힘든 하나님 나라를 시장에서, 거리에서 세우겠다고 하면 오히려 큰 불쾌감을 가질 수 있다. 하나님 나라는 교회 밖에서 강제적으로 세우는 것이 아니라 교회 안에서 교회 밖으로, 개인에서 타인으로 자연스럽게 흘러넘쳤느냐는 것이다. 이에 필자는 원심적 선교와 구심적 선교, 모이는 교회와 흩어지는 교회, 교회 안과 교회 밖에서의 하나님 나라 운동의 유기적 결합이 필요한 교회론을 구상하게 되었는데 이것이 바로 '끌어모으는 선교적 교회론'(Attractional Missional Church)이다. 끌어모으는 선교적 교회의 목표는 한마디로 교회 안과 밖에서 일으키는 하나님 나라 운동, 즉 교회 성장과 하나님 나라 성장을 동시에 추구하는 선교적 교회 성장이라고 말할 수 있다. 이것을 정리하여 도식화하면 다음과 같다.

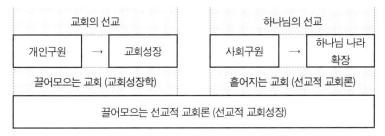

교회론에 따른 선교초점의 변화

문제는 목회적 적용이다. 어떻게 하면 끌어모으는 선교적 교회론을 현장 목회에 적용할 것인가? 필자는 그 실천적 해답을 마을목회에서 찾았다. 마을목회는 마을 만들기와 교회 세우기를 통전적으로 추구한다. 무엇보다 마을목회의 목회대상은 교회 안의 신자와 교회 밖의 주민 모두를 포함한다. 노영상은 이렇게 말한다.

마을목회는 교회 안의 사람들만 목회의 대상으로 삼는 것이 아니라, 교회 밖의 사람들도 관심의 대상이며 목회의 대상임을 강조한다. 교회 내에서 우리만이 행복한 공동체를 이루고 사는 것이 아니라, 교회를 포함한 지역에 하나님의 나라가 건설될 수 있도록 교회 밖의 지역을 목회의

대상으로 삼는 것이 마을목회다.[9]

마을목회는 교회 밖의 사람들도 잠재적 교인으로 간주하며 교회 안과 밖에서 하나님의 나라를 이루고자 한다. 끌어모으는 선교적 교회도 교회 안에서 이루어진 하나님 나라가 교회 밖으로 흘러가는 것을 추구하며, 자연스럽게 교회가 속한 지역주민을 잠재적 교인으로 간주한다. 필자는 끌어모으는 선교적 교회론과 마을목회론이 교회 역성장 시대, 탈종교, 탈기독교 시대를 맞이한 한국교회에 좋은 이론적, 실천적 토대를 제공하리라 믿는다.

3. 끌어모으는 선교적 교회 마을목회의 적용

그렇다면 끌어모으는 선교적 교회 마을목회론을 과연 어떻게 현장에 적용할 것인가? 필자는 끌어모으는 선교적 교회 마을목회론을 대전시 유성구 신성동에 소재한 신성교회에 적용하여 구체적인 열매를 보게 되었다. 먼저 지역과 교회의 상황을 소개하고, 끌어모으는 선교적 교회론에 기초해 교회 리더십과 함께 수립한 신성교회의 사명과 핵심 가치, 비전과 목회 철학을 간단하게 소개하고자 한다.

---

9 노영상,『미래목회와 미래신학』(서울: 나눔사, 2019), 144.

1) 신성동 지역 및 신성교회 상황분석

신성교회는 1955년 10월 14일 탄동면 추목리 문낙원 집사 가정에서 탄동교회라는 이름으로 개척되었다. 오랫동안 농촌 교회로 있다가 1990년대 탄동면이 대전시로 편입되고 지역 이름이 신성동으로 바뀜에 따라 교회 이름도 신성교회로 바꾸게 된다. 그 후로 급성장을 하게 되었는데 불행히도 1990년대 말 성전건축과 관련된 문제로 교회분열의 아픔을 겪는다. 그런데도 김용호 담임목사의 리더십 하에 점진적인 성장을 이루다가 2015년 원로목사 추대와 관련된 문제로 또다시 큰 갈등을 겪게 된다. 필자는 1996년부터 교육전도사, 부목사로 사역하다가 2015년 12월에 담임목사로 부임하게 되었다.

신성교회가 위치한 대전 유성구 신성동은 젊은 고학력 고소득자들이 거주하는 지역이다. 신성동은 1980년대 말부터 대덕연구단지가 조성되면서 발전하기 시작했다. 2000년대 들어서 산·학·연 복합 대덕연구개발특구로 출범하면서 화학연구소, 에너지 연구소, 전자통신연구소 등 각종 정부출연연구소가 밀집한 대한민국 과학 중심지로 발돋움하게 된다. 인접한 자운동과 추목동에는 장교들을 위한 교육 시설이 밀집해 있는데, 대표적으로 장교, 장성들을 위한 합동군사대학교(구 육군대학, 해군대학, 공군대학)와 대전통합병원이 있다. 또한, 충남대, KAIST, UST, 대덕대와 같은 교육기관이 밀집한 중부권 교육의 중심지다. 처음부터 연구 학원 중심도시로 출범한 탓에 주민들 대부분이 고학력 소지자들이며, 전민동, 노은동, 도룡동과 함께 대표적인 대전의 부촌이기도 하다. 그런데도 신성동은 주민들 상당수가 주거지를 서울이나 다른 지역에 둔 군인, 연구원, 학생, 외국인들이어서 유동 인구가 많고 실거주자는 적은 편이다. 무엇보다 최근 생긴 세종시와 인근 지역재개발로 인구 유출이 증가하고 있다. 2017년 현재 9,542세대 25,638명이 거주하고 있다.[10]

2015년 12월 필자가 부임할 당시 신성교회는 신성동 지역과 상당히 단절된 교회였다. 우선 두 번의 교회분열과 내부갈등으로 인해 지역사회로부터 좋은 평판을 얻지 못했다. 게다가 주민들과의 마찰도 잦았다. 신성동이 연구소 군부대 인접 지역이라 교회 주위에 식당이나 유흥업소가 많았는데 점심이나 저녁 시간이 되면 교회 주차장 무단사용으로 인해 마찰이 생기곤 했다. 심지어 인근 주민들과 토지 경계분쟁으로 토지 경계측량을 하기도 했는데 실측 결과 신성교회가 인근 주민의 땅을 무단으로 점유해왔음이 드러나 배상을 하기도 했다. 그 외에도 교회 곳곳에 심어진 수십 미터짜리 나무들로 인한 조망권 침해라든가 예배 소음 문제 역시 풀어야 할 숙제였다. 무엇보다도 가장 안타까웠던 점은 신성교회가 대전 유성구에서 가장 오래된 교회 중 하나였으면서도 지역 자치단체나 시민단체, 혹은 주민자치위원회와 소통이 없었고, 지역사회에 아무런 영향력을 미치지 못하고 있었다는 점이다. 필자는 이렇게 된 가장 근본적인 원인이 교회론에 있다고 보았다.

10 대전광역시 유성구, "동별세대 및 인구," 『대전광역시유성구기본통계』, http://ko-sis.kr/statHtml/statHtml.do?orgId=594&tblId=DT_59402_B001004, [2020.08.24. 접속].

2) 신성교회 사명, 핵심 가치, 비전 설정

필자가 부임하기 전까지 신성교회는 전형적인 끌어모으는 교회였다. 교회를 성스러운 구원의 방주로 인식하고, 학생들과 연구원들, 군인들을 상대로 운영하는 교회 주위 유흥업소들은 회개하고 돌아와야 할 대상으로 보았다. 그들이 업종을 바꾸어 교회로 오는 것이 곧 선교요 전도로 본 것이었다. 이런 성속 이원론적인 교회론은 자연스럽게 성도들을 지역사회나 세상일에 관심이 없게 만들었고, 이것은 곧 지역사회로부터 교회가 더욱 고립되는 이유가 되었다.

2015년 12월 필자가 부임하면서 해결해야 할 외부적 당면과제는 어떻게 하면 지역사회와 소통할 것인가였다. 또 다른 문제는 교회 내부에 발생한 분열과 갈등이었다. 원로목사 추대와 은퇴 과정에서 생긴 갈등으로 많은 교인이 교회를 떠나게 되었는데, 이미 내부 조직이 다 무너져서 모이는 교회가 약화된 상황에서 선교적 교회 같은 흩어지는 교회는 정말 먼 이야기였다. 그렇다고 지역사회로부터 좋은 평판을 듣지 못한 상황에서 개인 구원과 교회 성장을 강조하는 끌어모으는 교회도 그렇게 효과적이지 못했다. 그래서 부임하자마자 제일 먼저 시작한 것이 교회론의 재정립이었다. 필자는 당시 신성교회의 상황에서 가장 적합한 교회론은 원심적 선교와 구심적 선교 모두를 강조한 '끌어모으는 선교적 교회'라고 보고, 당회원들과 여러 차례 모임을 하며 목회철학과 사명 선언문, 비전선언문, 핵심 가치 그리고 신성교회에 맞는 교회론을 하나씩 정립해 나갔다.

제일 먼저 당회원들 앞에서 소개한 것은 필자의 목회 철학이었다. 목회 철학이란 목회자가 가지고 있는 정신과 가치, 관점과 세계관에 기초한 목회 원리를 말한다. 옥한흠 목사는 "교회를 움직이는 추진력" "교회가 어디로 움직여야 하고 왜 움직여야 하는지를 잘 정립하는 것"을 목회 철학이라고 규정한 바 있다.[11] 다음은 필자가 신성교회 부임 후 2015년 12월 11일 첫 번째 정책 당회에서 당회원들에게 소개한 필자의 애천애인(愛天愛人) 목회 철학이다.

　　애천애인(愛天愛人) 목회 철학: 원래 주님이 말씀하셨던 지상명령은 전도나 선교 명령이 아니라 사랑의 이중 계명, 즉 하나님 사랑과 이웃 사랑이었다(마22:37-40). 전도 명령이 이데올로기화되어 지상명령으로 등장한 것은 교회사적으로 18세기 이후 개신교에 나타난 현상일 뿐이다. 모든 그리스도인의 전도나 선교, 목회자의 목회나 목양은 그것 자체가 목적이 아니라 사랑의 이중 계명을 실천하는 가운데 나오는 자연스러운 과업이어야 한다. 그런 의미에서 본인의 목회 철학에서 가장 중요하게 여기는 핵심 가치는 하나님 사랑과 이웃 사랑이다. 특별히 여기서 중요한 것은 하나님 사랑과 이웃 사랑, 이 두 가지가 구분되거나 분리될 수 없다는 사실이다. 교회의 비극은 하나님 사랑과 이웃 사랑을 선택의 개념으로 이해하는 데서부터 시작되었다. 주님은 하나님 사랑, 이웃 사랑을 결코 선택의 문제로 보지 않으셨다. 하나님 사랑이 곧 이웃 사랑이요, 이웃 사랑이 곧 하나님 사

---

11 옥한흠, 『평신도를 깨운다: 제자훈련의 원리와 실제』 개정판 (서울: 국제제자훈련원, 2009), 62-63.

랑이다. 이러한 본인의 목회 철학을 나타내주는 로고가 가로와 세로가 일치하며 네 팔의 길이가 똑같은 그리스 십자가(crux quadrata)이다. 가로가 이웃 사랑을 의미하고, 세로가 하나님 사랑을 의미한다면, 하나님과 사람, 사람과 사람을 화해시키는 중심에 예수 그리스도가 있으시며 바로 그곳에 교회의 선교적 사명, 목회의 본질이 존재한다고 믿는다.[12]

이런 목회 철학을 기초로 당회원들과 함께 사명 선언문을 만들었다. 사명 선언문은 개인이나 기업, 조직의 존재 이유를 문장으로 공식화한 것을 말한다. 사명 선언문은 "여기가 어디인가" 그리고 우리는 "어디로 가야 하는가"에 답을 제시해 줌으로써 현재의 의사결정뿐 아니라 미래의 진로에서도 방향을 제시한다. 교역자들, 당회원들과 함께 작성한 신성교회 사명 선언문은 다음과 같다.

신성교회 사명 선언문(Mission Statement): 신성교회의 사명은 사람들이 예수 그리스도를 구세주와 주님으로 영접하게 하여, 하나님 나라의 시민이자 그의 가족에 소속하게 하고, 그로 인한 복음의 감격을 세상에 증거 함으로써 하나님 나라를 확장하는 것이다.

사명을 완수하기 위해 가장 우선순위에 둔 가치를 핵심 가치라고 말한다. 다른 말로 말하면, 핵심 가치는 그 조직의 사역을 추진하는 지속적이고, 열정적이며, 성경적인 핵심적 신념이다.[13] 당회원들과 함께 만든 신성교회 12가지 핵심 가치는 다음과 같다.

---

12 김윤태, 『2016년도 교회생활수첩』 (대전: 복 문화사, 2016), 24-25.

13 Aubrey Malphurs, *Value-Driven Leadership*, 전의우 역, 『비전을 넘어 핵심가치로』 (서울: 요단, 2000), 47.

사랑(Love)	우리는 하나님 사랑과 이웃 사랑이 하나님의 지상명령임을 믿는다.
선교(Mission)	우리는 선교가 교회의 존재 이유임을 믿는다.
성경(Bible)	우리는 성경의 가르침대로 사는 것을 가치 있게 여긴다.
예배(Worship)	우리는 열정적인 예배를 가치 있게 여긴다.
기도(Prayer)	우리는 기도가 사명을 이루는 가장 강력한 동력임을 믿는다.
헌신(Commitment)	우리는 자원하는 마음으로 드리는 자발적 헌신을 가치 있게 여긴다.
사람(People)	우리는 한 사람의 가치를 천하보다 귀하게 여긴다.
공동체(Community)	우리는 매력적인 이벤트보다 매력적인 공동체를 만드는 일을 더 가치 있게 여긴다.
유머(Humor)	우리는 유머를 가치 있게 여긴다.
정의(Justice)	우리는 그리스도인의 사회적 책임에 정의가 포함된다고 믿는다
소통(Communication)	우리는 소통을 가치 있게 여긴다.
문화(Culture)	우리는 문화의 변혁을 가치 있게 여긴다.

목회 철학은 개인의 목회철학과 교회의 목회 철학으로 구분될 수 있다. 개인적 차원의 목회 철학은 시무하는 교회가 달라도 변하지 않는 목회적 가치를 말한다. 교회 차원의 목회철학은 목회현장이나 상황이 고려된 목회적 가치를 말한다. 이것을 다른 말로 목회방침이라고도 한다. 필자의 목회철학을 신성교회 목회현장과 신성동 상황을 고려하여 만든 목회방침은 다음과 같다.

목회방침 선언문: 신성교회에 주신 사명을 완수하기 위해 복음의 핵심 가치와 교회의 핵심가치를 지키고 사랑의 이중 계명(하나님 사랑, 이웃 사랑)을 실천하여 하나님 나라를 확장한다.

당회원과 최종적으로 만든 것은 비전선언문이었다. 사명 선언문이 무엇을 해야 하는지를 드러내는 과정 중심적이라면, 비전선언문은 최종목표를 담은 것이다. 즉 최종적으로 어떻게 될 것인가에 대한 묘사다.[14]

비전선언문(Vision Statement): 신성교회는 하나님을 사랑하고 이웃을 사랑하는 교회다. 감격스러운 예배를 통해 하나님과의 관계가 회복되고, 사랑이 넘치는 소그룹 모임을 통해 성도와의 관계가 회복되며, 자발적인 봉사를 통해 이웃과의 관계가 회복된다. 그로 인한 감격과 사랑이 동기가 되어 주체할 수 없는 기쁨으로 복음을 증거하며 이웃을 섬긴다.

신성교회 CI

신성교회의 사명과 핵심 가치, 비전을 형상화한 것이 바로 신성교회 CI다. 그리스 십자가(crux quadrata)를 바탕으로 한 정십자가 형태의 교회 CI에서 가로는 이웃 사랑을 의미하고, 세로는 하나님 사랑을 의미한다. 십자가 네 팔의 모습은 사랑과 기쁨을 나타내

---

14 Laurie Beth Jones, *The Path*, 송경근 역, 『The Path: 기적의 사명선언문』(서울: 한언, 2013), 105.

는 신성교회 공동체를 의미하고, 가로세로 길이가 일치하는 것은 하나님 사랑과 이웃 사랑의 균형 추구를 의미한다. 빨간빛은 열정을, 파랑은 이성을, 그러데이션은 사랑과 기쁨의 확산을 의미한다.

3) 교회론 재정립: 끌어모으는 선교적 교회론

신성교회의 사명과 핵심 가치, 비전을 설정한 뒤 당회원들과 함께 논의한 것은 교회론의 재정립이었다. 기존의 교회론이 현시대와 신성동의 지역 상황과 부합하지 않는 것으로 보고, 보다 통전적인 교회론을 제시했는데 그것이 바로 앞에서 언급한 '끌어모으는 선교적 교회론'이었다. 다음은 필자가 교회 리더십들에게 훈련한 선교적 교회론에 관한 설명이다.

교회는 본질상 선교적 교회(missional church)이다. 선교적 교회는 단순히 선교를 강조하는 선교 중심적 교회(mission-centered church)나 선교 지향적 교회(mission-oriented church)를 의미하는 것이 아니라 선교 자체를 교회의 본질과 존재 이유로 보는 개념이다. 교회는 선교사를 파송하는 기관(sending agency)일 뿐 아니라 이미 그 지역에 파송된 선교사(sent agency)다. 따라서 교회의 선교적 사명은 선교를 교회의 한 프로그램이나 부서에 맡기는 수준에 그치는 것이 아니라 모든 프로그램과 기관, 사역의 핵심에 존재하게 하는 것이다. 즉, 교회가 지역에 파송된 선교사고, 교인이 가정과 일터에 파송된 선교사다.

원심적 선교를 강조한 선교적 교회론의 단점은 구심적 선교 약화다. 따라서 선교적 교회론과 함께 끌어모으는 교회론을 아울러 가르쳤는데, 다음은 구심적 선교를 강조한 끌어모으는 교회론에 관한 설명이다.

선교적 사명을 지나치게 강조하다 보면 자칫 교회의 구심적 측면들을 간과할 수 있다. 교회는 지금 여기에(now and here) 하나님 나라를 미리 맛보는 영적인 공동체다. 이 공동체는 독재적인 카리스마에 의해 움직이는 수직적인 공동체가 아니라 성도들과 함께 만들어가는 수평적인 공동체여야 한다. 그런 의미에서 본인은 일반 기업들처럼 "지나치게 목적 지향적인 교회"(Too much Purpose-Driven Church) 보다는 목적과 가치를 성도들과 함께 나누면서 목적을 지향하는 "목적 공유적인 교회"(Purpose-Shared Church)를 추구한다. 이러한 공동체적 교회론의 개념은 단순히 리더십 차원이 아니라 교회론에 대한 근본적인 질문으로부터 시작되었다. 교회(에클레시아)는 건물이 아니라 믿는 자들의 모임이다. 그런데 현실적으로 지역교회는 교인만 오는 것이 아니라 구원의 확신이 없는 자들도 있고 교인이 아닌 자들, 심지어 타 종교인들도 방문할 수 있다. 사실 신자들의 모임인 에클레시아 교회, 하나님만이 아시는 참 교회(true church)는 그 공동체 안에 존재한다. 그렇게 보기 시작하면 이 땅에 존재하는 교회들의 사명이 무엇인지 더욱 분명해진다. 가능한 많은 사람을 기독교 공동체에 동참하게 하고, 참여한 그들을 참 교회(true church)에 소속되게 하는 것이다. 현대교회의 딜레마는 교회가 교회다워질수록 지역과 유리되며 게토화 되는 데 있다. 지역과 연계된 공동체성이 약해서 그렇다. 그런 면에서 선교적 교회를 지향하는 공동체 구조는 세상을 향해 조금 더 열려 있는 조직, 세상을 향해 침투하는 조직이 될 필요가 있다. 믿지 않는 자들이 쉽게 소속될 수 있도록 만들고, 그렇게 찾아온 사람을 참 교회의 성도들이 되게 하는 것, 바로 그것이 선교적 교회의 핵심이다. 사실 출애굽 할 때도 이스라엘 사람들만 탈출한 것이 아니라 "수많은 잡족"도 함께 탈출했다(출 12:38). 이스라엘 사람들을 포함해서 그들 대부분은 출애굽의 의미가 뭔지도 몰랐다. 그러나 시내산에서 율법을 받고 40년의 광야 생활을 지나면서 뒤늦게 출애굽의 의미를 알게 되고 점차 하나님의 백성이 되어갔다. 그들은 처음부터 하나님의 백성이 아니었으나, 하나님의 백성으로 부름을 받았고 40년 동안 계속해서 하나님의 백성으로 선별되어갔다. 바로 이것이 본인이 지향하는 선교적 교회의 성서적 모델이다. 이 땅의 지역교회는 본질적으로 수많은 잡족도 참여할 수 있는 공동체여야 한다. 그 공동체에서 천국을 가는 그날까지 하나님의 백성으로 부름을 받고 선별돼야 한다. 우리가 세상을 향해 나아가야 하지만(centrifugal mission) 우리를 향해 나아온 그들을 초청해서(centripetal mission) 좀 더 깊은 교회(deep church)로 인도할 수는 없을까? 그런 면에서 우리 교회가 추구하는 교회는, 공동체는 넓게(wide) 그러나 교회는 깊은(deep) 것을 추구한다. 요약하면, 교회의 선교적 본질을 추구하기 위해 넓은 공동체(wide community)를, 하나님 나라를 미리 맛보며 실천하기 위해 깊은 교회(deep church)를 추구하는 것이 우리 신성교회가 추구하는 끌어모으는 선교적 교회론의 핵심이라고 할 수 있다.[15]

전통적인 교회를 선교적 교회로 전환하는 작업은 결코 쉬운 일이 아니다. 필자가 제시한 끌어모으는 선교적 교회론을 신성동 지

---

15 김윤태, 『2019년도 교회 생활수첩』(대전: 복 문화사, 2019), 34-35.

우리는 선교사다

Missional Church, Missional Living

2019년 신성교회 표어

역사회에서 어떻게 실천할 것인가? 필자는 신성교회 교인들에게 '선교적 삶'(Missional Living)을 살도록 도전했다. 선교적 교회는 선교적 삶을 사는 이들의 공동체다. '선교적 삶'이란 복음을 전하기 위해 선교사적 태도와 사고, 행동, 실천을 수용하는 것이다. 다시 말해, 하나님이 자신을 왜, 여기에, 지금 보내셨는지, 하나님이 나와 나의 인생과 나의 자산을 통해 무엇을 하기 원하시는지 묻는 삶을 말한다.

필자는 연말 정책 당회와 연초 평신도 리더십 콘퍼런스, 제자훈련과 순장 훈련을 진행하며 선교적 교회론과 선교적 삶을 가르쳤는데, 전통적인 끌어모으는 교회론에 익숙한 성도들에게 선교적 교회로의 패러다임 전환이나 선교적 삶에 대한 개념 이해는 쉽지 않은 과제였다. 그래서 고안한 것이 표어였다. "우리는 선교사다"라는 구호를 만들어 외치게 했고, 2019년에는 아예 교회 표어로 만들어 전 교인에게 선교적 교회론을 학습시켰다.

4. 끌어모으는 선교적 교회 마을목회의 실천사례

전통적인 교회였던 신성교회의 철학과 가치, 비전을 새로운 시대와 상황에 맞게 이론적으로 전환한다는 것은 어렵지 않았다. 문제는 실천이었다. 필자가 해결해야 할 과제는 두 가지였다. 첫째는 전통적인 교회구조를 끌어모으는 선교적 교회구조로 전환하는 것이었고, 둘째는 마을과 소통하면서 교구 목회와 마을목회를 동시에 추구하는 것이었다.

1) 끌어모으는 선교적 교회 실천사례: 다락방 사랑방 소그룹 사역

어떻게 하면 구심성을 잃지 않으면서 원심적인 선교를 추구하는 선교적 교회구조를 만들 것인가? 필자가 제일 먼저 시작한 것은 교회조직을 개방적으로 바꾸는 것이었다. 전통적인 교회조직은 믿는 신자들로 구성된다. 그런데 필자는 믿는 신자로 구성된 소그룹과 마을주민들이 함께 참여할 수 있는 다락방-소그룹을 만들어서 연결해 보았다. 이것이 바로 신성교회의 소그룹 사역이다.

이 사역을 위해 먼저 시작한 것은 신성교회를 셀 그룹 교회로 바꾸는 것이었다. 셀이란 개방적이고 복음 전파에 초점을 맞추고 있는 소그룹으로서 각 셀 그룹들의 궁극적인 목적은 복음 전도와 결실을 통하여 그룹들이 자라나서 번식하는 것이다. 이를 위해, 신성교회를 목사-교구장-성도와 같은 수직적인 구조의 교회에서 교회 안의 교회, 소그룹들의 모임으로서의 교회로 조직을 바꾸었다. 이때 교회 내 소그룹의 최소단위를 한국대학생선교회가 사용하고 있는 '순(筍)'이라는 용어와 개념을 빌려 부르게 했는데, 여기서 순(筍)이란 최대 12명 이내의 구성원들이 모여 말씀과 삶, 기도를 나누고 영적으로 돌보며 그리스도 안에서 성장하는 소그룹을

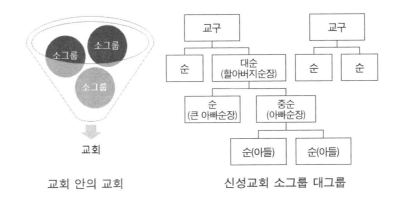

교회 안의 교회   신성교회 소그룹 대그룹

말한다. 순모임을 인도하는 리더를 순장, 구성원을 순원이라고 부르는데, 순장에게는 목회자가 가지고 있던 목양 사역의 일부를 위임하여 섬기도록 했다.

순은 대순, 중순으로 구성되는데 1세대 순을 대순, 2세대 순을 중순이라고 부른다. 3세대 이상 번식한 순들의 연합체가 교구며, 교구의 연합체가 지구다. 한 순이 8개 이상으로 나누어질 때 그 순은 교구로 분리 독립이 가능하다. 이때 교구장은 당회원이 아니라 순을 가장 많이 번식시킨 순장이 맡도록 했다.

순의 모든 운영은 주일 순모임만으로 이루어지는 것이 아니다. 그것은 마치 교회 생활이 주일 예배 한 번으로 끝나는 것이 아니라 일주일 내내 이루어지는 것과 마찬가지로 순모임은 일주일 내내 온라인, 오프라인에서 이루어진다. 주중에는 주로 전도 소그룹 활동이나 일대일 양육 사역을 위한 개별적인 만남 그리고 전도 대상자와 전도 소그룹이 함께 만나 식사를 하거나 취미활동 등을 통해 우정을 개발하고 전도하는 일을 지속적으로 수행하도록 했다.

신성교회 순모임 소그룹의 유형은 크게 두 가지가 있다. 첫째

신성교회 원심적 선교 방향

는 교회에 등록한 신자로 구성된 닫힌 순(closed cell)이며, 또 다른 하나는 신자와 불신자, 마을주민으로 함께 구성되는 열린 순(open cell)이다. 닫힌 순모임을 신성교회에서는 다락방 순모임이라 부르고, 열린 순모임을 사랑방 순모임이라 부른다. 물론 여기서 다락방은 사도행전에 나오는 마가의 다락방을 의미한다. 한마디로 다락방 순모임은 믿는 자들의 모임, 성령 받은 자들의 소그룹 모임을 말한다. 이와 달리 사랑방은 한국의 전통가옥에서 손님을 접대하며 주인과 손님이 소통하는 사랑채에서 그 개념을 가지고 왔다. 당연히 사랑방 순모임은 믿지 않는 자들과의 모임, 마을주민들에게 개방되어있는 소그룹 모임을 말한다.

다락방 순모임은 교회에 등록한 순원들과 주일 예배 후 혹은 주중에 모이며, 사랑방 순모임은 교회에 등록한 순원들 뿐 아니라, 순원 가족들, 마을주민, 혹은 전도 대상자들과 함께 주중에 월 1회, 혹은 비정기적으로 모인다. 이때 중요한 것은 사랑방 순모임이 철저하게 사교적인 모임이 되도록 하는 데 있다. 심지어 식사 기도도 하지 말 것을 부탁했는데, 가능하면 사랑방 순모임에 참여하는 마을주민들이 보기에 종교적인 목적이 드러나지 않게 하는 것이 중요했다. 왜냐하면, 사랑방 순모임의 첫 번째 존재 목적은 마을주민과의 소통 자체에 있었기 때문이다. 물론 그런데도 신성교회의 궁극적인 선교목적은 신성교회의 사명과 핵심 가치를 다락방, 사랑방, 지역 마을에서 실천하고, 이 과정에서 접촉한 마을주민들이 마을에서 사랑방 순모임으로, 사랑방 순모임에서 다락방 순모임으로 참여시키는 것이다.

이 사역을 위해 필요한 리더가 바로 순장이다. 다락방, 사랑방 순모임에서 순장의 역할은 순원을 위해 눈물로 기도하고, 사랑으로 돌보며, 심방하고, 순원의 필요를 채우는 것이다. 이때 중순장(아빠 순장), 대순장(할아버지 순장)의 역할은 자신의 순원뿐 아니라 순원이었다가 세움 받은 순장들이 잘 사역할 수 있도록 멘토링하고 격려하고 후원하는 것이다. 특별히 순 안에는 두 명의 지도자들을 세우게 했는데, 그중 한 사람은 순장, 다른 한 사람은 예비 순장이라 불렀다. 예비 순장은 잠재적으로 순장으로 성장할 사람으로서 제자훈련을 마치고, 순장 훈련 중인 자를 말한다.

이 사역을 위해 필자는 신성교회에 맞는 전도와 양육, 제자화 사역 시스템을 구축했는데, 간단히 소개하면 다음과 같다. 교회에 등록한 새신자는 구원 상담을 받고 일정 기간 새가족 양육을 받게 된다. 새가족 양육이 끝난 성도는 믿는 신자들의 소그룹인 '다락방 순'에 배치된다. 다락방 순모임은 주일 오전 예배와 오후 예배 사이에 이루어지는데 교회 내 카페나 교육관, 혹은 교회 근처 카페에서 50분간 진행한다. 다락방 순에 배치된 새신자는 동시에 마을주민들과 함께 모이는 소그룹인 '사랑방 순'에도 배치된다. 사랑방 순모임은 주중에 이루어지는데 순원들의 형편에 따라 주 1회, 혹은 월 1회 모이기도 한다. 성서 대학을 비롯한 여러 양육프로그램을 통해 믿음과 신앙이 성장한 순원은 매년 봄마다 진행하는 제자

훈련 프로그램에 참여하게 했는데, 이 과정을 수료한 사람은 매년 가을마다 진행되는 순장 훈련 프로그램에 참여할 수 있는 자격을 얻게 된다. 순장 훈련 프로그램에 참여하는 자를 예비 순장이라 부르는데, 순장 훈련 프로그램을 최종 수료하고 나면 연초에 순장으로 임명받고 다락방 사랑방 소그룹 사역을 시작하게 된다. 아래 그림은 끌어모으는 선교적 교회를 이루기 위한 신성교회 전도와 양육 시스템을 도식화한 것이다.

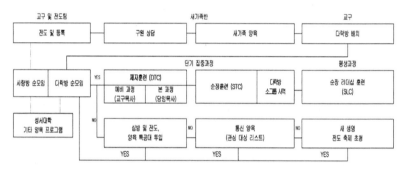

신성교회 전도와 양육 시스템

2) 마을목회 실천사례: 사랑방 사역의 확장

교회의 사명과 핵심 가치, 비전과 교회론을 정립하며 끌어모으는 선교적 교회의 이론적 토대를 마련한 뒤 다락방 사랑방 순모임 소그룹 사역을 통해 마을주민들과 소통할 수 있는 구조를 만드는 데 성공했다. 그러나 문제는 구체적인 마을목회의 실천이었다. 과연 어떻게 해야 교구목회의 훼손 없이 마을목회를 동시에 추진할 수 있는지, 도대체 무엇을 해야 하는 건지, 막막했다. 필자는 사랑방 사역에 힌트를 얻어 교회의 조직과 사역을 좀 더 개방적으로 만들어 교구 목회와 동시에 마을목회를 추진했다.

일단 교회 공간부터 철저하게 마을주민들을 먼저 배려하여 운영했다. 인근 식당과 유흥업소, 마을주민들과 늘 마찰을 빚었던 주차장을 상시 개방하여 예배 시간 외에는 마을주민들이 이용하도록 했다. 조망권 침해 논란으로 불편하게 했던 나무들은 모두 베어 버렸고, 십자가 불빛과 교회 간판 조명으로 인해 고통을 호소하는 이웃들을 위해 타이머를 달아 저녁에는 불을 끄도록 했다. 예배 소음으로 불편해하는 이웃들을 위해 교회 창문을 모두 메우고 흡음재를 시공해서 찬양이나 기도 소리가 밖으로 새어 나오지 않게 했다. 40년 이상 운영하던 어린이 선교원도 과감히 폐원하여 마을주민들이 운영하는 어린이집에 이양했다. 다락방 사랑방 소그룹 순모임도 가능하면 교회에서 하지 않고 인근 식당, 혹은 커피숍에서 하게 해서 매출을 올리도록 도왔다. 원래 신성동은 실거주자가 적기 때문에 주말이 되면 도시 공동화 현상이 생기는 지역이다. 그래서 토요일과 주일에 가게 대부분은 문을 닫는다. 그런데 주일마다 신성교회 교인들이 음식점, 카페에서 순모임을 하다 보니 하나둘씩 주일에 문을 열게 되었다. 그들에게 있어서 신성교회 부흥이 곧 주말 매상으로 이어지니 마을주민들이 자발적으로 전도해 주어서 교회 성장에 큰 유익을 보게 되었다.

다음으로 한 것은 교회 리더십을 신성동 주민자치위원회에 임원과 구성원으로 참여시키는 것이었다. 기회가 있을 때마다 교인들을 선교사 파송하듯 보내다 보니 어느새 신성동 주민자치위원회, 통장, 동장, 상인연합회 등에 수많은 교인이 포진하게 되었다.

그들과 소통하는 자리가 곧 사랑방 순모임이며, 마을주민들은 점차 잠재적 교인들이 되어 갔다. 주민참여 예산제를 활용해서 지역에 필요한 사업을 제안하고 예산을 따내기도 했는

지역주민과 함께하는 바자회

데, 교회 인근에 있는 족구장 야간조명설치 사업이 대표적인 사례 중 하나다.

마을주민이 하는 여러 자치사업에도 적극적으로 참여하게 되었는데, 대표적인 것이 해마다 열리는 '신성한마음여름축제' 지원사업이었다. 재정적인 후원뿐 아니라 여전도회원들을 보내 매년 돕도록 했는데 나중에는 행사진행요원의 거의 절반이 우리 교인일 정도로 마을축제가 곧 교회 축제가 되었다.

마을주민과 함께하는 신성 한마음 여름 축제

2019년 8월 11일 사이언스 대덕종합운동장에서 열린 제13회 '신성한마음여름축제'의 경우엔 워터파크 물놀이장, 주민공연, 야외음악회, 영화제 등의 다양한 프로그램이 진행돼 무려 3천 명이 넘는 주민들이 참여하여 큰 호응을 얻었다. 이렇게 주민자치사업에 적극적으로 협조하자 교회에서 주최하는 행사에도 주민들이 적극적으로 참여해 주었는데 대표적인 것이 매년 교회 창립기념주일을 즈음해서 벌이고 있는 "지역주민과 함께하는 바자회"였다. 먹거리 장터나 여러 코너를 교인들이 아니라 마을주민들이나 상인들에게 위탁하여 그들이 필요한 대로 수입을 올리도록 했고, 대신 구제 사업에 약간의 찬조를 요청하였다.

지금은 어느새 또 하나의 마을 축제가 되어 바자회가 열리면 정치인이나 지역 자치단체장들이 인사하러 오고, 지역 언론, 방송국에서도 취재 나올 정도가 되었다.

마을주민을 위한 구제와 장학사업도 하나의 마을목회로 추진되었다. 신성교회는 5만 원의 수강료를 받고 봄가을 매년 2차례 수요일 오전과 토요일 오후 성서대학을 진행하고 있다. 기수마다 100명 이상이 참여해서 1년 평균 천만 원 이상의 기금을 마련해 장학사업을 하고 있는데, 신성동 인근의 초·중·고등학교, 대학교, 지역신학교에 장학금을 기탁해 오고 있다. 2020년 초에는 코로나19 확산으로 어려움에 빠진 이웃을 위해 두 가지 사업을 벌였는데 그 중 하나는 '사랑의 마스크 나눔 사업'이었고, 다른 하나는 코로나19 확산으로 인해 경제적 어려움을 겪고 있는 자영업자, 소상공인, 미자립교회의 생계를 지원하는 '재난생계지원사업'이었다.

맥가이버 수리 봉사선교팀의 부여대교회 지붕수리

신성교회는 마을목회의 범위를 신성동에만 국한하지 않고 농촌과 도심, 해외까지 확대해서 추진하고 있는데 대표적인 사업이 '맥가이버 수리 봉사 사업'이다. 교인 중에 건축이나 건물 수리 관련 종사자들을 모아서 '맥가이버 수리 봉사 선교팀'을 결성했는데, 매년 2차례 이상 미자립교회나 농촌 교회, 시골마을 건물 수리를 돕고 있다. 그 외에 '겐그레아 미용 선교팀', '화동 미술 선교팀'도 결성되었는데, 맥가이버 팀이 갈 때 같이 가서 시골 마을 담벼락에 벽화를 그려주거나 미용 봉사를 동시에 진행하곤 한다. 이런 마을목회 사역은 해외 선교지에서도 똑같이 추진하고 있다. 선교적 교회 마을목회는 '교회는 선교사요, 마을이 교구'라는 개념을 해외 선교지에도 그대로 적용할 뿐 결코 해외선교를 약화하는 교회론이 아니다. 신성교회는 2005년 필자가 부목사 시절 미얀마 양곤에 Servanthood Bible College를 설립한 이래로 수많은 지교회를 개척해 왔는데, 담임목사로 부임 후 미얀마 카야 지역에도 어린이

집을 개원하면서 사역의 범위를 미얀마 전국으로 넓혔다.

특히 대전의료선교훈련원과 함께 진행하고 있는 양곤 세비다 문화센터 사역은 대표적인 신성교회 해외 마을목회 사례 중 하나로, 빈민 지역에서 버마어를 하지 못하는 소수 부족 어린이들을 위해 공부방을 개설하여 수학과 버마어를 가르치고 있는데 2020년 현재 20명에서 40명 정도가 참여하고 있다.

선교적 교회는 세상에서 하나님이 하시는 일에 관심을 가진다. 신성교회는 끌어모으는 선교적 교회 마을목회를 지역을 넘어 사회 시민운동으로 확장하였는데, 대표적인 것이 2019년부터 벌이고 있는 '대한물산장려운동'이다. 2019년 일본의 경제보복으로 촉발된 경제위기를 계기로 조선물산장려운동 100주년 기념 '대한물산장려운동'을 벌이게 되었다. 2019년 8월 15일 광복절을 맞이해서 CBS 언론을 통해 시민운동 취지를 발표했고, 자동차 스티커를 제작해서 시민들에게 보급하면서 애국애족 실천 운동을 벌이고 있다.

신성교회 마을목회 시민운동

2020년 봄에는 코로나19로 혈액이 부족하다는 소식을 접하고 헌혈 차를 교회로 불러 마을주민들, 지역 자치단체 회원들과 함께 '사랑의 헌혈 운동'을 벌이기도 했다.

5. 나가는 말: 끌어모으는 선교적 교회 마을목회 사역의 결과 및 평가

1) 결과

끌어모으는 선교적 교회 마을목회는 선교의 구심성과 원심성을 아우르는 통전적인 교회론이다. 끌어모아 내보내는 신성교회는 교회 안과 밖에 하나님 나라가 임하기를 기대한다. 이 과정에서 필자는 교회 성장과 세상에서의 하나님 나라의 확장이 서로 상충하지 않는다고 믿고 있다. 신성교회의 성장사례가 이것을 입증한다. 필자가 부임할 당시 신성교회는 2016년 기준 출석 성도 170명, 1년 예산이 3억이 되지 않는 중소형 교회였다. 끌어모으는 선교적 교회 마을목회를 통해 매년 출석 성도 100명, 재정이 1억씩 늘게 되었는데, 부임한 지 4년 만에 2019년 말 기준 출석 성도 550명, 재정 7억을 넘기게 되었다. 그 사이에 5억이 넘는 성전 리모델링 공사와 게스트하우스 건축을 마쳤고, 미얀마에 고아원, 어린이집, 채플센터, 수많은 현지교회를 개척하였으며, 두 명의 선교사, 일곱 명의 협력선교사를 파송하였다. 2015년 12월 부임 당시 소그룹이 전혀 없었던 교회에서 2020년 현재 3개 지구, 9개

교구, 67개의 다락방 사랑방 소그룹이 형성되어 운영되고 있고, 10개 이상의 선교 동아리가 만들어져 사랑방 사역을 지역으로 확장 시키고 있다.

앞에서도 언급한 것처럼 신성동은 대전에서 인구전출이 가장 많은 도시 중 하나다. 대전시에서만 2019년 기준 20,314명이 인근 세종시로 전출했고, 이 중 신성동은 1,200명이 전출하여 대전시에서 2번째로 높은 인구 유출 지역으로 분류되고 있다.[16] 그런데도 꾸준한 성장이 이루어진 것은 신성동 마을주민들 덕분이었다. 실제로 새신자들 상당수가 마을주민들의 권유로 오게 되었다고 하는데, 마을목회를 통해 쌓인 신뢰와 소통이 없었다면 가능하지 않았을 것이다.

2) 평가

선교적 교회 마을목회를 처음 시작할 때 가장 어려웠던 점은 선교적 교회 개념에 대한 교육과 마을목회 비전 공유였다. 성도들이 수십 년의 신앙생활을 통해 축적해 온 교회론이나 신앙관은 몇 번의 세미나와 설교로 쉽게 바뀌지 않는다. 2016년 당시 필자가 주민 자치행사에 재정적 지원과 함께 여전도회 동원을 건의했을 때 몇몇 성도들은 술 마시는 세상 모임에 왜 교회가 도와야 하는지 쉽게 이해하지 못했다. 인근 마을주민들을 먼저 고려하여 교회 건물 리모델링을 진행했을 때, 어린이 선교원 폐원을 결정했을 때도

---

16 대전세종연구원, "대전세종인포그래픽스: 대전광역시와 세종특별자치시의 인구이동," 『도시정보센터』 2020-6 통권 28호, (2020.07.20.).

왜 그렇게 해야 하는지 이해하지 못한 교인들도 있었다. 그런데도 방향이 옳다고 믿고 가다 보니 지금은 선교적 교회 마을목회 철학이 교인들뿐 아니라 신성동 마을주민들과도 충분히 공유되고 있다고 생각한다. 어느새, 마을에 누군가 어려움을 당하는 주민이 있으면 교인들이나 마을주민들은 당연히 우리 교회가 도와주어야 할 일로 인식하게 되었다. 일례로, 키르기스스탄에서 온 여학생 한 명이 억울하게 한국 남성에게 살해를 당한 적이 있었는데, 인근 다문화가족지원센터에서 무슬림 가족의 장례 집례를 신성교회에 부탁해 와서 대신 정성껏 치러준 적이 있다. 코로나19 사랑의 헌혈 운동을 벌였을 때도 수많은 마을주민이 교회로 몰려와서 헌혈에 동참해 주기도 했다. 어느새 마을의 문제는 곧 교회의 문제였고, 교회의 행사는 곧 마을의 행사가 되어가는 것 같다.

끌어모으는 선교적 교회는 교회를 선교사로, 마을목회는 마을주민들을 목회대상으로 본다. 그런 면에서 필자가 주장하는 끌어모으는 선교적 교회 마을목회는 프로그램의 문제가 아니라 철학의 문제요, 가치의 문제요, 인식의 문제요, 방향의 문제다. 내가 있는 자리가 어디든, 그곳이 교회든, 마을이든, 아니면 해외 선교지든, 하나님의 선교에 동참하는 선교사로 살아가는 선교적 삶을 사는 이들의 공동체가 곧 끌어모으는 선교적 교회다. 교회가 그 사명을 감당할 때 지역에서 매력적인 공동체가 되고, 사람이 기뻐하고 하나님이 기뻐하시는 사명 공동체, 사랑 공동체가 되리라 확신한다.

3장

지역사회와 소통하는 디아코니아 예배

김한호 목사

(춘천동부교회)

1. 들어가는 말

1) 한국교회의 시대적 상황

우리가 살고 있는 이 시대는 수많은 어려움 가운데 있다. 세계적으로는 국가 간의 불평등으로 인한 끊임없는 전쟁, 지구 온난화로 인한 기후의 변화, 환경자원의 훼손, 고령화로 인한 인구의 불균형, 경제 붕괴로 인한 난민의 문제 등이 있고, 국내적으로는 미국, 중국, 일본 등 주변 국가와의 갈등, 탈 종교화, 양극화 현상, 동성애 문제, 다문화 가정, 심각한 저출산 및 고령화, 주거 문제, 일자리 문제, 질병의 문제 등 쉽게 해결될 수 없는 문제들이 산재해 있다. 이러한 시대에 교회 역시 동일한 어려움을 겪고 있다. 한국교회는 1960년대 이후 산업화, 도시화로 인한 급격한 도시

인구 유입으로 인해 선교역사에 유례없는 급성장을 이루게 되었다. 그러나 대사회적 섬김과 봉사의 성숙한 모습을 수반하지 못하고, 교회 내적으로만 치우치게 되면서 제도화되었고, 수적 성장에 집착하게 되면서 점차 사회에 대해 무관심해졌으며, 자연스럽게 세상과 단절되었다. 결국, 제도적인 교회의 부패와 교회 지도자들의 일탈로 인해 교회는 대사회적 신뢰를 잃게 되었고, 세상으로부터 외면을 당하는 종교로 전락하게 되었다.

2020년 기윤실의 통계에 의하면 "한국교회를 얼마나 신뢰하는가?"라는 질문에 68.3%가 '신뢰하지 않는다'라고 대답을 하였고, 31.8%가 '신뢰한다'라고 답변을 하였다. 물론 개신교가 41.3%로 타 종교보다 훨씬 더 많은 섬김 사역을 감당하고 있지만, "오른손이 하는 일을 왼손이 모르게 하라"(마 6:3)라는 말씀에 근거하여 보이지 않게 섬김을 감당해 왔기 때문에 개신교의 섬김이 잘 알려지지 않은 요인도 있다. 어찌 되었든 마치 예루살렘의 성전이 무너져 모든 것이 폐허가 된 것처럼 한국교회의 상황은 처참한 상황에 놓여 있다. 아니 처참하다 못해 다시는 회복되기 어려워 보일 정도로 절망 가운데 빠져 있다.

한 예로 한국교회는 2007년부터 시작된 교세 감소가 2011년 이후 교단 대부분으로 번졌다. 우리 교단(예장통합)은 2010년 285만 명의 교인을 정점으로 점차 하락하고 있다. 2018년 말 현재 교세는 255만 4,227명으로 8년 동안 30만 명가량이 줄었다. 세례교인은 2015년 175만 명을 정점으로 줄고 있다. 2018년 말 현재의 세례교인은 168만 명이다.[1] 통계를 통해 급속도로 교인의 수가

---

1 변창배 목사, "말씀으로 새로워지는 교회," 「기독공보」 2019. 9. 27.

감소하고 있는 것을 살펴볼 수 있다.

2) 한국교회 위기 극복의 해결책은?

한국교회는 분명 위기 상황에 놓여 있다. 설상가상으로 코로나 19 사태가 벌어지게 되면서 한국교회의 위기는 더욱 가속화되었고, 예수님의 이름으로 두세 명이 모이면 그곳이 교회가 되고, 믿는 자들의 연합인 세 겹줄의 위력에 대해서 말씀하고 있지만, 코로나바이러스로 인해 교회는 성경 말씀과는 대치되는 방향으로 흘러가고 있다. 어떻게 해서든지 두세 명이 모이면 혐오 종교로 보기 시작했고, 연합하게 되면 몰상식한 종교가 되어버리는 세상이 되었다. 교회에 대한 코로나의 여파는 생각보다 훨씬 더 많은 파괴력을 지녔다. 이로 인해 한국교회가 다시 회복하는 데에는 사실상 불가능하다는 이야기가 나오고 있다. 포스트 코로나 시대를 맞이하게 된 한국교회는 이제 어떻게 해야 이 난국을 헤쳐나갈 수 있을까?

교회는 지금까지 한국 사회의 발전에 많은 영향을 끼쳐왔고, 약한 자들을 돕는 대표적인 기관으로 사회로부터 많은 관심과 환대를 받아왔다. 그러나 오늘날 한국교회의 사회적인 신뢰도는 급감하고 있고, 회복되기 어려울 정도로 상황이 심각하다. 이것의 가장 근본적인 원인은 여러 가지가 있겠으나 필자는 교회가 사회를 외면하고, 교회 안에서 울타리를 치고, 세상과 단절한 채 개교회주의로 전락한 데 있다고 본다. 다시 말하면, 한국교회가 교회의 가장 중요한 사명 중 하나인 '디아코니아'(섬김)를 제대로 인식하지

---

http://www.pckworld.com/article.php?aid=8238391587.

못하고, 실천하지 못했기 때문으로 진단할 수 있다. 따라서 이 난국을 헤쳐나가기 위해서는 교회가 다시 지역사회를 향해 손을 뻗어야 한다. 하나님께서 이 세상을 팔로 감싸 안아 주신 것처럼 교회는 이 세상을 향해 나아가 지역과 소통하며 지역을 섬기는 교회로 거듭나야 한다.

이것에 대한 근거는 무엇일까? '성경'이다. '말씀' 속에 답이 있다. 하나님의 '말씀'만이 한국교회를 회복시킬 수 있다. 무너져가는 한국교회가 미래를 소망하며 다시금 회복할 수 있는 길은 오직 '말씀'에 있다. 그렇다면 '말씀'은 무엇을 강조하고 있을까? 요한복음에 의하면 '말씀'은 곧 '예수 그리스도'를 가리킨다. 바로 예수 그리스도에게 문제 해결의 실마리가 있다. 다시 말하면, 예수 그리스도의 삶에 오늘날 한국교회 위기의 해결책이 있다. 예수님께서는 이 땅에 말씀으로 오셔서 '섬김의 삶'을 보여주셨다. 예수님의 근본정신인 '섬김'을 실천하는 것이 '디아코니아'다. 한국교회 위기를 극복해나갈 수 있는 길은 바로 예수님 삶의 정신이었던 '디아코니아'를 실천하며 나아가는 것이다. 그럴 때 한국교회는 지금의 위기를 극복하여 포스트 코로나 시대 속에서도 선한 영향력을 끼치며 나아갈 수 있을 것이다.

필자는 '어떻게 하면 디아코니아를 예배 현장에 접목하여 실천함으로 이 위기를 극복할 수 있을까?' 학자로서, 목회자로서 고민해 보았다. 그 결과가 바로 '디아코니아 예배'이다. 보통 예배라고 하면 믿는 자들끼리의 잔치로 끝나는 경우가 많다. 그러나 예배라는 특수한 환경 속에서 세상과 소통하며 섬길 방법은 정말 없는 것일까? 믿는 자들의 전유물인 예배가 지역사회와 함께한다면 세상이 변하고, 교회에 대한 세상의 인식이 바뀔 수 있지 않을까? 한국교회가 당면한 이 위기의 시대에 위기의 대안으로 '디아코니아 예배'가 어떻게 세상을 섬길 수 있는지 살펴보고자 한다. 따라서 디아코니아에 대한 성서적, 신학적 근거를 설명하고, 디아코니아 예배에 대한 필자 교회의 사례를 제시하도록 하겠다.

2. 디아코니아란 무엇인가?

1) 성서에서 본 디아코니아

구약성서에 '섬기다'로 번역되는 히브리어 동사 '아밧'은 원래 '땅을 갈다'(창 2:5, 15; 3:23; 4:2, 12)를 뜻하며, 섬김을 뜻하는 다른 표현으로는 '~앞에 서다'(아맛 리프네)가 있는데 이는 아랫사람이 윗사람을 잘 모시려고 그 앞에 서서 명령을 받드는 자세를 나타내는 단어이다.[2] 이러한 자세는 신약성서의 '디아코니아'란 단어와 연결되어 있다. 예수의 제자들이 누가 가장 큰 사람이냐를 놓고 싸우는 과정에서 예수는 자신이 식탁에서 섬기는 자라고 말했다(눅 22:27). "섬기는 자", 그리스어 디아코니아(diakonia)는 어원 그대로 '식탁에서 시중드는 것'을 의미한다.

구약성서에는 가난한 사람들, 신체적으로 병들고 불구가 된 사람들, 고아나 과부, 길손, 종살이하는 사람들에 대하여 많은 이야

---

2 박동현, "성경에서 말하는 섬김," 『대한예수교장로회 총회 제93회 총회 주제해설 섬겨야 합니다』 (서울: 한국장로교출판사, 2008), 9-19.

기가 나온다(출 21:10-12; 22:21-27). 이들을 국가적인 차원에서 보호하였다. 약자 보호의 규범(출22-23장), 담보물에 대한 규범, 품삯에 대한 규범(신 24:10-13), 도피성에 대한 개념(민 35:6-32)이 있다. 레위기는 50년째의 해는 '자유의 해'라고 했다. 히브리어 '요벨'(yobel)은 땅을 쉬게 하고, 토지 소유권을 원래의 주인에게 회복하는 것이다. 이런 제도는 약한 자들을 돕고자 하는 정신이다. 신명기에는 수입의 십일조를 내놓아 사회복지 기금으로 사용하게 하였다(신 14:28-29). 이때 채권자들의 횡포로 가난한 사람들이 시달림을 받는 사례가 많았던지 7년에 한 번씩 남의 빚을 면제해 주어 가난한 사람들이 없도록 하라고 했다(신 15:1-4). 그뿐만 아니라 근로자들의 정당한 품삯을 받을 권리를 강조하고 나그네와 고아 및 과부의 인권을 옹호하면서 부의 균등한 분배를 거듭 강조하고 있다(신 24:14-22). 시편에서도 부자나 지배계층에 대해 직접 명령하기보다 남을 돕는 행위를 칭송하고 축복함으로써 자선 행위를 권장하고 있다(시 41:1, 112:5-6). 잠언에서는 마침내 가난한 사람을 돕는 것이 창조주 야훼를 높이는 것이요 이들을 억누름은 창조주를 모욕하는 것(잠 14:31)이라고 하여 하나님 모습대로 인간을 창조하였다(창 1:27)는 창세기의 말씀과 관련을 짓는다. 또한, 구약에서는 가난의 원인을 게으름(잠 6:11, 10:4-20, 20:30-34), 쾌락의 추구(잠 21:17, 23:20-21) 때문이라고 보며, 가난은 법을 어긴 자에 대한 것으로 말하기도 한다. 이처럼 구약에서는 가난을 악으로 생각하였고 이것은 지속적이고도 고통스러운 상태로서 약한 자를 비굴하게 만들고 권력 있는 자들을 격상시키는 오류로 이끄는 의존과 억압의 관계를 초래한다고 보았다. 사람들은 가난을 극복하기 위해 애를 썼다.

그러므로 가난한 자를 돕도록 하였다. 이러한 사상은 예수 그리스
도가 보여준 디아코니아를 통하여 계승되었다.3

신약성서에서 예수님은 자신이 식탁에서 대접을 받고자 함이
아니요, 식탁에서 섬기는 자4라고 말씀한다(눅 22:27). 그 당시 식탁
에서 시중드는 자는 종이었다. 그런데 예수님은 종으로 살지 않아
도 되는 분이셨지만, 자신을 종처럼 식탁에서 시중들러 왔다고
소개한다.5 이것이 섬김의 모습이다. 디아코니아 신학을 이해하려
면 진정한 예수 그리스도의 삶을 바로 알아야 한다. 섬김은 예수
그리스도 안에서 이루어진다. 루터(Martin Luther)는 그의 유명한 두
논문에서 "기독교인들은 자유로운 사람입니다. 또는 기독교인은
모든 이의 종입니다. 그리스도 안에 있는 하나님의 사랑, 하나님으
로부터의 이웃 사랑이 디아코니아로 성장할 수 있습니다"라고 말
하고 있다.6

예수님 당시에는 직제로서 디아코니아란 단어가 사용되지 않
았다. 이것이 교회의 직제로 자리 잡기 시작한 것은 바울이 사역하
던 시대이다. 로마서 12장과 고린도전서 12장에서 바울은 다양한
은사를 통한 봉사와 그 기능에 대하여 말한다. 바울은 모든 성령의
은사는 근본적으로 평등한 것으로, 모든 은사는 봉사를 위하여 존
재한다고 한다. 이러한 사고는 사도행전 안에서 발견된다. 누가는
봉사로 말미암아 교회 갈등을 처리하며, 교회의 하나 됨을 강조한

---

3 김한호, 『장애인과 함께하는 디아코니아』 (서울: 한장연, 2009), 26-27.
4 '섬기는 자', 그리스어 '디아코네인'(diakonein)은 어원 그대로 '식탁에서 시중드는
   것'을 의미한다.
5 김한호, 『장애인과 함께하는 디아코니아』, 20.
6 김한호, 『장애인과 함께하는 디아코니아』, 23.

다. 사도행전 6장에 보면 초대교회 사도들 안에 봉사자들이 나온다. 이 봉사자들은 사도들로 말미암아 만들어졌고, 이것은 그리스도로 말미암아 생겨난 것이다. 사도들의 일을 돕기 위해 봉사자들을 선출한 것이다. 성경 말씀에 의하면 봉사자들의 안수 조건은 이렇다. 봉사자들은 성령이 충만한 자들로서 사도들이 기도와 안수를 통하여 선출한다. 그들의 과제는 가난한 자들에게 사랑을 전하는 것이다. 공동체 안에서 가난한 자들은 교회 봉사자들에게 찾아간다. 가족과 단체로부터 구제를 받지 못한 이들이 찾아간 것이다.

이것은 선택의 자유가 없는 '노예의 섬김'(둘류오 douleuvw)이 아니라 '자유함에서 나오는 진정한 섬김'(디아코네오 diakonevw - 'Diakonos'(시중드는 자)의 동사형)이다. 종이 아님에도 종이길 자처한 예수님의 모습. 바로 성경에서 말하는 진정한 섬김의 모습이다.

2) 전문성과 고백성

보통 디아코니아를 사회복지와 구분하지 않고 동일한 개념으로 사용하는 경우를 볼 수 있다. 그러나 필자는 디아코니아와 사회복지는 분명히 구분된다고 본다. 사회복지는 인간의 자원과 계획을 바탕으로 이뤄지는 봉사이다. 그러나 디아코니아는 고백성과 전문성 위에 이루어지는 것이 큰 특징이다.

독일의 디아코니아는 1996년까지 줄곧 성장해 왔다. 하지만 경제적, 사회적 위기와 함께 동·서독 통일 이후 점점 정체 상태에 빠지게 되면서 쇠퇴하게 되었다. 그 원인을 분석해 보니 몇 가지의 문제점이 있었다. 그중 대표적인 것을 꼽아 본다면, 디아코니아의 일을 감당하는 사람들이 '전문성'은 가지고 있는데, '고백성'이 결여되어 있었다. 독일 디아코니아 시스템을 살펴보면 디아코니아를 관리하는 경영진은 대부분 교회나 종교청 대표들인데, 실제로 디아코니아를 담당하는 사람들은 전문성을 갖춘 실무자들이었다. 그래서 신앙고백을 중요하게 여기는 관리자들과 전문성을 요구하는 현장 실무자들 사이의 분쟁과 마찰이 생기게 되었다. 반면에 한국교회는 전문성은 부족하지만, 세계 어디에 내놓아도 손색없을 정도의 뜨거운 신앙과 열정을 가지고 있는 것을 보면 고백성 하나만큼은 충분해 보인다. 그러나 조금 더 자세히 들여다보면, 한국교회의 고백성은 개교회적이든지 아니면 개인적인 것이 대부분을 차지한다는 치명적인 약점이 있다. 하지만 한국 사회 안에는 아주 오래전부터 내려오는 섬김의 전통이 있고, 교회 내에 자원봉사자가 많이 있으며, 목회자의 기본적인 자세가 디아코니아적 이라는 장점도 많다. 또한, 국민의 사분의 일이 기독교인이며, 남을 돕는 국민성을 내재하고 있다. 체계적이고, 논리적으로 디아코니아를 배우지는 못했지만, 열정 하나로 열심히 이웃을 도울 수 있는 바탕이 있다.7

그런데 초대교회는 그냥 열정만 가지고 복음을 전하지 않았다. 초대교회가 사람을 선출할 때 중요하게 여긴 것은 무엇인가? "성령과 지혜가 충만한 사람"(행 6:3), 즉 전문성과 고백성을 가진 사람이다. 사도행전 6장에 보면 기도하는 일과 말씀 사역, 떡을 나누어 주는 일 등 모든 사역을 디아코니아라고 말하고 있다. 이것은 어떤

---

7 김한호,『하나님 나라와 디아코니아』(경기: 서울장신대 디아코니아연구소, 2015), 110-111.

사역이 우위에 있는 것이 아니라 이 모두가 동일한 사역임을 말한다. 일찍이 초대교회는 이것을 알았기에 전문적으로 떡을 나누는 사역과 말씀과 기도 사역 모두 고백성의 토대 위에 평등하게 이루어졌다. 이 두 가지, 즉 전문성과 고백성이 균형 잡힐 때 초대교회는 왕성하게 성장했다는 점을 한국교회의 목회자들이 놓쳐서는 안 된다. 그러나 목회현장에서 주의해야 할 것은, 고백성은 종교성과 분명하게 구분되어야 한다는 점이다. 종교성은 더 높은 것에 대한 인간의 종교적 욕구나 감정을 의미한다. 이와는 달리 고백성, 즉 기독교 영성은 하나님의 영과 교제 하는 것을 말한다.8 예수 그리스도의 정신, 그분의 생각이 신앙으로 얻어지는 것, 이것이 기독교 영성이다. 이것은 성령에 의하여 인간에게 인도된다. 신앙인들이 바른 신앙으로 예수 그리스도에게 나아갈 때 고백성이 회복된다. 이러한 고백성을 통하여 예수 그리스도의 섬김을 돌봄의 대상인 이웃들에게 실천하는 것이 바로 디아코니아이다.

일찍이 스톡홀름 대회(1925년)에서 교회는 편협한 개 교회주의에서 벗어나 우주적 본질과 형제적 사랑을 선포하고 실천할 뿐만 아니라 그리스도의 마음을 가질 수 있는 역량을 높일 수 있도록 교육을 받음으로 전문성을 갖춰야 한다는 것을 지적하였다.9 한국교회의 현실을 보면, 신학 현장에서조차 디아코니아를 배울 수 있는 곳이 거의 없다. 평신도는 말할 것도 없고 목회자들의 전문성도 현저히 떨어진다. 더욱이 사회복지와 디아코니아가 제대로 된 기준 없이 혼용되어, 목회자나 교회가 하면 그것이 무엇이든 디아코

---

8 김옥순,『디아코니아학 입문』(서울: 한들출판사, 2010), 62.
9 Michael Kinnamon and Brian E. Cope, ed., *The Ecumenical Movement - An Anthology of Key Texts and Voices* (Geneva: WCC Publication, 1997), 265-267.

니아로 둔갑해 버리는 실정이다. 고백성이 편협한 차원에 머무르는 것이 아니라 예수 그리스도에서 보인 것처럼 더 광대한 보편적 영역까지 나아가고, 그것에 전문성까지 겸비한다면 참다운 디아코니아의 실천이 한국교회 예배 현장 가운데 있게 될 것이다.[10]

3) 자원봉사자와 디아코노스

참된 예배자가 되기 위해서는 진정 '디아코노스'가 되어야 한다. 예배는 하나님을 섬기는 행위이다. 하나님의 부르심에 응답하는 것이 예배이기에 우리는 디아코노스로서 이 세상을 섬기며 응답해 나갈 때 그것이 진정한 예배자의 자세이다. 그러므로 자원봉사자와는 구분된다. 따라서 자원봉사자와 디아코노스가 무엇인지 살펴보고, 하나님께서 우리를 디아코노스로서의 예배자로 불러주신 의의를 짚어보겠다.

자원봉사를 뜻하는 영어 '볼런티어 워크'(Volunteer Work)는 '자유의지'라는 뜻을 가진 라틴어 '볼런타스'(Voluntas)에서 유래되었으며, 영어로 자원봉사활동이 지닌 정신을 '볼런터리즘'(Voluntarism), 자원봉사자를 '볼런티어'(Volunteer)라고 부른다. 즉, 자원봉사란 자발적인 의지로 남을 돕는 것을 말한다. 자원봉사(自願奉仕)의 한자의 뜻을 살펴보면 '스스로 자(自)', '바랄 원(願)', '받들 봉(奉)', '섬길 사(仕)'로서, 이는 곧 '스스로 원해서 남을 받들고 섬김'이란 뜻이다. 여기서 눈여겨보아야 할 것은 '받드는'과 '섬기는'이라는 말

---

10 김한호, 『하나님 나라와 디아코니아』 (경기: 서울장신대 디아코니아연구소, 2015), 113-114.

이다. 즉 봉사활동은 어려운 이웃을 단순히 '돕는' 것이 아니라 '받드는' 것으로, 다른 사람의 인격을 존중하면서 도움을 주는 것이다. 자원봉사란 인간을 사랑하는 마음을 가진 사람이 누구의 강요를 받아서가 아니라 자기 스스로 결정해서 남을 위해 또는 내가 사는 지역사회의 복지를 위해 자신의 정신적 육체적 자원을 바탕으로 어떤 계획을 세우고, 대가를 바라지 않으면서 일정 기간 지속적으로 무보수로 행하는 활동이다.

한국교회는 기독교 선교 초기부터 선교사들에 의해 봉사와 연결되어 있다. 언더우드와 아펜젤러 등 선교사들은 교육과 의료 등 사회봉사를 시작으로 선교하였다.[11] 교회를 비롯하여 종교기관 및 자원봉사 기관의 땀과 눈물이 있었다. 우리나라에 현대적 의미의 자원봉사활동이 도입되기 시작한 것은 근세조선 이후 기독교 사상의 유입에서 비롯되었으며, 조직을 통한 최초의 자원봉사활동으로 1903년 신문화 수입과 직업교육 전개에 주력한 YMCA 활동을 들 수 있다. 그 후 1921년 선교사인 마이어스(Mary D. Myers)에 의해 태화기독교여자관에서 실시한 여성 계몽 및 교육, 아동보건 사업, 1934년 기독교조선감리회 평양애린원의 지역사회를 중심으로 한 빈민과 직업여성, 아동의 복지를 위한 사업 등을 사회복지관 형태로 실시한 자원봉사활동으로 들 수 있다. 이러한 다양한 기관을 통해 교육되고 현장에서 섬기는 자원봉사자들이 있었기에, 일제강점기를 거쳐 한국 전쟁, 현대사회 건설이 가능했다. 그러다가 2005년 6월 30일 자원봉사 활동법 제정을 시작으로 제1차 자원봉사활동 국가 기본계획수립(2008~2012년)을 하였고, 자원봉사

---

11 이만열,『한국기독교 특강』(서울: 성경읽기사, 1996), 91-116.

활동 국제 교류 활성화 추진에도 힘을 내고 있다. 특히 2007년 충남 태안군 앞바다의 기름유출 사고 처리 과정 중에 보여주었던 한국교회 자원봉사자의 모습은 세계에 큰 감동과 함께 그리스도의 사랑을 전하였고, 기존 자원봉사자의 모습을 한 단계 상승시켰다.

자원봉사자에게는 자발성, 공익성, 무보수성 그리고 지속성이 중요하다. 하지만 자발적으로 참여하기에는 부족한 정보력, 불분명한 공익성의 기준, 일시적이거나 영웅주의적, 자기만족을 위한 자원봉사자의 태도는 향후 우리 사회가 풀어나가야 할 숙제이다. 교회도 자원봉사의 인력을 체계적으로 훈련하는 일에 집중해야 할 때이다. 다른 사람을 위해서 일하는 것, 나누는 것, 더 살기 좋은 사회를 만들어가는 것, 무조건 인간애를 앞세우는 태도가 아니라 자원봉사의 바른 정신을 깨닫게 해주는 것이 중요하다. 또한, 성경적인 원리와 기준을 가진 자원봉사자, 즉 디아코노스를 훈련하고 양육할 때이다.

성경에는 디아코니아(diakonia)와 관련된 또 하나의 명사형이 나오는데, 이는 디아코노스(diakonos), 즉 '시중 드는 자'이다. 이 단어는 신약성서에 29번 나오는데, 대체로 바울서신에 많이 나온다. 이는 사역자(고전 3:5), 일꾼(롬 16:1; 고후 3:6; 6:4; 11:15, 23; 엡 3:7; 6:21; 골 1:7,23; 딤전 4:6)으로 번역되어 있다.[12] 디아코노스가 동사로 사용될 때, 진정한 자유함에서 나오는 섬김, 이것이 '디아코네오'이다. 무조건 선택의 자유 없이 섬기는 것은 노예(douleia)를 의미하는 '둘류오'이다. 이는 '종노릇하다'(롬 6:6, 갈 4:8-9, 갈 5:13, 딛 3:3),

---

12 박동현, "섬겨야 합니다," 『성경에서 말하는 섬김』 대한예수교장로회 총회 제93회 총회 주제해설 (서울: 한국장로교출판사, 2008), 9-19.

'수고하다'(빌 2:22)로 번역할 수 있다. 예수는 종으로 살지 않아도 될 분이 종으로 살아갔다. 이것이 섬김의 모습이다. 디아코노스를 이해하려면 진정한 예수 그리스도의 삶을 바로 알아야 한다. 왜냐하면 예수 그리스도가 최고의 디아코노스이기 때문이다.

사람들은 여러 가지 동기에서 자원봉사를 한다. 종교적 배경에서 하는 사람들이 있고, 박애 정신, 시민 참여 정신, 자발적 동기에서 봉사하는 사람도 있다. '자발성'은 자신의 의사에 의해 자원봉사를 하는 것을 말하며, 타인에 의해서 강제로 하지 않는다는 뜻이다. 하지만 흔히 디아코니아를 자기희생적, 조건 없이 베푸는 것이나 신앙심 좋은 사람만이 하는 것으로 생각하거나 착하고 동정심 많은 사람이 하는 것, 시간이 많고 경제적으로 여유 있는 사람들이 하는 것이라는 오해와 편견을 가진다. 그러나 디아코노스는 하나님의 부르심이 가장 중요한 동기가 된다. 자신이 그것을 인정하는지가 아니라 하나님께서 봉사자로 부르셨다는 것이다. 주님이 주인이시기에 그분이 내게 맡겨준 일을 잘 감당해야 한다. 하나님의 부르심에 응답해서 자원하는 마음으로 세상을 섬겨야 한다. 그렇기에 디아코니아는 특별한 사람들만 하는 활동, 착하고 동정심이 많은 사람이 아닌, 그리스도인이라면 누구나 당연히 해야 하는 일이 되는 것이다. 즉 예수 그리스도의 제자라면 가져야 할 책임이 디아코노스다.

3. 디아코니아와 예배

필자는 기독교 예배에서도 지역사회와 소통하며 섬길 방법은 없을까 고민하였다. 단순히 디아코니아라고 하면 어디에 나가서 몸으로 봉사를 하며 섬기는 것만을 생각하지만, 얼마든지 우리의 예배에서도 세상과 소통하며 지역사회를 섬길 수 있는 디아코니아 예배를 드릴 수 있다.

예배는 하나님의 계시와 인간의 응답이 어우러지는 자리이며 교회의 정체성과 방향성이 집약적으로 드러나는 자리이다. 이 예배의 자리에서 회중은 예배공동체에 주시는 하나님의 말씀을 듣고, 다양한 방법으로 반응하게 된다. 한국 개혁교회 예배에서 중심이 되는 순서는 하나님 말씀의 선포이다. 매주 선포되는 말씀은 회중의 삶을 구성하는 중요한 자양분이라고 할 수 있다. 디아코니아의 관점으로 예배를 구성한다는 것은 설교뿐 아니라 목회 전반에 디아코니아의 관점을 가지고 접근하겠다는 의지가 된다. 이를 위해 디아코니아의 통전성을 살피고, 디아코니아와 예배의 관계 그리고 실제를 살피고자 한다.

1) 통전적 디아코니아

한국교회는 디아코니아를 제대로 이해하지 못하고, 일종의 섬김 프로그램 혹은 시혜적인 차원의 구제로 보는 경향이 많다. 그러나 디아코니아는 예수 그리스도의 본질적인 사역이며, 목회 전반에 적용해야 할 기본적인 틀로서 적용되어야 한다. 디아코니아가

봉사적 측면을 넘어 디아코니아를 예배, 교육, 섬김, 은사 등 교회 사역의 전 영역까지 통전적으로 적용되어야 한다. 목회란 교회가 하는 모든 사역을 말하며, 그 모든 사역이 디아코니아가 되어야 한다.[13]

디아코니아는 선택해야 할 대상이 아니라 목회현장에서 반드시 추구해야 할 그리스도의 근본정신이다. 따라서 일회적, 감정적 그리고 기복적인 봉사에서 벗어나 고백성과 전문성이 겸비되어야 하며, 이 세상 가운데 거하나 그 가운데 매몰되는 것이 아니라, 세상을 섬김의 대상으로 보아 이의 구조적인 변화까지 이르게 해야 한다. 목회자들은 먼 해외 지역만이 아니라 자신이 속한 지역을 선교 현장으로 인식하고, 교파를 초월한 지역교회의 연합을 통해 통전적으로 디아코니아를 실천해야 한다.[14] 목회와 디아코니아는 서로 분리되어 수단이 되는 관계가 아니라 서로서로 본질로써 관계 맺는다. 따라서 목회 전반에 걸쳐 통전적 디아코니아가 회복되어야 한다.

교회는 양적인 성장보다 디아코니아의 근본적인 가르침을 먼저 실천하고 전해야 한다. 교회는 성장(Wachstum, growth)을 말하는 곳이 아니고, 진리, 진실(Wahrheit)을 말하는 곳이다. 교회가 진리, 진실을 말하면 언젠가는 사회가 교회의 소리에 귀를 기울이게 될 것이다. 한국교회는 지금 서구 교회들의 모습을 보면서 신학적인 재정립이 필요하다. 세상을 향한 하나님의 자기 활동에 상응하도록

---

13 김한호, "사역의 전 영역에서 디아코니아를 추구하라," 「목회와 신학」 제295권 (2014, 1), 102-109.
14 한국일, "선교와 디아코니아," 『춘천동부교회 디아코니아 세미나 2013 자료집』 (춘천: 춘천동부교회, 2013), 16. 재인용.

복음이 필요한 모든 삶의 자리에서 디아코니아를 통전적으로 실천해야 한다. 목회현장이 바로 디아코니아를 훈련받고 실천하는 장이 되어야 한다. 디아코니아를 실천하는 교회가 존재함으로 지역이 살아나야 하고, 예수님께서 관심 가지신 사역이 일어나야 한다.15 이것을 위한 가장 중요한 작업이 '디아코니아 예배'이다.

2) 디아코니아와 예배의 의미16

영어 단어 'liturgy'는 그리스어 leitourgia에서 유래되었다. 번역하면 '사람의 일'이라는 뜻이다. 넓은 의미에서 '예전'(禮典)은 사람들이 어떤 주어진 예배의 과정에서 수행하는 것들의 총합이라고 할 수 있다. 고대 그리스의 원 문맥 안에서 레이트루기아는 지방자치 당국의 시민 직원이 지역사회를 섬긴 공공 봉사였다. 서비스라는 말은 본래 그리스어로 사용된 의미를 이해하는 핵심 단어이다. 사실, 이것은 '봉사'로 번역할 수 있으며 우리가 예배를 'worship service'라 부르는 이유이기도 하다. 레이트루기아는 신약에서 자주 사용된 용어다. 이는 공(公) 예배에서 하나님을 섬기는 사람의 다양한 행동을 가리킬 때 여러 번 사용된 단어이다.17

유대교의 전통 안에 있던 초기 신약시대의 예배 속에서 예수님은 기존의 예배 신학, 예배 형태를 재해석하셨다. 이는 기존의 제의적이고 율법적인 형태의 예배를 관계 중심적 예배로 변화시킨

---

15 김한호, 『디아코니아와 예배』 (경기: 서울장신대 디아코니아연구소, 2016), 12.

16 김한호, 『디아코니아와 예배』 (2016), 15-16.

17 Constance M. cherry, *The Special Service Worship Architect* (Michigan, MI: Baker Academic, 2013), 17.

것이다. 즉, 예수님은 예배를 통해 하나님을 의지하고 서로 도우며 치료하기를 원하셨다.[18] 예를 들어 당시 안식일 법은 매우 엄격하게 지켜졌고, 그날은 오직 하나님만 생각하는 날로 지켜졌지만, 예수는 배고픈 자를 먹이고, 아픈 이들을 고쳐주셨다. 예수님은 "또 이르시되 안식일이 사람을 위하여 있는 것이요 사람이 안식일을 위하여 있는 것이 아니니"(막 2:27)라고 말씀하시며 기존 예배의 관습을 깨뜨리셨다. 예수님의 치유 사역은 육체뿐 아니라 정서적, 사회적 치유까지 포함하는 전인적 치유 사역이었다.

요한복음 5장에는 베데스다 연못의 병자를 치유하시는 예수님의 모습이 등장한다. 그곳에 38년 된 병자가 있었고, 예수님은 그를 고쳐주신다. 안식일에 병을 고쳐주신 것 자체에도 큰 의미가 있지만, 그 장소 또한 중요한 의미가 있다. 베데스다라는 의미는 자비의 집, 친절의 집이라는 뜻이 있다. 그러나 그곳에는 자비가 없고 친절이 없었다. 선착순의 논리와 경쟁의 법칙, 약육강식의 논리가 작용하고 있는 곳이었다. 이 38년 된 병자는 자기를 못에 넣어 주는 사람이 없기에 나을 수 없다고 말한다. 이것은 그 시대 상황의 단면을 보여주는 것이다. 이러한 공간에 안식일이라는 시간이 더해지면서 예수님의 사역은 기존의 굳어있던 예배에 대한 의식과 시대적 상황, 육체적 질병의 굴레를 갱신하고 새롭게 정립하는 사역이 되었다. 이렇듯 예수님이 인식하신 예배는 전인적 치유의 개념을 가지고 있다.

또한, 예수님은 평범한 사람들을 초대하여 같이 한 곳, 공동체

---

18 Jürgen Roloff/김한호 역, "예배와 성만찬의 디아코니아적인 차원과 의미,"『디아코니아와 성서』(서울: 한들출판사, 2013), 282.

안에서 그들을 받아주는 것에 큰 의미를 두었다.[19] 이에 대하여 바리새인들과 같이 반대하는 사람들도 있었다. 당시에는 식사하는 것에 큰 의미를 두었기 때문이다. 어떤 공동체 안에서 식사하느냐에 따라 신분의 높고 낮음을 확인할 수 있었다. 예수님은 그런 의미가 있는 식사 자리에서 다양한 사람들, 특히 죄인이라고 치부되었던 이들과 함께했고, 따라서 그 자리는 그들에게 새로운 삶의 희망을 주는 자리가 되었다.

이러한 치유와 식사의 모티브는 디아코니아에 있어서 중요한 의미가 있다. 원래 디아코니아라는 단어의 기본형은 diakonein(섬기다)이다. 이는 예수께서 식탁에서 섬기는 분으로 자신을 밝히신 것에 근거를 두고 있다. 즉, 예수님께서는 하나님의 아들로, 높임과 영광을 받으셔야 마땅하나, 지극히 낮아져 사람들과 같이 되셨고, 더욱이 그 시대에 소외당하고 정죄당한 이들을 초대하여 그들을 회복시키고 섬기시는 사역을 통해 하나님의 뜻을 이루셨다. 이러한 디아코니아의 정신이 예배 속에 녹아 있어서 디아코니아의 관점에서 예배는 하나님에 대한 섬김, 봉사이면서 동시에 회중들을 섬기는 행위이며, 나아가 시대에서 소외당하고 외면당하는 이들이 초대되고 중심에 서며, 회복되는 자리의 의미를 가지게 된다.[20]

3) 디아코니아와 예배 공간

춘천동부교회의 예배는 디아코니아의 정신으로 모든 이들이

---

19 Jürgen Roloff/김한호 역, "예배와 성만찬의 디아코니아적인 차원과 의미,"『디아코니아와 성서』(2013), 284.
20 김한호, "춘천동부 디아코노스가 간다,"「목회와 신학」제297권 (2014. 3), 112-113.

함께 예배하는 것을 꿈꾸고 있다. 장애인과 비장애인이 함께 어울려 예배하고, 우리가 인식하지 못했던 섬김의 대상들을 발견하고 초대하여 함께 하는 예배를 바라보고 있다.

사회의 약자들을 위한 말씀의 선포와 다양한 활동에도 불구하고 교회의 예배 공간만큼 약자들을 위한 배려가 이루어지지 않는 곳도 없다. 법으로도 장애인시설에 관한 규정을 마련하고[21] 예장통합교회에서는 장애인차별 해소를 위한 교회 활동 지침을 발표하기도 했다.[22] 예배 공간 혹은 교회 건물에서 장애인들을 위한 시설을 찾아보기가 좀처럼 쉽지 않은 것이 현실이다. 장애인을 위한 화장실, 보도블록, 경사로 등을 구성하는 것은 목회자의 의식이 있어야 가능하다.

장애인들은 교회 건물에 장애인시설이 없을 때 예배드리는 것 자체가 어렵게 된다. 교회의 문턱을 장애인들이 넘을 수 없다. 이는 장애인들의 예배에 대한 정당한 권리를 박탈하는 것이 된다.

교회 건물에서 장애인들의 배려가 취약한 곳은 바로 예배실이다. 휠체어가 예배실까지 들어가기 어려운 구조를 가진 곳이 많다. 승강기나 경사로 등을 이용해 이들을 위한 배려가 필요하다. 춘천동부교회에서는 교회의 교회 입구에서부터 강단에 오르는 것까지 모든 공간을 장애인들이 이용할 수 있도록 공간을 개선했다. 이러한 기초 작업이 디아코니아 예배에 있어서 중요한 토대가 된다.

---

21 보건사회부 사회복지정책실 장애인복지과, "장애인 편의시설 및 설비의 설치기준에 관한 규칙안," 1994. 9. 29.
22 총회사회봉사부 "장애인주일 참고자료," (2011.3.14.), 10-11.

4. 디아코니아 예배의 실제

춘천동부교회는 디아코니아를 수단이 아닌 목회의 근본정신으로 받아들이며 일반적인 봉사의 영역뿐만 아니라 예배와 교육, 교회 운영을 비롯한 교회의 모든 영역에서 디아코니아 사역이 이루어지고 있다. 이러한 사역이 전문적으로 이뤄지기 위해 디아코니아 학교를 필두로 디아코노스 양성 교육이 이뤄지고 있고, 디아코니아를 실천할 수 있는 현장을 교회 안팎으로 교인들에게 마련해 주고 있다.

그중의 하나가 디아코니아 예배이다. 춘천동부교회는 교회력을 중심으로 일 년 예배를 구성하며, 총회에서 제정한 주일을 참고하여 다양한 디아코니아 예배를 진행하고 있다. 이 예배들은 각 절기나 기념 예배에 포함될 수도 있고, 독립되어 기획되기도 한다.

춘천동부교회 예배는 성서의 본래 정신에 따라 장애인 주일 예배, 환경주일 예배, 주제가 있는 성만찬, 입교 예배 등의 디아코니아 정신이 담긴 예배로 드려지며, 특별히 새벽예배를 강조함으로써 성도들의 고백성을 바탕으로 한 전문적인 디아코니아 사역이 이뤄지도록 힘쓰고 있다. 다음은 필자의 교회에서 진행되고 있는 디아코니아 예배가 어떻게 지역사회와 소통하며 사회적 약자들을 섬기고 있는지 소개하고자 한다.

1) 장애인통합예배

장애인통합예배는 '장애인에 대한 비장애인의 예배'가 아니라

'장애인들이 예배의 중심에 서서 예배하며, 그들을 우리의 공동체의 일원으로 인정하고 받아들이는 예배'를 지향하며 준비하고 진행한다. 이를 위해 예배의 기획에서부터 진행에 이르기까지 디아코니아부서, 장애인 담당자, 지역의 장애인학교 교사 등과 협의를 통해 어떻게 하면 장애인들이 불편을 경험하지 않고 함께 예배를 드릴 수 있을지 고민하였다. 그 결과 교회 내 장애인들과 지역의 장애인학교와 연계하여 예배 순서를 구성하고, 장애가 있는 목회자를 설교자로 초빙하였다.

후속 프로그램으로 지역 내 장애인들의 필요를 조사하고 각 개인의 요구에 따른 맞춤식 디아코니아 활동을 연계하도록 진행하였다. 예배 중 청각과 언어장애를 가진 복합장애인 고등부 학생이 기도를 맡았다. 기도는 수화로 진행했는데, 비장애인에게는 매우 생소한 부분이기 때문에 미리 광고 시간에 눈을 뜨고 기도할 것과 아멘은 수화로 어떻게 하는 것인지 등을 미리 교육했다. 통합예배에 필요한 배려로 수화통역 서비스와 점자로 된 성경·찬송을 비치함으로 차별과 소외가 없도록 조치했다.

이렇게 되니 평소에 장애를 갖고 있다는 이유 하나만으로 예배에서 소외되었던 이들이 예배의 중심에서 하나님께 영광을 돌리게 된 것에 매우 감격하며 기뻐했고, 예배에 참여했던 농아인 학교와 장애인재활교회에서도 좋은 반응이 나타났다. 장애인 예배는 장애인과 함께 예배드리고, 장애인 또는 장애인 사역자가 예배 진행과 말씀 증거를 담당하는 것에서 더 나아가 교회 내에 장애인시설이 부족한 부분을 찾아 이를 개선하고, 장애인 관련 단체와 협력하여 장애인들의 재활뿐만 아니라 일자리 확보를 돕고, 교회 안팎으로 도움이 필요한 장애인들을 지역 복지 단체와 협력하여 돕는 예배와 섬김이 통합된 사역을 시행한다. 이를테면 장애인이 휠체어를 타고 자유롭게 식사할 수 있는 식탁을 교인들의 헌금으로 새로 제작하고, 교회와 지역의 장애인들에게 시혜적인 차원의 금전적 도움을 주는 것에서 벗어나 집안일을 돕고, 장을 같이 본다든지, 영화나 수목원 등을 같이 가서 함께 대화하고 음식을 나누는 봉사활동을 함으로써 예배와 섬김이 통합적으로 이뤄지도록 한다.

2) 환경주일 예배[23]

이 세상의 모든 피조물은 하나님께서 창조하신 아름다운 작품이다. 자연환경, 자연생태계 역시 하나님께서 만드신 소중한 피조물이다. 그러나 지금까지 우리는 하나님이 주신 자연환경을 지배자의 관점에서 무분별하게 사용해왔다. 그 결과 지금 자연은 고통 속에 신음하고 있고, 환경오염으로 인해 오히려 자연재해와 같은 예기치 못한 일들로 인간에게 역습하고 있다. 이에 한국교회는 하나님께서 만드신 자연환경에 관심을 가지고 이제는 이 환경을 창조의 아름다웠던 모습으로 되돌려 놓아야 할 사명이 있다. 우리는 자연을 지배하는 것이 아니라 섬겨야 한다. 바로 환경문제에 '디아코니아'가 절실하다.

이에 대한예수교장로회 총회는 환경문제의 심각성을 알고 해마다 환경보호 캠페인을 진행하고 있다. 2019년에는 "미세먼지 없는 세상"이란 주제를 정하여 환경주일을 지켰고, 2020년에는

---

23 서울장신대 디아코니아연구소, "환경주일," *Diakonia* Vol 6(2018 가을호), 136-138.

"작은 생명 하나까지도: 기후 위기 시대, 생명 다양성을 지키는 교회"라는 주제로 진행했다. 미세입자는 대기에 부유한 물질로 매우 복잡한 성분을 가지고 있다. 미세먼지의 노출은 호흡기 및 심혈관계 질환의 발생뿐만 아니라 사망률의 증가와도 큰 관련이 있다. 더욱이 미세먼지의 악영향은 바로 나타나는 것이 아니라 몸속에 계속 누적되다가 후에 치명적인 병을 일으킬 수 있기에 엄청난 재앙이 될 수 있다는 사실이다. 기후도 마찬가지로 온실가스와 환경오염의 문제로 해를 거듭할수록 지구의 기온이 꾸준히 상승하고 있다. 지구 온도의 상승은 우리가 상상할 수 없을 정도의 심각한 문제를 일으킨다.

이에 필자가 섬기고 있는 춘천동부교회도 환경문제에 관심을 가지고 해마다 디아코니아 환경주일 예배를 드리고 있다. 물 부족, GMO 식품, 미세먼지 등 해마다 주제를 정하여 기독교인들이라면 하나님께서 만들어 주신 자연환경을 지키고 가꾸어야 할 청지기적 사명이 있음을 일깨워주고 있다. 환경주일에는 예배마다 성전으로 들어가는 성도들에게 특별히 제작한 '환경 배지'를 나누어 주어 성도들에게 호기심을 유발하였고, 예배 시간에 '환경주일 공동기도문'을 전 교인들이 함께 낭독하며 환경을 보전해야 할 청지기적 사명자로 세상 속으로 파송하기도 하였다. 예배를 마친 후에는 '총회 사회봉사부 생태정의 위원회'에서 만든 책자를 활용하여 글과 그림이 있는 '환경전시회'를 열었고, 책자를 배부하기도 하였다. 또한, 주제에 대한 환경교육을 시행하며 어떻게 하면 성도들이 환경보전을 할 수 있는지 실질적인 내용을 토론하는 시간도 가졌다.

예배를 위해서 환경 분야의 전문가를 모시고 환경문제, 특별히

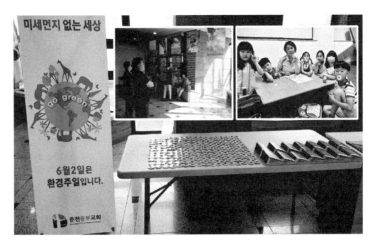
환경주일 예배

교회가 위치한 지역의 환경문제에 대한 의견을 듣고, 이에 대한 해결방안을 모색하며, 여기서 논의된 내용이 설교에 반영되고, 하나님께서 창조하신 자연을 올바르게 가꾸기 위해서 지역에서 교인들이 할 수 있는 일들이 제시된다. 또한, 환경 예배를 드리는 날에는 개인 승용차 이용을 자제하며 대중교통을 이용하고, 여름철의 경우 넥타이를 매지 않음으로써 냉방에 들어가는 에너지를 절약하는 등의 실천 가능한 활동을 펼친다.

교회는 모든 만물이 존귀하고 하나님이 창조하신 피조물이라는 신앙의 고백을 통하여 그 생명을 보전해야 한다. 우리 삶의 터전에는 함께 공존하는 많은 생명체가 살고 있다. 신앙고백의 완성은 입술에 있지 않고, 고백을 삶으로 살아가는 것에 있다. 이를 위해 먼저 교회의 지리적 위치와 생태적 위치가 어떠한지를 파악해야 한다. 가까이는 교회가 속해 있는 지역의 나무와 물과 생태환경을 깨끗하게 보전하기 위한 사역들을 진행할 수 있고, 넓게는 지역사회의 무분별한 개발 등에 대한 적극적인 반대 운동과 예언자적 목소리를 낼 수 있다.

디아코니아의 목적은 '나'만 사는 것이 아니라 모든 생명이 '함께' 살 수 있을 것인가에 대한 물음으로 시작되어야 한다. 디아코니아는 모든 생명이 창조주 하나님의 창조 아래에 있는 귀한 존재라는 것을 인식하고, 인간뿐 아니라 주변 자연 세계의 생명까지도 소급하여 모든 생명이 살아갈 수 있는 세상을 만들기 위하여 노력해야 한다.

해를 거듭할수록 자연생태계가 파괴되어 가고, 고통 속에 신음하고 있는 가운데, 한국교회는 이제 생태 정의를 위해 관심을 가져야 한다. 하나님이 창조하신 원래대로의 모습으로 회복시키고 되돌려 놓아야 할 사명이 있다. 바라기는 한국의 모든 교회가 연합하여 아름다운 환경을 함께 만들어가길 소망한다. 그래서 하나님의 아름다운 창조 세계를 다음 세대에게 고스란히 전수해 주기를 간절히 기대해 본다.

3) 성탄 주일 '마구간의 153' 예배

성탄절은 단지 아기 예수 그리스도의 탄생을 기억하는 감상적인 축제라기보다는 성육신의 깊은 의미가 있는 절기이다. 하나님께서 메시아를 보내주시겠다는 약속의 시작이자 정점이다. 인간 영혼의 구원을 위하여 사람으로 오셨다. 즉, 성육신 사건은 무엇보다도 구원의 사건이다.[24]

---

24 주승중,『은총의 교회력과 설교』(서울: 장로회신학대학교, 2004), 184-185.

이 성탄은 또한 위대한 교환의 절기이다. 성탄 카드를 교환하고, 사람들끼리 서로 방문하고 초대한다. 크리스마스트리 주변에서 서로 선물들을 교환한다.[25] 이 교환은 죽음에서 생명으로, 죄에서 의로움으로, 순간에서 영원으로의 교환의 의미를 지니며, 이를 더욱 부각해주어야 한다.

예수님은 가장 연약한 아기의 모습으로 이 땅에 오셨다. 이는 그가 세상에 군림하는 왕이 아니라 세상을 섬기기 위해서 오셨음을 상징한다. 또한, 아기 예수는 돌봄과 사랑의 손길이 필요함을 드러내 준다. 여관에 자리가 없어 구유에 누이셔야 했던 상황을 떠올리며, 오늘날 이와 같은 이들이 없는지 돌아보며 섬기는 활동을 진행하게 된다.

춘천동부교회에서는 대림절 기간 '마구간의 153' 활동을 진행한다. 이는 어린이 병동의 어린이들과 성탄의 기쁨을 함께 나누기 위한 섬김 활동으로 153명의 어린이에게 선물을 전달할 수 있도록 구좌를 신청하고, 그들에게 보내는 성탄 카드를 작성하게 한다. 그리고 교육부서 및 디아코니아 부서와 함께 인근 병원의 어린이 병동을 찾아가 함께 성탄의 기쁨을 나누는 시간을 갖는다. '마구간의 153' 활동은 어느 사역보다 뜨겁고 활발한 참여가 일어난다. 그만큼 성탄절의 아기 예수님과 어린이 병동이 밀접하게 연결되기 때문이다. 또한, 이때는 구유와 같이 평안하게 쉴 수 없는 쉼터의 어르신들, 독거노인 들을 위한 섬김 활동을 진행하기도 한다.

이처럼 성탄절을 교회 내부의 축제로만 끝내는 것이 아니라 예수 그리스도께서 이 세상에 오셔서 약자들을 섬겨주셨던 것처럼

---

25 주승중, 『은총의 교회력과 설교』 (2004), 187.

우리도 지역사회의 소외된 이웃들을 향하여 나아갈 때 그것이 진정한 의미의 예배가 될 것이며, 온전한 예배의 완성이 될 것이다.

4) 주제가 있는 성만찬(주제: 사회적 약자)

초대교회는 신약성경의 첫 책이 기록되기 이전, 약 30여 년 동안 성만찬을 행해 왔다. 공관복음서에 나오는 성만찬 제정의 말씀이 책에 기록된 형태로 주어지기 훨씬 이전부터 떡을 떼는 일은 계속되었다. 사도행전에 의하면 예루살렘에 있던 교회는 "날마다 마음을 같이하여 성전에 모이기를 힘쓰고 집에서 떡을 떼며 기쁨과 순전한 마음으로 음식을 먹는"(행 2:46) 것을 계속했다. 당시 삶의 공동체는 식사하는 것에 큰 의미를 두었다. 어떤 공동체 안에서 식사하느냐는 곧 자기 자신의 위치를 나타내는 것이었기에 오늘날보다도 이를 더 중요하게 생각하였다. 식사 자리에 늘 함께 하는 것은 예수님의 중요한 사역 중의 하나이다. 이런 자리에서 예수님은 죄인들, 불쌍한 사람들, 그리고 소외된 자들에게 하나님의 나라를 전파하였다. 이 식사의 자리를 통하여 아픈 사람과 죄인을 하나님과 연결하는 역할을 하였다. 예수 그리스도는 가난한 자, 포로가 된 자, 눈먼 자, 눌린 자 등 사회적인 약자와 함께하셨다. 이 식사의 자리에서 보여주신 모습이 디아코니아이다.

그러나 한국교회 목회현장에서 나타나는 성만찬의 자리는 어떠한가? 한국교회의 가장 핵심적인 신학 주제는 인의론(認義論)이다. 이의 성서적 근거로는 로마서 1장 17절에 "의인은 믿음으로 살 것이다"라는 말씀이다. 믿음이 문제가 있다는 것이 아니다. 믿음만을 강조하다 보니 섬김의 행동이 나오지 못한다는 것이다. 믿음을 강조하다 보니, 성만찬은 엄숙한 분위기 가운데 죄를 용서받는 것에 과도하게 초점이 맞춰졌고, 결국 반쪽짜리 성만찬이 한국교회 안에 행해지는 결과를 초래하였다.

초대교회에서 절대로 빠질 수 없는 중요한 예배 요소는 '공동식사'이다. 이 공동식사는 대체로 두 부분으로 나누어졌는데, 제1부의 식사는 전체 교인들이 함께 모여 식사를 하는 공동식사 시간이다. 지금의 'Potluck'처럼, 교인들이 각기 가정에서 음식을 하나둘 준비해 와서, 공동식사 시간을 통하여 함께 나누어 먹었다. 이 공동식사를 초대교회에서는 '아가페 식사'라는 뜻에서 'Agape Meal' 혹은 '사랑의 식사'라고 불렀다.

그들은 제2부의 아가페 식사를 할 때 그리스도를 회상했고, 또한 감사했으며, 떡을 나누는 시간을 가졌다. 공동체 가운데 어려움을 당한 사람들에게 떡을 나누어주는 실천을 보여주기도 하였다. 그리고 그들은 예수님께서 이 식탁의 주인이셨다는 점을 항상 잊지 않았다. 한 마디로 예수님과의 마지막 만찬을 회상했으며, 예수님께서 "이를 행할 때마다 나를 기념하라"라고 하신 명령의 말씀을 항상 마음속에 간직하고 있었다. 그래서 이들은 식사하고 이어서 바로 그리스도를 기억하며 주님의 만찬(성만찬)을 함께 행했다. 사도행전 2장 42절에 "그들이 사도의 가르침을 받아 서로 교제하고 떡을 떼며 오로지 기도하기를 힘쓰느라." 그리고 고린도후서 13장 13절에 "주 예수 그리스도의 은혜와 하나님의 사랑과 성령의 교통하심이 너희 무리와 함께 있을지어다." 여기서 나오는 '교제'나 '교통'은 같은 말인데 바로 '코이노니아'(Koinonia)를 의미한다.

또한, 디아코니아란 단어 자체가 식사할 때 손님에게 하는 행동에서 나온 단어이다. 디아코니아를 번역하자면 "식탁에서 시중들다"이다. 식탁에서 시중들기 위하여 준비하는 일련의 모든 과정이 섬김의 모습이다. 예를 들면, 손님을 초대하는 과정, 인사하는 과정, 발을 씻겨주는 과정, 어떤 의자에 앉으라는 과정, 음식을 갖다 주는 과정, 음료를 주는 과정이다. 원래 이러한 만찬의 자리에서 식탁의 주인이 높은 사람이고 가장 잘 보이는 곳에 앉아서 자기는 섬김을 받는다. 그러나 예수님은 아이러니하게 자기보다 낮은 사람을 섬기고 있다.[26] 식사공동체는 봉사의 공동체로 이해할 수 있다. 성만찬에서 사람들은 치유, 하나님의 사랑을 느낀다. 그것은 예수의 공동체 식사 전통 안에서 낮은 계층의 사람들과 멀리서 지켜본 죄인들, 문지기들, 그리고 제자들이 함께 식사할 때 그들에게 주어진 것이다. 이 만남은 하나님의 뜻이었다. 거기서 빵과 잔에 대한 말씀이 주님의 마지막 식사를 의미한다. 이 의미는 공동체 식사가 끝나면서 거기에 있는 모든 사람이 하나가 되어 하나님을 생각하고 그것을 나누는 것이다. 이처럼 성만찬의 의미는 예수님의 섬김의 모습을 보여주는 것이라는 것을 목회자들은 잊어서는 안 된다(고전 10:16).

"누가 더 높으냐 밥상에 앉은 사람이냐, 시중드는 사람이냐? 밥상에 앉은 사람이 아니냐? 그러나 나는 섬기는 사람으로 너희 가운데 있다"(눅 22:27). 한국교회의 목회현장에서 '섬김'과 '성만찬'은 나누지 말고 같이 행해져야 한다. 성만찬에는 그리스도와 함께

---

26 한국디아코니아신학회, 『디아코니아와 성서』 (서울: 한들출판사, 2013), 284.

하는 공동체의 의미도 있지만 서로 섬기는 의미도 담겨있다. 사도
행전 2:42에서는 성만찬과 섬김이 구성 요소로 되어있다. 주님에
게 받은 은사를 서로 나누는 것이 섬김이다. 한국교회는 이제껏
디아코니아의 봉사적 측면만을 강조하였으나 디아코니아는 우리
의 성례전의 자리 가운데에서도 이루어져야 한다. 반쪽 복음, 반쪽
성만찬이 아니라 온전한 복음과 성만찬이 디아코니아의 회복을
통해 이뤄져야 할 것이다.

　춘천동부교회의 성만찬은 대다수 한국교회 목회현장에서 나타
나는 '이신칭의'(以信稱義, Justification by faith)에 치우친 엄숙한 성만
찬을 지양하고 본래의 제정 취지에 맞게, 식탁에서 섬기는 자로서
사회적인 약자와 함께하시고 이들을 섬긴 그리스도를 따르는 데
초점이 맞춰져 있다. 한 예로 탈권위주의적 디아코니아 성만찬을
이루기 위해 성만찬을 할 때 모든 교역자와 장로들이 앞치마를 입
고 성만찬을 집례한다. 그리고 성만찬 집례 시 장애인들과 몸이

디아코니아 성만찬

불편한 분들을 먼저 성만찬에 참여하게 함으로써 디아코니아 정신을 가시적으로 확인할 수 있다. 그리고 디아코니아란 단어는 식사할 때 "식탁에서 시중들다"라는 의미가 있으므로 춘천동부교회 성도들은 이처럼 섬기라는 주님의 말씀을 찢긴 떡과 부어진 잔을 통해서 뿐만 아니라 성만찬 위원들의 섬기는 모습을 통해 보게 된다. 성만찬에 참여한 모든 성도는 원래 성만찬의 제정 목적에 부합하게, 죄의 용서에 대한 확신뿐만 아니라 세상을 섬기는 소명을 받고 세상으로 돌려보내어지게 된다.

이와 같은 예배와 실질적인 봉사의 통합을 통해 교회는 교인들에게 신앙생활의 본질이 예수 그리스도의 섬김이고, 섬긴다는 것이 무엇인지를 구체적으로 깨달을 수 있게 할 수 있다. 또한, 탈권위주의적 섬김을 실천함으로써 성숙한 교인으로 거듭날 수 있을 뿐만 아니라 이와 같은 디아코니아 예배와 섬김의 통합을 통해 지역사회를 섬김으로써 교회의 대사회적인 공신력을 높일 수 있을 뿐만 아니라 전도의 효과도 기대할 수 있다.

5. 나가는 말

그동안 한국교회는 사회 발전의 교두보 역할을 감당했고, 사회로부터 존경과 사랑을 받아왔던 때도 있었으나 오늘날은 사회로부터 많은 지탄을 받으며 어렵게 되었다. 이처럼 여러 가지로 위기를 맞고 있는 한국교회는 교회 스스로 교회다움과 대사회적 신뢰를 속히 회복해야 할 때다. 꺼져가는 등불처럼 한국교회의 암울한

쇠락의 길을 바라보고만 있을 수는 없다. 위기의식은 살아날 희망적 불씨와 같아서 한국교회가 '위기의식'을 느낀다는 것 자체가 희망적이다. 위기의식으로 깨어난 한국교회는 새롭게 일어나서 제2의 도약과 새로운 부흥의 길로 나아가야 한다.

이에 앞서 오늘날 한국교회가 위기를 맞게 된 요인을 숙고하는 일은 매우 중요하다. 신뢰 회복이 단숨에 그리 쉽지만은 않겠지만, 깊이 생각하고 반성과 자성으로 가는 길이 신뢰 회복과 교회 회복의 진정한 첫걸음이 될 것이다. 한국교회 위기는 '예배의 위기'라 할 수 있다. 예배의 본질을 잃어버리게 되니 교회다움을 상실하게 되고, 그릇된 목회 방향으로 나아갈 수밖에 없는 실정이다. 그러다 보니 직분의 계급화와 같은 권위주의적인 모습을 보일 수밖에 없다. 따라서 본질적인 예배가 무엇인지 목회자들부터 성찰하고, 고민하며 나아간다면 한국교회는 희망이 있을 것이다. 더 나아가 건강한 예배를 드리게 되면 자연스럽게 성도들은 건강한 성도로 변화될 수밖에 없다.

한국교회 가운데 '디아코니아 예배'가 살아나길 소망한다. 디아코니아적으로 드리는 것이 아니라 목회의 본질로서 반드시 행해야 할 영역이다. 그리하여 교인들을 '디아코노스'로 이 세상을 섬기게 하는 데 초점을 두어야 한다. 따라서 디아코니아와 예배는 서로 분리될 수 없는 불가분의 관계에 있다.

매일 드리는 우리 예배가 사랑과 섬김의 정신이 깃든 '디아코니아 예배'가 된다면 추락해 있는 한국교회의 사회적 신뢰도는 다시 자연스럽게 회복될 것이다. "앉아서 먹는 자가 크냐 섬기는 자가 크냐 앉아서 먹는 자가 아니냐 그러나 나는 섬기는 자로 너희

중에 있노라"(누가복음 22:27)라고 말씀하신 예수 그리스도의 말씀을 가슴 깊이 새기며 실천해나갈 때 한국교회는 교회다움을 회복하고, 새롭게 일어서게 될 것이다.

그리스도의 긍휼과 사랑, 아름다운 섬김의 디아코니아 예배로 '진정 섬기는 큰 자'가 되어 오늘의 위기를 극복하고 다시금 나라와 민족 가운데 하나님의 이름을 높이는 그리스도의 공동체로 존경받게 되기를 소망한다. 성경에 입각한 그리스도의 근본정신, 디아코니아를 예배에 녹여낸다면 한국교회에 다시 한번 놀라운 영적, 질적 부흥이 임하고, 세계 교회가 나아가야 할 방향도 제시하게 될 것이다.

지금도 각자의 사역지에서 하나님 나라를 위해 헌신하는 목회자들이 디아코니아 정신으로 무장하여 진정한 디아코노스로서 섬기는 사역을 감당하게 될 때, 섬기는 교회에 놀라운 변화들이 나타나게 될 것이라 확신한다.

4장

치유목회의 이론과 실제

김의식 목사

(치유하는교회)

1. 들어가는 말

현대를 가리켜 흔히들 '위기의 시대'라고 한다. 그렇다면 무엇의 위기인가? 많은 사람이 현 상황을 정치의 위기, 경제의 위기, 이념의 위기, 코로나19의 위기 등으로 분석하지만 근본적인 위기는 국민 화합에 있다. 아무리 우리가 코로나19로 인해 불안하고 정치적으로 대립하며 경제적인 불황과 이념적으로 극한 대립을 일삼는다고 할지라도 국민이 화합할 때 어떠한 정치적, 경제적, 이념적, 감염적 위기도 극복할 수 있기 때문이다.

그런데 2017년 OECD(경제협력개발기구)의 통계 발표에 따르면 우리나라의 사회통합 수준이 1995년부터 2015년까지 지난 20년 동안 경제협력개발기구 30개 회원국 가운데 최하위 수준인 29위로 드러났다. 더 나아가 우리나라 사람들이 사회적 포용이나 갈

등 관계 관리를 하지 못해 사회적 포용 지수는 최하위인 30위로 드러났다. 2017년 삼성경제연구소의 발표에 따르면 이러한 사회적 갈등으로 인한 경제적 손실이 연간 최소 82조에서 최대 246조 원에 이른다는 것이다. 2021년 우리나라 정부 예산이 555조 8,000억 원인 것을 감안한다면 예산의 절반에 가까운 놀라운 액수이다. 이는 얼마나 엄청난 낭비인가? 이제 마지막 때에 교회부터 치유되고 회복되어서 세상을 화해시키고 화목하게 하는 일에 앞장서며 교회로서의 사명을 충성스럽게 감당해야 한다(롬 12:18).

그런데 사랑과 화평의 모범이 되고 분쟁하고 분열하는 세상을 치유해야 할 한국교회가 지금 위기의 시대를 맞이하였다. 오히려 세상보다 더 불화와 분쟁 가운데 빠져 있기 때문이다. 말세가 되어서 교회마다 정도의 차이는 있을지라도 불화와 분쟁이 없는 교회

치유하는교회

가 드물 정도이다. 그리하여 교회가 감당해야 할 진정한 사명인 복음 전도와 치유, 양육, 구제, 봉사는 제대로 하지도 못하고 오히려 불화와 분쟁의 소모전만 일삼으며 세상의 걱정과 지탄의 대상이 되며 무너져가고 있으니 이 얼마나 안타깝고 가슴 아픈 현실인가?

이러한 불화와 분쟁은 우리 치유하는교회도 예외가 아니었다. 필자가 2000년에 부임하기 2년 전부터 불법 장로선거 고소로 시작하여 10년 가까이 54건의 고소를 당하는 불화와 분쟁이 있었다. 당회나 제직회, 공동의회가 열릴 때마다 교회는 아수라장이 되었고 복마전과 같을 정도였다.

필자는 기도하는 가운데 전공을 하였던 치유 목회부터 시작하기로 하였다. 그리고 20년이 지나는 사이에 교회는 갑절로 부흥하였고 천국과 같은 행복한 교회로 회복하였을 뿐만 아니라 새 성전을 건축하여 입당하였다. 교회 이름도 바꾸어 과거의 오욕으로 가득했던 화곡동교회에서 한국교회 최초의 '치유하는교회'(The Healing Church)가 탄생하게 되었다.

기독교 미래학자 최윤식 박사는 『2020~2040 한국교회 미래지도』라는 책에서 한국교회가 앞으로 이대로 나가면 10년 후에는 400만 명으로 절반이 줄어들 것을 경고하였다. 이는 참으로 충격적인 경고가 아닐 수 없다. 이러한 불화와 분쟁 속에서 우리는 한국교회의 '위기'(危機)를 또 하나의 부흥과 '기회'(機會)로 삼아야 한다. 이를 위해서 치유목회(Healing Ministry)의 새로운 시도가 절실히 필요한 때이다. 코로나19로 인해 모두 낙심되고 침체되며 영, 혼, 육이 병들어가는 오늘 위기의 현실 속에서 치유목회는 더욱더 절실한 것이다. 이에 치유목회의 이론과 실제를 소개하고자 한다.

2. 치유목회의 정의

우리는 흔히 치유(Healing)라고 하면 좁은 의미로는 마음의 치유를 연상하기 쉽지만, 넓은 의미의 치유는 영, 혼, 육의 치유를 의미한다. 다시 말하면 영(Spirit)의 죄악과 혼(Soul)의 상처와 몸(Body)의 질병의 치료를 말하는 것이다(살전 5:23, 히 4:12). 그런데 지금까지 한국교회가 "영적으로 은혜받아라!", "육적으로 축복받아라!"만 강조하였다. 그 결과 마음의 터치를 해주지 않음으로 인해서 우리가 영적으로 은혜도 많이 받고 축복도 많이 누리고 중한 직분도 받아서 평생토록 봉사도 많이 하였지만, 아이러니하게도 실제로 오늘 한국교회의 문제는 어쩌면 중직자들의 문제이기도 하다. 그렇다면 무엇이 문제인가? 근본적으로 그들의 마음이 치유받지 못해서이다.

예수님께서는 마태복음 13장에서 씨 뿌리는 비유를 들려주셨다. 이는 실제로 마음 밭의 비유로서 첫째는 구원받지 못한 길가 밭이 있고, 둘째는 치유 받지 못한 돌밭이 있고, 셋째는 세상 욕심에 가득 찬 가시떨기 밭이 있고, 넷째는 영, 혼, 육이 치유 받은 좋은 땅 밭이 있다. 다시 말하면 우리가 치유의 은혜를 체험하게 되면 영의 은혜와 혼의 평강과 육의 축복을 누리는 30배, 60배, 100배의 결실을 자연스럽게 맺을 수 있다(민 6:24-26). 치유하는 교회에 처음 부임하였을 때 이처럼 영, 혼, 육의 치유가 절실하다는 것을 느끼게 되었다. 그래서 치유목회에 집중하게 된 것이다.

3. 치유목회의 근거

치유목회의 근거는 이사야 53:4-5에 주전 700여 년 경의 이사야 선지자를 통해서 입증하신 십자가의 복음이다.

그는 실로 우리의 질고를 지고 우리의 슬픔을 당하였거늘 우리는 생각하기를 그는 징벌을 받아 하나님께 맞으며 고난을 당한다 하였노라 그가 찔림은 우리의 허물 때문이요 그가 상함은 우리의 죄악 때문이라 그가 징계를 받으므로 우리는 평화를 누리고 그가 채찍에 맞으므로 우리는 나음을 받았도다

우리는 이 말씀을 전통적으로 예수님께서 십자가에서 우리의 죄악만 담당하신 것으로 배워왔지만 이사야서는 예수님께서 십자가에서 우리 육신의 질고(질병)와 마음의 슬픔(상처)과 영혼의 죄악

주일예배

까지 모두 다 담당하실 것을 예언하신 것이다. 그리고 예수님께서는 실제로 십자가에서 영, 혼, 육의 치유를 다 이루신 것이다(마 8:17).

이처럼 예수님께서는 십자가에서 우리를 그의 은혜와 사랑과 능력을 믿음으로 말미암아 치유하신다. 그러므로 우리의 죄악은 회개함으로 속죄를 받을 때 "그러므로 너희가 회개하고 돌이켜 너희 죄 없이 함을 받으라 이같이 하면 새롭게 되는 날이 주 앞으로부터 이를 것이요"(행 3:19)라는 영혼의 구원을 받게 될 것이다.

또한, 우리의 상처는 상처를 준 어떠한 사람이라도 "너희는 모든 악독과 노함과 분냄과 떠드는 것과 비방하는 것을 모든 악의와 함께 버리고 서로 친절하게 하며 불쌍히 여기며 서로 용서하기를 하나님이 그리스도 안에서 너희를 용서하심과 같이 하라"(엡 4:31-32)는 말씀대로 행함으로 마음의 치유를 받게 될 것이다.

더 나아가 우리에게 닥쳐온 어떠한 질병이라도 "믿음의 기도는 병든 자를 구원하리니 주께서 그를 일으키시리라 혹시 죄를 범하였을지라도 사하심을 받으리라 그러므로 너희 죄를 서로 고백하며 병이 낫기를 위하여 서로 기도하라 의인의 간구는 역사하는 힘이 큼이니라"(약 5:15-16)라는 약속대로 십자가의 능력을 믿음으로 간구함으로써 기적적인 육신의 치료를 받게 될 것이다.

이처럼 하나님의 말씀에 근거한 십자가 복음의 능력이 우리의 어떠한 영의 죄악이나 마음의 상처나 육신의 질병조차도 기적적인 치유를 일으키는 치유목회의 확실한 증거인 것이다.

4. 치유목회의 실제

1) 치유 설교

강단의 설교는 치유목회의 핵심이다. 왜냐하면, 하나님의 말씀이 치유의 가장 큰 근거요 원동력이 되기 때문이다(히 4:12). 그뿐만 아니라 주일 낮 예배에는 모든 교인이 출석하기 때문에 집단치료(Group Therapy)를 할 수 있는 절호의 기회인 것이다. 더구나 십자가 복음의 말씀을 더 이상 교리적으로, 이론적으로, 지식적으로 전하는 것이 아니다. 감동이 없는 설교는 교인들의 심령을 치유할 수 없을 뿐만 아니라 오히려 성경에 대한 지식만 더함으로 인해 우리를 더욱 교만하게 하고 설교에 대한 비판만 늘어갈 뿐이다.

그러므로 설교에는 치유의 두 가지 강력한 자원인 웃음과 눈물의 감동을 담아 전해야 한다(롬 12:15). 그리할 때 웃음은 한 주간동안 지치고 닫혔던 마음의 문을 열어주는 효과가 있고, 눈물은 쌓였던 상처의 감정을 씻어주는 정화(Catharsis) 효과가 있다. 그래서 설교를 대략 세 대지로 나눈다면 각 대지마다 지루하지 않도록 복음을 효과적으로 전하기 위해 유머를 꼭 넣도록 하고 마지막 결론 부분에서 눈물의 감동적인 예화를 사용하는 것이다.

그리하여 약수터에서 작은 물방울이 떨어지지만 굳은 바위가 패이듯이 지난 20년 동안 끊임없이 강단에서 쏟아부은 웃음과 눈물의 치유 설교는 수많은 상처받은 심령과 병든 육신을 치유하는 놀라운 기적을 경험할 수 있었다(참고: 김의식,『상한 마음의 치유』,『상한 가정의 치유』,『상한 교회의 치유』,『상한 세상의 치유』,『예수님은 치유

하십니다 1, 2, 3, 4, 5권』,『성령님은 선교하십니다 1, 2권』,『하나님은 역사하
십니다 1, 2, 3, 4, 5권(근간)』, 쿰란출판사).

2) 치유 상담 및 안수

앞서 말한 바와 같이 교인들의 문제는 크게 영혼의 죄악과 마음
의 상처와 육신의 질병으로 세분화할 수 있다. 그리하여 예배가 끝
난 후 교인들이 언제든지 자유롭게 담임목사실을 찾아와 상담하고
안수를 받고 치유할 수 있는 시간을 가졌다. 그런데 놀라운 것은
예배의 치유 말씀을 통한 집단 치료와 달리 개인 상담과 안수의 치
유는 개인 치료에 큰 효과가 있었다. 그리하여 지난 20년 동안 주일
마다 개인 상담과 안수를 통해 수많은 영, 혼, 육의 기적적인 치유의
열매들을 계속해서 맺을 수 있었다.

그러나 이러한 치유의 역사를 계속해서 이뤄가기 위해서 중요한
것은 주일 낮 예배 설교 중 이러한 영, 혼, 육 치유의 역사를 계속해
서 간증하여 전하는 것이다. 이것은 영적으로 잠들고 병들고 죽어
가는 영혼을 일깨우는데 가장 큰 도전이 될 뿐만 아니라 각자 삶의
문제를 안고 주님 앞에 나아오는 계기를 만들어주었다. 그리하여
이러한 치유의 행렬은 매 주일, 예배가 끝날 때마다 계속되어왔고
또 이러한 치유의 기적은 계속해서 끊이지 않았다. 더 나아가 이러
한 개인 치유 상담과 안수의 시간은 대형교회가 안고 있는 개인주
의 신앙 행태인 담임목사와 교인들 사이의 높은 담을 허물어뜨리
고 오히려 담임목사와 교인들 사이의 친밀한 소통과 깊은 유대 강
화와 더불어 계속적인 놀라운 치유의 기적을 이루는 통로가 되었다.

3) 치유 프로그램

다양한 치유 프로그램을 개발하여 소그룹 치료에도 집중하였다. 개인 치료와는 달리 소그룹 치료만이 갖는 집단역동(Group Dynamics)은 그룹원 간에 치료의 상호작용이 일어나서 또 다른 치유의 장을 열었다. 그리하여 소그룹 치료를 통해 또 다른 수많은 치유의 열매들을 맺을 수 있었다. 치유하는교회에서 개발한 다음의 몇 가지 치유 프로그램들을 소개하고자 한다.

(1) 치유 동산

우리 신앙과 삶의 결정적인 악영향을 미치는 걸림돌이 있다면 바로 과거의 상처이다. 우리의 어린 시절부터 뿌리내린 마음 깊은 곳의 쓴 뿌리의 상처가 바로 우리의 부정적이고 비판적인 성격과 폭력적이고 비정상적인 행동 그리고 불신앙과 불순종의 근본적인 원인이 되는 것이다. 그러므로 다음과 같은 2박 3일의 '치유동산' 프로그램을 개발하여 세상에서 가장 강력한 치유의 원동력인 예수님의 사랑에 마음 문이 열려 지난날의 상처를 표출하도록 한다. 그리고 무엇보다 상처 준 사람을 주님의 사랑으로 용서하여 지난날의 상처를 치유하는 내적 치유(Inner Healing)를 한다. 그리함으로 주님과 성숙한 관계(신앙), 주위 사람들과는 행복한 관계(삶)를 회복함으로써 십자가 복음의 삶 가운데 날마다 천국의 축복과 행복의 감격을 체험하며 살아가도록 하는 것이다(교재: 김의식, 『치유동산』, 쿰란출판사).

첫째 날(월) / 고백의 날		둘째 날(화) / 치유의 날		셋째 날(수) / 파송의 날	
		6:00	섬김의 기상	6:00	섬김의 기상
		6:30	해바라기 기상	6:30	해바라기 기상
		7:00	This is the day 퍼레이드/예배 [묵상1]	7:00	예배/마나니따 [묵상 2]
		7:30	식사, 간식 ④ (G모양)	8:00	식사, 간식 ⑧ (O 모양)
		8:30	찬양 12	9:00	찬양 22
		8:50	치유의 말씀 ⑤ "성령의 역사"(30분)	9:20	치유의 말씀 ⑨ "제자의 삶"(30분)
9:00	해바라기 교회 집합	9:20	찬양 13	9:50	찬양 23
10:00	해바라기 교회출발 (접수, 명찰 등)	9:30	십자가 등지고	10:30	종합발표 (방별 발표 등)
		10:10	찬양 14		
12:00	해바라기 도착	10:20	치유의 말씀 ⑥ "경건한 신앙과 삶" (30분)	11:10	찬양 24
12:20	환영식 및 환영식사 간식 ①	10:50	두 번째 사랑의 선물 낭독 ②	11:30	치유의 말씀 ⑪ "영적 전투"(30분)
13:00	찬양 1	11:00	치유의 말씀 ⑦ "은혜의 방해요인" 김성순 장로	12:00	찬양 25
13:20	Table Grouping, 이름표 만들기, 자기소개, 방 이름 짓기, Table name tag, 만들기, 발표	11:30	찬양 15	12:10	식사, 간식 ⑨ (빛살 모양)
14:20	찬양 2	11:40	식사, 간식 ⑤ (닻 모양)	14:20	짐정리 및 사진 촬영
14:40	치유의 말씀 ① "삶의 이상"(20분)	12:40	찬양 16		
15:10	간식 ②	13:00	그룹기도회		
15:30	찬양 3	14:00	찬양 17		
15:50	첫 번째 사랑의 선물 낭독 ①	14:10	천지창조		
16:00	치유의 말씀 ② "하나님의 은혜"(20분)	14:40	찬양 18		
16:30	찬양 4	15:00	치유의 말씀 "회락의 벽"(20분)		
16:50	십자가 앞에서	15:40	간식 ⑥		

첫째 날(월) / 고백의 날		둘째 날(화) / 치유의 날		셋째 날(수) / 파송의 날	
17:20	찬양 5	16:00	찬양 19		
17:30	치유의 말씀 ③ "건강한 교회"(20분)	16:10	세 번째 사랑의 선물 낭독 ③		
18:00	찬양 6	16:20	치유의 말씀 "통곡의 벽"(20분)		
18:30	식사, 간식 ③(W모양)	17:00	찬양 20		
19:00	찬양 7	17:10	식사, 간식 ⑦(+ 모양)		
19:30	치유의 말씀 ④ "성례"(30분)	18:10	찬양 21		
19:50	찬양 8	18:20	치유의 말씀 ⑧ "내적치유"(30분)		
20:00	성찬식	18:50	치유의 시간 각 방별로		
20:30	찬양 9				
20:40	십자가의 길				
21:10	찬양 10				
21:20	세족식				
22:00	찬양 11. 아브라조				
22:30	취침, 섬김의 회의				

(2) 부부행복동산

1997년 IMF 이후 수많은 가정이 해체되기 시작하였고 코로나 19 이후 더욱더 한국의 가정들이 위기를 맞이하였다. 그것은 크리스천 가정들도 예외는 아니다. 비록 법적 이혼은 못 했을지라도 정서적 이혼(Emotional Divorce) 상태로 살아가는 가정들이 우리 주위에 너무도 많이 있다. 이러한 가정들의 행복을 회복하기 위해 다음과 같은 2박 3일의 '부부행복동산' 프로그램으로 가장 먼저 성경적 부부관계의 회복으로부터 시작해서 신앙의 가정을 새롭게 설계하도록 한다. 더 나아가 우리가 일생을 살아가면서 부딪히는 가정의 문제들을 어떻게 극복할 것인가의 구체적인 가족 치료의 방법들을 배움으로써 부부와 가족을 치유하고 가정의 행복을 회복하는 프로그램이다(교재: 김의식, 『부부행복동산』, 쿰란출판사).

시간	첫째날(주일)	시간	둘째날(월)	셋째날(화)
		7:00	경건의 시간 (시1편)	경건의 시간 (시23편)
		7:30	부부 데이트	
		8:00	아침식사	
		9:00	치유의 찬양	
		9:20	강의2 "신앙의 가정 설계"	
		9:50	부부 이야기	
		10:20	치유의 찬양	?!
		10:30	강의3 "화목한 부부대화"	
		11:00	함께 나눠요	
		11:30	조별발표	
14:00	행복을 향해 출발	12:00	점심식사	떡과 잔을 나누며 결단과 파송(기념촬영)
		13:00	치유의 찬양	점심식사
		13:30	편지는 사랑을 싣고	행복 담아 '집으로'
		14:00	부부 발표	
17:30	도착	14:30	치유의 찬양	
18:00	저녁식사	14:40	강의4 "부부행복의 비결"	
19:00	산책	17:10	사랑의 산행	
20:00	치유의 찬양	18:00	저녁식사	
20:30	강의1 "성경적 부부의 행복"	19:30	치유의 찬양	
21:00	함께 나눠요	20:00	세족식	
21:20	그룹발표	21:00	여보 미안해	
22:00	부부 행복의 시간	22:00	부부 행복의 시간	

(3) 아버지학교

현대 가정의 위기 중 하나는 아버지의 부재이다. 아들로서, 남편으로서, 아버지로서의 회복이 그 어느 때보다도 절실한 것이다. 그러므로 12주 코스의 '아버지학교' 프로그램을 통해 먼저 아버지로서의 영성을 회복하고 과거의 상처를 치유함으로써 부부관계, 부모와의 관계, 자녀와의 관계 등 가정의 행복을 회복하고 더 나아가 성공적인 사회생활과 교회생활에 이르기까지 종말론적 사명을 감당토록 하는 것이다(교재: 김의식, 『주님, 제가 아버지입니다』, 쿰란출판사).

주차	비디오	강의 주제	인 물	활동 과제
1	MBC 사과나무 2005. 1. 29	1. 영성의 회복	아담	1. 경건의 시간 2. 당신의 자아상을 체크해 보세요 3. 아내에게 사랑 표현하기 4. 자녀에게 사랑 표현하기
2	2005. 2. 26	2. 상한 마음의 치유	아담	부모님께 사랑의 편지쓰기
3	2005. 4. 9	3. 행복한 인생	하박국	한 주에 한 번씩 가족의 시간 갖기
4	2004. 11. 20	4. 축복의 회복	아브라함	회개문 쓰기
5	2004. 11. 27	5. 아내와의 사랑	다윗	아내에 대해 칭찬할 것 20가지 쓰기
6	2005. 2. 12	6. 부부 (가족)대화	마노아	1. 부부(가족) 대화 실습 2. 아내가 제일 좋아하는 것 10가지 쓰기 3. 아내가 제일 싫어하는 것 10가지 쓰기 4. 경건의 시간
7	2005. 7. 6	7. 은혜로운 신앙생활	아굴라	아내에게 사랑의 편지쓰기
8	2005. 5. 11	8. 신앙의 양육	사무엘의 부모	1. 자녀에 대해 감사할 것 20가지 2. 경건의 시간

주차	비디오	강의 주제	인 물	활동 과제
9	2004.10.30	9. 사랑의 치유	디모데	1. 사랑하는 자녀에게 편지쓰기 2. 매주 토요일 저녁7시 SBS '우리 아이가 달라졌어요' 시청하기 3. 경건의 시간
10	KBS TV는 사랑을 싣고 2005. 7. 12	10. 사랑과 용서의 승리	다윗과 요나단	1. 직장(교회) 동료에게 사랑과 용서의 글쓰기 2. 경건의 시간
11	MBC 사과나무 2005. 4. 16	11. 종말론적 봉사생활	베드로	1. 아버지학교 간증문 쓰기 2. 경건의 시간
12	2005. 6. 8	12. 남은 생애의 사명	이사야	1. 리유니온 모임까지 받은 은혜 간직하기 2. 매일 경건의 시간 계속 갖기

(4) 어머니학교

현대 가정의 또 다른 위기는 어머니의 부재이다. 딸로서, 아내로서, 어머니로서의 회복이 절실한 때이다. 그러므로 12주 코스 '어머니학교' 프로그램을 통해 어머니로서의 여성성과 영성을 회

어머니학교

복하고 과거의 상처를 치유하며 남편과의 관계, (시)부모와의 관계, 자녀와의 관계 등 가정의 행복을 회복하고 더 나아가 여생을 은혜로운 교회생활과 더불어 종말론적 봉사생활을 하도록 한다(교재: 김의식, 『주님, 제가 어머니입니다』, 쿰란출판사).

주차	비디오	강의 주제	인물	특별 활동	활동 과제
1	KBS 아름다운 용서2	1.여성성의 회복	하와	조 이름 작성 포스터 그리기	1. 매일 경건의 시간 2. 부부 사랑 표현하기 3. 부모 사랑 표현하기 4. 자녀 사랑 표현하기
2	MBC 사과나무 2005.1.15	2.영성의 회복	안나	나의 경건 생활 체크	회개문 쓰기
3	2004.12.4	3.상한 마음의 치유	하와	내적 치유	상한 마음의 치유 실천
4	2004.11.27	4.남편과의 사랑	밧세바	부부 사랑 간증	나는 몇 점짜리 아내인가?
5	2005.1.29	5.부부(가족) 대화	마노아 부인	부부 대화법 실습	1. 부부(가족) 대화 실습 2. 남편(가족)이 제일 좋아하는 것 10가지 3. 남편(가족)이 제일 싫어하는 것 10가지
6	2005.1.1(1)	6.축복된 삶	사르밧 과부	주부 재테크 특강	남편(가족)에게 감사하며 칭찬할 점 쓰기
7	2005.1.22	7.행복한 인생	아비가일	가족의 시간 간증	나의 장래의 행복계획서 쓰기
8	2005.3.22	8.(시)부모와의 관계 회복	룻	나의 효도 체크	(시)부모님께 편지쓰기
9	2004. 11. 6	9.신앙의 양육	한나	자녀 특강	자녀에 대해 감사할 것 20가지
10	2000. 2. 5	10.사랑의 치유	유니게	자녀 내적 치유	사랑하는 자녀에게 편지쓰기

11	2005.1.1(2)	11. 은혜로운 교회생활	브리스 길라	어머니 십계명 작성	어머니학교 감상문 쓰기
12		12. 종말론적 봉사생활	뵈뵈	세족식	

(5) 홀로서기(주바라기) 세미나

신·구약 성경은 끊임없이 고아와 과부를 사랑으로 돌볼 것을 명령한다. 그리하여 참된 경건은 바로 이 고아와 과부를 환난 중에서 돌보는 것이라고 강조하는 것이다(약 1:27). 그러므로 현대교회는 홀로 된 과부와 고아를 돌보는 일에 사랑의 깊은 관심과 실천이 절대적으로 필요하다. 그리하여 한 달에 한 번씩 홀로 사는 이들(30~50대 여성)의 모임을 갖고 홀로서기 신앙과 삶을 키워나가도록 돕고 있는데 그들에게 너무도 소중하고 의미 깊은 행복한 삶의 원동력이 되고 있다(교재:『마주해』,『이별 그리고 홀로서기』,『재혼 그리고 함께서기』, 국민일보사).

⊙ 주제: 주님, 저는 혼자가 아닙니다!
⊙ 프로그램 : 1부 성경공부(매일 셋째 주 오후 2:00-3:00)
　　　　　　　2부 특별프로그램(오후 3:30-6:00)

월	성경공부	특별활동
1	내 인생의 여정	비디오 상영 '열쇠'
2	신앙의 회복	영화 관람
3	상한 마음의 치유	청계천
4	상처 회복의 과정	석모도
5	상처의 완전한 회복	행주산성

월	성경공부	특별활동
6	건강한 홀로서기	선유도
7	홀부모의 자녀양육(1)	영화 관람
8	홀부모의 자녀양육(2)	상암 하늘공원
9	은혜로운 신앙생활	영락모자원 봉사
10	행복한 인생	화곡, 연지 어르신복지센터 봉사
11	봉사의 축복	유서 쓰기
12	종말론적 신앙생활	파티

5. 나가는 말

필자가 치유하는교회에 부임하여 기도하는 가운데 치유, 양육, 사역 목회의 10개년 목회 비전의 감동을 받고 이상의 치유프로그램들을 4년 동안 개발하고 정착시켰다. 그러고 나서 치유 받은 좋은 땅 마음 밭에 3년 동안 양육프로그램(알파 코스, 제자훈련, 성경 권별 성경공부)을 도입하였다. 더 나아가 3년 동안 사역프로그램(예솔전도학교, 중보적 기도학교, 사역자 훈련 등)을 통해 본격적인 사역자들을 훈련시켰다.

그렇게 교회는 부흥하여 성전건축 후 목장 리더 훈련을 통해 목자들을 양성하고 훈련하여 목장 목회(셀목회) 체계로 전환하였다. 그렇게 함으로 평신도 목자들이 온 교회를 섬기는 평신도 사역자들에 의한 목양 체계를 확립하고, 천국과 같은 행복한 교회로 계속해서 부흥하게 된 것이다.

이처럼 마지막 때의 우리에게 너무도 절실한 모든 부흥, 성장, 행복 목회의 근원이요, 핵심은 치유목회이다. 그리하여 지금도 치유목회는 계속되고 있다. 왜냐하면, 우리 주위에 고통당하는 사람들이 너무도 많기 때문이다. 그러므로 치유목회는 환난과 고통이 많은 말세에 주님 오실 때까지 우리에게 가장 절실하면서도 가장 성경적이고 복음적이며 현장 중심적이고 미래지향적인 목회라고 확신하는 바이다.

5장

다문화 마을목회
— 동일교회를 중심으로

김휘현 목사
(동일교회)

1. 들어가는 말

"사람이 온다는 건/실은 어마어마한 일이다/그는/그의 과거와/현재와/그리고/그의 미래와 함께 오기 때문이다/한 사람의 일생이 오기 때문이다." 정현종 시인의 시집 『섬』에 실린 〈방문객〉의 첫 소절이다. 사람이 온다는 것이 어마어마한 일인 것은 한 사람의 일생을 넘어 그가 누렸던 문화가 함께 들어오기 때문이다.

단일민족이 자랑이었던 때가 엊그제 같은데 어느새 다인종 다문화 시대가 도래하였다. '외국인 500만 명 시대', '다문화 사회의 도래', '외국인 혐오증'(Xenophobia) 극복, '다문화 여성 가정 폭력 경험' 등을 다룬 언론 보도를 자주 접하면서 한국의 인구학적 변화를 절감함과 동시에 다문화 사회로 빠르게 진입하고 있음을 느낀다. 다문화 사회의 진입에 발 빠르게 대응하고 있는 정부 정책이나 사회의 대응과 비교하면 한국교회의 현실은 그렇지 못하다.

이에 한국교회의 시급한 과제가 된 다문화 목회와 선교의 방안을 동일교회의 다문화 마을목회를 통해 제시하고자 한다. 이를 통해 한국교회는 다문화 이주민 목회에 효과적으로 대응하여 헌신하게 하고, 다문화 이주민들은 차별 없이 한국 사회에 정착함과 동시에 어엿한 한국교회의 일원이 되어 다른 이주민들을 전도하고, 모국을 선교하게 하고자 한다.

이를 위해 한국 사회의 다문화 이주민에 대한 인식을 먼저 살펴보고, 이어서 다문화 이주민에 대한 현황과 정부와 교회의 대응을 살펴보고자 한다. 그리고 다문화 이주민 목회의 신학적 기초와 다문화 이주민 개념과 이론에 대해서도 살펴보고자 한다. 그리고 이에 근거해 한국의 고유문화와 동일교회 주류 교우와 다문화부 소속 교우들을 비교 분류하고, 다문화 목회를 위한 대응 방향과 동일교회의 다문화 사역 현황을 소개한 후, 한국교회의 다문화 사역을 제안하고자 한다.

2. 다문화 이주민에 대한 인식

한국 사회의 다문화에 대한 인식은 혐오와 동정이 동반되어 나타난다. 일례로 2018년 예멘 난민이 제주도에 입국하자(552명 신청, 527명 입국) 이를 반대하는 청와대 국민 청원에 한 달 동안 71만 4천 875명이 참여하여 혐오 분위기를 드러냈다. 반면에 호기심에

'풍등'(風燈)을 주워서 날렸다가 '고양 저유소 화재'(2018. 10. 7)를 일으켜 구속된 대형 참사의 주인공인 스리랑카 출신의 이주 노동자에 대해서는 동정 여론이 이뤄졌다.

1) 다문화에 대한 일반적 인식

필자도 한국의 다문화에 대한 일반적 인식은 농어촌 노총각들이 베트남 처녀와 결혼한다는 소문을 듣고 "이제 우리나라에도 '베트남 댁'이라는 호칭이 생기는구나"라고 생각하는 수준이었다. 그러다가 교우의 사업장 예배에서 이주 노동자들을 직접 만나게 되었다. 예배에 참여시키는 교우들이 있는가 하면 그렇지 않은 교우들도 있었다. 하지만 그들의 처우나 복지에 관심을 두지 못했다.

다문화에 관심을 두게 된 것은 다문화 가정에서 일어나는 폭력과 이혼이 사회문제가 되는 언론 보도를 접하면서다. 가정 폭력은 대부분 남편에 의해 행해졌지만, 시부모에 의해 행해지는 때도 있었다. 여성단체들이 매 맞는 아내와 자녀들을 보호하고 가해자 처벌을 끈질기게 요구한 끝에 1997년 11월 19일, '가정폭력범죄 처벌과 피해자 보호에 관한 특례법안'이 제정되어 가정 폭력에 공권력의 개입을 명문화하게 했다. 이듬해인 1998년 7월 '가정폭력방지법'이 시행되었다. 하지만 가정 폭력은 여전하다. 그러니 법의 사각지대에 있는 다문화 가정은 오죽할까? 이혼은 폭력에 시달리다 못해 이뤄지는 경우가 다수이지만 결혼 소개 사기 피해로 인해 발생하는 예도 있다.

부목사 시절 상담 목사로서 부부를 상담하면서 가정 폭력과 이혼은 당사자는 물론 자녀와 가족에게 큰 상처를 남김은 물론 사회적 비용 손실을 초래함을 깨닫게 되었다. 다문화 가정의 경우는 더욱 그러하다. 직접 비용으로는 사법 체계 비용이나 의료비용, 사회서비스 비용, 가사법률 비용이 초래되고, 간접비용으로는 사망이나 피해자의 취업과 가사 중단에 따른 경제적 손실을 넘어 정서적 비용은 이루 말할 수 없다. 특히 후자의 경우 그 자녀들의 일생에 후유증을 남김은 물론 사회적 손실과 관련국의 국제관계적 손실을 초래한다.

2) 다문화에 대한 목회적 인식

다문화 가정들에 대한 목회적 인식을 전환하게 된 계기는 2014년 남미 선교지 방문이었다. 이때 하와이와 브라질 그리고 아르헨티나의 한국인 이민사를 들으면서 눈시울이 붉어졌었다. 그리고 우리나라에 나그네로 온 다문화 가정이나 이주민들 역시 우리 선조들 못지않게 눈물겨운 현실들이 있을 것이기에 교회가 그 부분에 역할을 감당하여야 한다는 책임감을 인식하게 되었다.

다문화 목회를 통해 깨닫는 것은 다문화 목회가 선교사 파송 이상의 효과가 나타난다는 것이다. 짧은 다문화 목회에서 작은 결실을 예로 든다면 다문화 교우들 가운데 목회자가 되고자 신학교에 입학한 경우나 본국으로 돌아가 한국어 교수로 활동하거나, 대안학교를 설립한 경우와 예배당을 세우고 교회를 개척한 예를 들 수 있다.

다문화 목회는 지원과 돌봄의 목회를 지향하기에 교회 성장의 측면에서는 효율성이 적다. 그러나 한국인 교우들과 다음 세대들이 얻는 유익은 크다. 다문화에 대한 인식이 넓어지고, 서로의 문화가 공유되며, 그리스도 안에서 하나 된 공동체를 세워가는 것 자체가 보편적 교회로서의 큰 유익이다. 그리고 앞서 예로 든 다문화 1세대의 선교 활동은 물론이요, 다문화 2세대를 통해 이뤄질 하나님 나라 역사는 참으로 놀라운 결과를 가져올 것으로 전망한다.

3. 다문화 이주민 현황과 정부와 교회의 대응

1) 다문화 이주민 현황

2019년 우리나라 전체 인구는 5,171만 명이며, 2028년에 5,194만 명으로 최고치에 오른 후 점차 줄어들 것으로 전망된다.[1] 감소 원인은 낮은 혼인율과 출산율에 기인한다. 혼인율을 보면, 1995년에 43만 건이었던 것이 2019년에는 전년 대비 7.2% 감소한 23만 9천 건으로 2011년 이후 계속 감소하고 있다.[2] 출산율은 더 심각하여 2019년 출산율은 0.92명으로 전년 대비 0.06명 감소하여 1970년 출생통계 작성 이후로 최저치를 기록하며 세계 유일 '출산율 0명대' 나라가 되었다. 1970년 100만 명이던 출산율이 2019년에는 3십만 3천백 명으로 줄었다. 가임 여성(15~49세) 1명당 출산율인 합계 출산율은 1970년 4.53명이던 것이 2019년에는

---

1 "2019 한국의 사회지표"(2020. 6. 18), 대한민국 통계청(www.kostat.go.kr).
2 "2019 한국의 사회지표"(2020. 6. 18).

0.92명으로 감소했다. 출생아 수는 2만3천7백 명으로 전년 대비 7.3% 줄어들었다.3

2019년 65세 이상 노인 인구는 768만 5천 명으로 총인구 중 14.9%를 차지하며, 2050년에는 20%에 가까운 1천 9백만 7천 명까지 증가할 것으로 전망한다. 그렇게 되면 50세 이상이 노동인 구의 50%가 넘어서는 전형적인 초고령사회가 될 것이다. 2019년 노년부양비는 20.4명인데, 2065년에는 생산연령인구를 넘어서는 100.4명이 될 것으로 전망된다.4 이런 속도라면 전체 인구가 50 년 후에는 3천만 명, 200년 후에는 500만 명으로 줄어들 것으로 예상한다.

경제적으로 적정 인구수인 5천만 명을 유지하려면 매년 20만 명이 유입되어야 한다는 평가가 있다.5 이런 필요성을 입증하듯이 체류 외국인 현황은 해마다 증가하고 있다. 국내 체류 외국인은 2016년 2,049,441명, 2017년 2,180,498명, 2018년 2,367,607 명, 2019년 2,524,656명으로 해마다 늘어나고 있다.6 인구 전문 가들은 현재와 같은 추세라면, 인구 대비 외국인 체류자가 2020 년 5%, 2030년 6%, 2040년 7.4%, 2050년 9.2%로 늘 것으로 추산하고 있다. 이제 이민 사회로 분류하는 '외국인 10% 시대'가 그리 멀지 않은 셈이다.

서울특별시 중랑구의 외국인 현황을 보면 외국인 근로자는

---

3 대한민국 통계청, "2019년 출생통계," (2020. 2. 26). www.kostat.go.kr.

4 대한민국 통계청, "2019년 고령자 통계," (2019. 9. 27). www.kostat.go.kr.

5 박천웅, "한국 사회의 다문화 현실 비판과 정책적 과제,"「선교와 신학」29(2012), 18.

6 대한민국 법무부 출입국-외국인 정책 본부, "2019년 12월 통계 월보," (2020. 2. 17). www.immigration.go.kr.

1,641명(남 872명, 여 769명), 결혼 이민자는 1,196명(남 187
명, 여 1,009명), 유학생 237명(남 89명, 여 148명), 외국 국적
동포는 1,806명(남 804명, 여 1,002명), 기타 1,493명으로 전체
6,373명이다.[7]

2) 정부의 다문화 정책

우리나라에서 국가 정책으로 '다문화'가 공식화되어 연구가 시
작된 것은 2006년이다.[8] 저출산 고령화 문제의 대응책으로 '다문
화'를 통한 문화갱신을 보고한 홍기원의『다문화 정책의 방향과 문
화적 지원방안 연구』[9]가 다문화 정책 연구의 시작이라 할 수 있다.

다문화는 둘 이상의 문화를 조건으로 하는 개념이다. 하지만
정부는 2008년 '다문화가족 지원법'과 '사회통합정책'을 세우면서
국가 중심주의 문화를 지향하였다. 그리고 '다문화가족 지원법'에
서 다문화가족의 범위를 '국제결혼 가족'으로 한정함으로 다문화
의 범위를 국제결혼 가정으로 축소하는 결과를 가져왔다.[10] 다행
히 입법 계획의 수립 과정에서 다문화가족의 범위에 국제결혼 가
족, 외국 국적의 이주 가족, 한국 국적을 취득한 동포 가족, 난민
가족 등이 포함되었다. 그러나 최종 입법 과정에서 다문화가족의
범위를 혈통 중심주의와 국적 중심주의로 교체했다. 그 이후로 다

---

7 대한민국 통계청, "시군구별 외국인 주민 현황(2007~2015)," (2016. 11. 29).
  www.kostat.go.kr.
8 박천웅, "한국 사회의 다문화 현실 비판과 정책적 과제," 37.
9 홍기원,『다문화 정책의 방향과 문화적 지원방안 연구』(서울: 한국문화관광정책연
  구원, 2006).
10 대한민국 국가법령정보센터, "다문화가족 지원법(제2조 제1호)," www.law.go.kr.

문화에 관련된 논의는 국제결혼 가족의 문제로 한정되고, 한국 국적이 없는 이주민은 다문화 정책에서 소외되었다.

다문화 정책과 교육 및 시설 지원이 계속 증가하고 있지만, 정책의 방향과 내용에서는 혼란이 가중되고 있다. 다문화가족에 대한 지원 예산이 편성된 부처는 12개 부처인데[11] 2008년 약 285억에서 2011년 약 940억으로 3년간 230% 증가했다. 2017년부터 소폭 감소하여 2017년 864억 1천 2백만 원, 2019년 734억 원이다.[12] 다문화가족 지원센터 시설의 경우 2006년 21개에서 2020년 현재 220개로 10배가 늘었다.[13] 이 같은 통계가 보여주듯이 한국 정부가 다문화 정책에 큰 노력을 기울이고 있다. 그러나 안을 들여다보면 전문적 정책의 부재와 더불어 여러 부처나 자치단체에서 시행하는 사업의 중복성이 있다.

그리고 다문화 정책의 대상이 명확지 않은 점이 있다. 예를 들어 다문화가족 정책인지 외국인 정책인지가 불분명하다. 또 결혼이민자나 다문화가족 자녀 중에서 한국 국적을 취득하지 않은 이들이 대상이 되는지가 명확하지 않다. 정부의 정책을 감시하고 바른 방안을 제시할 시민사회단체나 학계도 역할을 다하지 못하고 있는데, 그 이유를 박천응은 다음과 같이 밝힌다. "정부 예산이 지원되면서 정부 지원 자체가 마취제가 되어 시민사회단체 및 학계의 관 주도의 다문화 정책에 대한 비판성을 마비시키고 있다."[14]

---

11 여성가족부, 교육부, 문화체육관광부, 방송통신위원회, 농림축산식품부, 법무부, 고용노동부, 경찰청, 농촌진흥청, 보건복지부, 국방부, 미래창조과학부.
12 대한민국 여성가족부, "다문화가족 정책 기본계획 각 연도 시행계획," (2018, 2019). www.mogef.go.kr.
13 대한민국 정부, "다문화가족 지원센터 현황," (2020). 대한민국 공공데이터 포털 (www.data.go.kr).

정부의 바람직한 다문화 정책은 한국 국적자만 아니라 '국내에 체류하는 모든 사람'에 대한 인간다운 삶을 가능케 할 때 국내총생산(GDP) 세계 12위, 수출액 7위의 국격에 맞는 다문화 정책이 될 것이다.

3) 한국교회의 다문화 사역 현황

박흥순은 한국교회의 다문화 사역을 5가지 유형으로 분류하였다.[15] 첫째 유형은 교회 중심의 예배공동체 사역이다. 예배와 성경 공부를 중심으로 사역을 진행하며 선교에 주목하면서 교회에 출석하는 이주민을 위한 다양한 지원과 프로그램을 시행한다. 둘째 유형은 교회 부설 센터 중심의 사역이다. 교회에서 운영하지만, 교회에 출석하지 않는 이주민도 함께 참여할 수 있는 공간으로 다양한 프로그램을 진행하는 복지에 주목한다. 셋째 유형은 이주센터 혹은 비영리 민간단체의 독립적 사역이다. 교회가 운영 주체이지만, 독립적인 이주민센터나 비영리 민간단체 형태의 사역을 통해 다문화 선교를 한다. 넷째 유형은 정부와 지방자치단체로부터 위탁 운영 사역이다. 대표적인 예로 다문화가족 지원센터를 들 수 있다. 다섯째 유형은 자조 모임 사역이다. 교회와 별개로 독립적으로 운영되는 모임이다.

한국교회가 시행하고 있는 다문화 선교의 현황은 이주민들이 주체적으로 활동할 공간과 협력의 관계를 띤 형태보다는 일방적

---

14 박천응, "한국 사회의 다문화 현실 비판과 정책적 과제," 41.

15 박흥순, "호남지역 다문화 선교의 현황과 과제," 「선교와 신학」 32(2013), 191-200.

인 지원의 형태다. 조귀삼은 교회를 다문화인들이 기댈 수 있는 최후의 보루로 규정하면서 교회의 역할을 내국인 사회와 국내 체류 외국인들을 사회통합의 주체로 보아야 한다고 하였다.16 이에 따라 교회는 정부와의 관계, 사회복지 수여자 간의 관계에서 역할과 임무를 제시할 필요가 있다.17 최상도는 이에 동의하면서 다문화 사회에서의 선교의 전략을 다섯 가지로 제시했다.18 첫째, 지역 다문화 체류 외국인들에 대한 분석이다. 통계의 양적 분석을 넘어 질적 분석 즉 삶의 양식과 필요를 심층적으로 분석한다. 둘째, 정부의 다문화 정책에 대한 평가를 통해 실질적인 다문화주의로 정책 전환을 유도해야 한다. 셋째, 개교회의 다문화 선교는 내국인과 체류 외국인 간의 쌍방 교육이어야 한다. 넷째, 국내 체류 외국인들을 잠정적 본국 귀환 자국민 선교사로 인정해야 한다. 다섯째, 체류 외국인 본국의 교회와의 선교 협력이다. 국내 체류 외국인이 본국으로 귀환할 때 본국 교회를 통한 지속 가능한 연대를 이루게 한다.

---

16 조귀삼, "다문화 에큐메니즘 현상에 따른 문화충돌과 사회통합 도구로서 한국교회의 역할," 「복음과 선교」 13(2010), 97.

17 조귀삼, "다문화 에큐메니즘 현상에 따른 문화충돌과 사회통합 도구로서 한국 교회의 역할," 88-89.

18 최상도, "주변으로부터 생명 선교: 다문화 사회와 선교," 「제99회기 대한예수교장로회 총회 국내선교부 영남지역 다문화 선교 세미나 복음과 선교」 (2014. 11. 27), 21-22.

4. 다문화 사역의 신학적 기초

1) 구약 성경에 나타난 이주민

구약 성경에 나타난 이주민은 두 부류가 있다. 먼저, '노크리'(נכרי)
와 '자르'(זר)이다. 이들은 타향에서 일정 기간 합법적인 자격을 갖
추고 사는 이들을 가리킨다. 그다음은 게르(גר)이다. 이들은 정치적,
경제적, 사회적 이유로 타향에서 사는 자들로 현지인들의 환대에
의존할 수밖에 없는 나그네를 가리킨다.[19] 당시 사회에서 나그네
의 지위는 가축이나 종보다 못한 존재였다. 이는 안식일에 대한
언급 중 나그네가 가축과 종 다음에 나온 데서 볼 수 있다(출 23:12).
하지만 포로 후기 시대에 와서는 게르가 "이스라엘 공동체를 구성
하는 두 구성원 중 하나로 인정되면서 주변인이 아닌 한 사회의

몽골부 바다 야유회

---

19 왕대일, "나그네(게르, גר)- 구약신학적 이해,"「신학사상」113(2001 여름), 103.

구성원으로서 중요한 역할을 담당하는 자들로 인정되었다."20 이렇게 된 데에는 이스라엘이 자신의 역사를 게르의 역사로 보았기 때문이다. "게르 의식은 출애굽 정신의 핵심이며, 또한 출앗시리아와 출바벨론의 정신, 즉 출애굽(exodus)의 정신이기도 하다."21 출애굽 사건과 게르 의식은 이스라엘 백성의 정체성을 결정할 때 중요한 역할을 했다.

2) 신약성경에 나타난 이주민

신약성경 역시 두 부류의 이주민이 나타난다. 먼저, '파로이코이'(παροικοι)이다. 이는 원주민만은 못하지만, 나름의 법적 권리를 가진 거류 외국인들을 가리킨다. 그다음은 '크세노이'(ξενοι)이다. 이는 아무런 법적 보호를 받지 못한 외국인들을 가리킨다. 외부인으로서 크세노이는 적이면서 동시에 친구이다. 이는 호칭에 담긴 모순된 양면적인 심리적 뜻을 잘 표현해 주는 표현이다. 낯선 사람이기에 일단 적으로 여기지만, 때로는 손님으로 접대하면서 적대관계에서 오는 긴장을 극복하려 했다.22 신약성서에서 강조하는 이웃사랑은 크세노이에 대한 무조건적인 사랑을 의미했다.23 예수님의 '선한 사마리아인의 비유'가 대표적인 모본이다(눅 10:30-37).

---

20 왕대일, "나그네(게르, גר)- 구약신학적 이해," 116.

21 이종록, "너희도 전에는 게르였다-외국인 노동자 선교를 위한 구약 성서적 이해," 대한예수교장로회총회전도부 엮음, 『외국인 노동자 선교와 신학』(서울: 한들, 2000), 136.

22 박경미, "신약성서에 나타나는 '외국인' 개념과 초대 기독교인의 자기의식의 표지로서의 '외국인'," 「신학사상」113(2001 여름), 130-131.

23 박경미, "신약성서에 나타나는 '외국인' 개념과 초대 기독교인의 자기의식의 표지로서의 '외국인'," 135.

3) 초대교회에서 이주민

초대교회는 접대하는 것을 형제애와 연관 지었다(요일 3:14; 17). 현재의 병원(hospital)은 사실 초대교회의 나그네를 환대하기 위한 상설 숙소(hospitalia)에서 비롯되었다.24 신학적으로 주목할 점은 초대교회 교우들이 나그네를 접대하고 섬기다가 자신을 나그네로 이해하게 된 점이다. 그리스도인들은 "장차 올 것을 찾는"(히 13:14) 자로 살아가는 "흩어진 나그네"(벧전 1:1)요, "흩어져 있는 열두 지파"(약 1:1)였다. 이는 "집 없는 나그네로 살았지만, 하나님 안에서 집을 발견했다는 초대 기독교인들의 자의식을 반영한다."25 "그들이 이제는 더 나은 본향을 사모하니 곧 하늘에 있는 것"(히 11:16a), 곧 천국을 사모하였다.

이상현은 '순례자'를 다문화 선교의 중요한 신학적 개념으로 제안한다. 세상에서 멸시당하는 주변은 새 창조, 구원의 사건이 일어날 수 있는 장소이다. 아니, 주변은 창조적 중심이 될 수 있다. 예수는 성문 밖에서 고난을 겪으셨다. 그러므로 그리스도인들 역시 주변인이 되어야 하고, 순례자가 되어야 한다. 순례자, 낯선 자가 되는 경험은 공동체와 연대 경험을 갖게 한다. 그러나 사람은 무한정 주변적 상황에서 살 수 없다. 주변에 선 자들도 안정감과 소속감을 주는 고향이 있어야 한다. 주변적 인종들이 모이는 고향이 교회이다. 교회는 인종성으로부터 해방이 아니라 인종성을 통

---

24 박경미, "신약성서에 나타나는 '외국인' 개념과 초대 기독교인의 자기의식의 표지로서의 '외국인'," 140.
25 박경미, "신약성서에 나타나는 '외국인' 개념과 초대 기독교인의 자기의식의 표지로서의 '외국인'," 143.

해 해방과 구원이 일어나는 곳이다.26

5. 다문화 개념 및 이론

1) 다문화 사회

다문화 사회란 다양한 다수의 문화가 어우러져 있는 사회를 의미한다. 한 국가와 사회에는 다양한 문화가 여러 가지 형태로 공존한다. 다문화 사회를 논의하는 것은 다양한 문화와 인종의 공전 지향함을 전제하며 국민으로서 누릴 수 있는 권리를 취득하고 누리는 데 있어서 인종과 민족이 차별의 근거가 되어서는 안 된다는 보편적 가치에 대한 지향성을 함축한다.

여기서 '다문화'라는 용어의 문제점을 지적하고자 한다. '다문화'는 영어 'multicultural'의 번역어로서, '단일문화주의'(mono-culturalism)에 대비돼 나온 것이다. 하지만 이 용어가 우리나라에서는 차별적인 의미를 부여하기에 대체어가 필요하다. 이주 여성으로는 처음으로 제19대 국회의원이 된 이자스민 의원은 이 말의 부적절성을 이렇게 말했다.

제 아들이 쓴 글을 읽은 적이 있습니다. "저는 한국에서 태어나 살면서 군대도 다녀왔습니다. 20년 넘게 한국인이라고 생각하고 있었는데 어

---

26 Sang Hyun Lee, "Pilgrimage and Home in the Wilderness of Marginality: Symbols and Context in Asian American Theology" in *The Princeton Seminary Bulletin*(1995), 49-64.

느 순간 생겨난 '다문화'라는 말이 저를 다른 사람과 구분 짓게 했습니다." 읽고 나서 조금 충격을 받았습니다. 아들은 다른 모든 한국 사람이 그렇듯이 자신을 '그냥 한국인'이라고 생각하고 살았습니다. 그런데 다문화라는 말이 생기면서 그냥 한국인이 아니라 '다문화인'이 됐습니다. 여러 이주자를 포용하자는 의미에서 생겨난 다문화라는 단어가 오히려 이주자를 구별해 버린 것입니다.[27]

'탈북민'이란 용어 역시 차별적인 의미를 부여한다 해서 '새터민'으로 순화어를 만들어 사용하는 교회나 단체들이 있다.

2) 문화적 동화주의(Cultural Assimilation)

문화적 동화란 "다양한 민족과 인종적 배경의 사람들이 제약에서 벗어나 더 큰 사회에서 상호작용하게 되는 과정이다. 그리고 민족집단의 구성원들이 고유의 문화를 포기하고 핵심 문화로 흡수되며 사회에서 주권을 장악하는 과정이다."[28] 국가란 하나의 언어, 하나의 문화, 하나의 민족, 하나의 종교로 구성되어야 한다는 국민 국가 개념이다. 용광로(Melting Pot)로 상징되는 동화주의에 기초한 국가의 정책은 '이민자도 우리 사회에서는 우리말을 익히고 사회활동을 해야 한다'라는 것이다. 미국의 경우 1820년에서

---

27 "다문화가 아니라 상호문화다", 「주간조선」 (2019. 3. 18)

28 D. S. Sills(Ed.) *Pluralism, in International Encyclopedia of social Sciences*, Vol. 1, (New York: Macmillan/Free Press, 1968), 438. Christine I. Bennett. *Multicultural Education Theory and Practice*, 김옥순 외 9인 공역, 『다문화 교육 이론과 실제』(서울: 학지사, 2009), 96. 재인용.

1970년까지 중요한 과제가 되어 왔고, 노르웨이, 러시아, 체코, 일본, 대한민국이 엄격한 동화주의 정책을 지향한다.

그러나 '다문화가족지원법'에 따르면 '다문화가족'의 정의를 결혼이민자와 귀화자를 중심으로 하고 있다. 이는 한국 국적이 없는 이주민을 다문화정책에서 소외되게 하고 있다. 이것은 다문화 정책으로 문화 다원주의를 표방하지만 결국엔 혈통 중심주의와 국적 중심주의에서 벗어나지 못한 문화적 동화주의에 머물러 있는 실정이다.

3) 문화 다원주의(Cultural Pluralism)

문화 다원주의는 20세기 초 민주주의 철학자인 캐렌(Horace Kallen)에 의해 발전된 개념으로 각각의 민족집단들이 고유의 전통을 유지할 권리를 갖는다는 것을 주장했다. "이상적인 형태 안에서 두 개 혹은 그 이상의 문화적 집단들에 대한 성숙한 이해와 존중을 특징으로 하는 타협의 과정이다."[29] 전체 사회에 맞게 따르기만 한다면 소수의 관습이 유지될 수 있다. 문화적 다원주의는 문화의 다원성과 다양성을 인정하고 사회통합을 통한 공존을 추구한다는 면에서는 문화적 동화주의와 배치되고, 사회의 주도권을 가진 주류의 존재를 전제로 한다는 면에서는 다문화주의와 구분된다. 다양한 조각들이 어우러져 조화로운 아름다움을 이루는 스테인드글라스, 모자이크, 샐러드 볼(Salad Bowl)로 상징되는 문화 다원주의

---

29 D. S. Sills(Ed.) *Pluralism, in International Encyclopedia of social Sciences*, Vol. 12, 438.

는 20세기 후반 미국에서 발생한 이민정책에서 출발한 것으로 백인 중심의 주류가 사회, 경제, 문화 전반을 움직인다. 유럽의 여러 나라도 이와 비슷하다.

4) 다문화주의(multiculturalism)

다문화주의는 문화적 다양성을 장려하는 이론과 정책을 일컫는다. 이주민들이 자신들의 문화, 종교, 언어를 포기하지 않으면서 사회의 모든 영역에서 똑같이 참여할 수 있는 것을 의미한다.[30] 문화적 다양성의 수용과 인정, 인간의 존엄성과 보편적 인권에 대한 존중, 세계 공동체에 대한 책임, 지구상에 존재하는 모든 이들에 대한 존중이다.[31] 문화의 다양성을 인정하고 공존을 추구한다는 면에서는 문화 다원주의와 같지만, 주류의 존재 없이 다양한 문화가 평등하게 공존한다는 면에서는 문화 다원주의와 다르다. 캐나다는 1971년 세계 최초로 다문화주의를 국시로 채택했다. 이에 따라 여러 민족의 고유문화를 발전시켜 나가며 각 민족의 언어를 장려하고 있다.

대한민국 헌법 전문은 "항구적인 세계 평화와 인류 공영에 이바지함"을 천명하고 있다. 이것을 실현하려면 획일적이고 강제적인 국민 국가나 배타적인 민족 국가, 문화적 동화주의가 사라지고 다문화주의 토양이 조성되어야 한다. 대한민국은 2010년 2월 유

---

30 James A. Banks, *The Routledge International Companion to Multicultural Education* (Taylor & Francis, 2009), 방명애 · 김혜인 역, 『다문화 교육의 세계동향』, (서울: 시그마, 2014), 50.

31 Christine I. Bennett. *Multicultural Education Theory and Practice*, 34.

네스코 '문화 다양성 협약'이 국회 비준을 거쳐 7월 발효됨으로써 세계에서 110번째 비준 국가가 되었다.[32] 하지만 이를 뒷받침할 관련 법률의 제정은 뒤따르지 못하고 있기에 아직 다문화주의는 요원하다.

5) 상호문화주의(Intercultural)

다문화(multicultural)와 상호문화(intercultural)의 개념 간 분명한 차이가 있다. 다문화의 접두사 '다'(multi)가 한 영토 내에서 이질적인 문화의 다양성을 나타낸다면, 상호문화에서 접두사 '상호'(inter)는 상호의 측면을 강조한다.[33] 상호문화주의는 문화 다원주의나 다문화주의가 지향하는 바를 뛰어넘는다. 문화적 소수자나 이민자들에게 이민 사회의 문화를 배우게 함과 동시에 문화적 소수자와 이민자를 맞이하는 다수의 사람 역시 문화적 소수자와 이민자들의 문화를 배우는 것을 강조한다. 자신의 문화 정체성을 분명히 인식함과 동시에 상대방의 문화를 기꺼이 수용할 수 있는 다문화 역량(Intercultural Competence)과 자신의 문화와 상대방의 문화 간의 공통점과 차이점을 파악하는 다문화 문해력(multicultural literacy)을 배양하도록 하는 것이다.

---

32 "다문화 정책 '동화주의'에서 '문화다원주의'로 전환해야," 「조세일보」, (2012. 11. 6.).
33 James A. Banks, *The Routledge International Companion to Multicultural Education*, 119.

6. 한국의 고유문화와 동일교회 주류 및 다문화부 비교 분류

아일랜드의 소설가이자 극작가인 골드스미스(Oliver Goldsmith) 는 "온갖 분야의 학문 중에서 서로 다른 나라들을 비교하는 작업보 다 더 흥미진진한 일은 없다"라고 하였다. 한국의 고유문화와 주 류문화를 비교하여 분류하는 것 역시 흥미로운 일이다. 그래서 한 국의 고유문화와 동일교회의 주류문화 그리고 다문화부서를 비교 하여 분류하고자 한다.

행정안전부가 통계청의 인구주택조사 자료를 근거로 발표한 2018년 지방자치단체 외국인 주민 수는 205만 4천 651명이다.[34] 여기에 단기 체류자를 합하면 체류 외국인은 236만 7천 607명으로 전라북도 인구수(1,818,157명)보다 많다.[35] 인구 100명 가운데 4.6명 이 외국인인 셈이니 다문화 국가이다. 체류 외국인이 신기하게 여 기는 한국 문화의 특징은 다음과 같다. "식당에서 물을 무료로 준다. 반찬이 무한 제공(refill)된다. 화로 식탁이 일반화되어 있다. 탕이나 찌개 종류와 반찬을 함께 먹는다. 화장실 출입이 무료다."[36]

이 같은 문화는 호프스테드(Hofstede)가 개발한[37] 여섯 가지 가

---

34 행정안전부. "2018년 지방자치단체 외국인 주민 현황," (2019. 10. 31).

35 법무부, "출입국 통계," (2019. 5. 28).

36 "외국인들이 신기해하는 한국문화,"「아웃소싱타임스」2019. 3. 12.

37 Geert Hofstede, "Culture′s Consequences: International Differences in Work-Related Values," *Cross Cultural Research and Methodology* (Beverly Hills, CA:Sage Publications, 2001); Larry A. Samovar, et al. *Communication Between Cultures* 8th ed. (Wadsworth Cengage Learning, 2013). 이두원 외 5인 공역,『2015 개정판 문화 간 커뮤니케이션』(서울: 커뮤니 케이션북스, 2015), 330 재인용.

치 차원에서 볼 때 집단주의의 산물이다. 식수의 경우 수도 시설이 일반화되기 전에는 대부분 공동 우물에서 물을 길어 먹었다. 탕이나 찌개, 반찬을 같이 먹는 것이나, 화로구이는 대가족 제도의 공동식사 문화의 산물이다. 요즘 젓가락으로 반찬을 집어서 먹지만 전통 식사 예절은 젓가락은 반찬을 숟가락에 옮기는 도구로만 사용하고 숟가락으로만 먹었기에 위생적으로 안전했다. 숟가락의 경우 일본은 12세기부터, 중국은 15세기부터 사라졌지만, 한국은 지금까지 존재한다. 그 이유는 조상 제례의 상차림에서 수저가 중앙을 차지하기 때문이다.

그리고 클럭혼(Kluckhohn)과 스트로드벡(strodtbeck)의 가치 지향성 차원38에서 볼 때 성선설의 인간성으로 설명할 수 있을 것이다. '자비'의 마음이 공동체적 삶을 통해 나눔으로 학습되어 넉넉하게 베푸는 문화로 발전한 것이다. 그리고 홀(Holl)의 고맥락 지향성과 저맥락 지향성39의 차원으로 볼 때 당연히 고맥락 지향성이다. 공동 상차림은 일정 분배가 아니라 필요에 따른 섭취로 배려하기 때문이다.

동일교회의 설립 배경을 〈동일교회 설립 50주년 기념집〉에서 이렇게 전한다.40 "당시 면목7동은 도시 기반 시설이 갖추어지지 못한 상태였다. 비가 조금만 와도 진흙탕이 되었고, 30분 배차의 시내버스 1개 노선이 전부여서 면목 본동에 있는 교회를 다니기가 불편했다. 교회 개척에 가장 큰 역할을 해준 이들은 김장로 가족들

---

38 이두원 외 5인 공역, 『2015 개정판 문화 간 커뮤니케이션』, 346-350.

39 이두원 외 5인 공역, 『2015 개정판 문화 간 커뮤니케이션』, 356-359.

40 김휘현, 『동일교회 설립 50주년 기념화보집 은혜의 50년 소망의 100년』 (서울: 동일교회, 2019), 98-99.

이었다. 아내 김인숙 권사는 기도와 전도로 가장 큰 동역자가 되었다. 장남 김도열 집사는 동생들 앞에서 재산 상속은 안 해도 좋으니 서원대로 교회의 헌신을 독려하였고, 큰 자부 여송학 집사도 자원해서 음식(국수)을 제공하였고, 다섯 딸은 청년부를 주도적으로 섬겼다."

동일교회가 오늘에 이를 수 있었던 것은 개척 교우들의 자원한 헌신과 교회 주류를 이루는 초기 교인들의 문화에 기인한다. 호프스테드의 가치관 차원에서 볼 때 여성성이 강한 문화였다. 당시 면목 4, 7동에 이주한 이들은 지방에서 상경한 이들과 경제적 어려움으로 서울 도심에서 중랑천 밖으로 밀려난 이들이었다. 이들을 돌보고 복음을 전하는 일에는 여성 교우들의 역할이 절대적이었다. 한편 대외적인 일에는 남성 교우들이 앞장섬으로 균형을 이뤘다. 그리고 클럭혼과 스트로드백의 가치 지향성 차원에서 볼 때 전도 열정은 성악설로 설명된다. 미국 청교도들처럼 신앙의 자유를 찾아 월남했기에 타락에서 선으로 옮겨갈 수 있다고 믿고 부지런히 복음을 전했다. 그리고 시간 지향성에서 볼 때 미래 지향성이다. 현재보다 더 좋은 미래를 기대하며 실패한 이들을 위로하고 독려하며 예수 안에서 새로운 삶을 촉구했다. 그리고 홀의 고맥락 지향성과 저맥락 지향성의 차원에서 볼 때 고맥락 지향성이다. 신자와 비신자, 교우와 비교우 가리지 않고 어려운 사람을 찾아가 도움의 손길을 펼쳤다. 구역 예배를 통해 식탁 교제에 초대했고, 심방 때면 방석 밑에 쌀값을 두고 왔다. 이는 끼니를 때우고 있는지 물어볼 필요가 없었고, 받는 사람의 체면을 생각한 배려였다. 묻지 않아도 알고 대답하지 않아도 아는 것이 고맥락 문화다.

동일교회 다문화부서는 몽골부와 베트남부 그리고 필리핀부 세 개 부서가 있다. 몽골 교우들의 경우 호프스테드의 가치관 차원에서 볼 때 유목민(Nomad)의 특성상 가족 중심의 집단주의적이다. 징키스칸이 몽골을 통일할 수 있었던 것은 말과 행동이 다르지 않았던 지도력과 권력 차이를 낮춰 병사들과 똑같은 수준으로 생사고락을 같이 한데 있다고 한다. 남성은 남성성이 강하고 여성은 여성성이 강하다. 남녀 두 사람의 마음이 맞으면 법적인 절차 없이도 거리낌 없이 살고, 문제가 생기면 한 사람이 집을 나감으로 자연스럽게 헤어진다. 이주 노동자로 와 있는 기간만 동거하는 예도 있다.

클럭혼과 스트로드백의 가치 지향성 차원에서 볼 때 인간과 자연의 관계에 대한 지향성은 자연의 순리에 따라 흘러가는 삶을 산다. 시간 지향성은 실존적이어서 오늘 먹고 마시는 것이 중요하다. 사회주의 시절 미래를 위해 저축함은 부정 축재자로 몰릴 소지가 되었기 때문이다. 홀의 고맥락 지향성과 저맥락 지향성의 차원에서 볼 때 고맥락 지향성이다. 검지로 사람을 가리키는 것은 무례한 행동으로써, 상대방을 죽이겠다는 뜻이다.

베트남 교우들의 경우 호프스테드의 가치관 차원에서 볼 때 집단주의적이다. 가족에 대한 헌신을 매우 소중한 가치로 여기며 사회를 위한 희생을 미덕으로 여긴다. 불확실성의 회피가 약하다. 시간을 잘 지키지 않는다. 권력 차이에서는 유교의 영향으로 신분, 사회적 위상, 선임자와 윗사람을 존경한다. 그리고 여성성이 강하다. 베트남 여성이 순종형으로 상품화되어 우리나라 국제결혼의 1위를 차지하지만, '베트남 여자는 결혼하면 호랑이가 된다'라는 말이 있듯이 희생정신, 책임감, 생활력, 독립심이 강하다. 여성의 경제활동은 48.18%이고, 여성 임원의 비율도 아시아 최고인 17.6%이다. '여성의 날'은 한 해 두 번이다(3월 8일, 10월 28일). 클럭혼과 스트로드백의 가치 지향성 차원에서 볼 때 인간성에 대한 지향성은 유교와 불교의 영향으로 성선설이며, 인간과 자연의 관계에 대한 지향성은 인간과 자연의 조화이다. 시간 지향성은 미래 지향성이다. 본토인들은 은행 저축을 선호하지 않지만, 다문화부서 중 서울에서 집을 마련하는 이들은 주로 베트남 교우들이다. 사회적 지향성은 집단의 유대가 개인의 목표보다 우선되는 집단주의 지향성이다. 홀의 고맥락 지향성과 저맥락 지향성의 차원에서 볼 때 우리와 같은 고맥락 지향성이다.

필리핀 교우들의 경우 호프스테드의 가치관 차원에서 볼 때 집단주의적이다. 형제들이 함께 이주해 온다. 불확실성의 회피가 약하다. 수련회 때 보면 시간표대로 잘 진행이 안 된다. 정시에 출발하려면 시간을 앞당겨 공지해야 한다. 권력의 차이가 큰 편이고 여성성이 강한 편이어서 누군가 앞에서 하면 잘 따른다. 클럭혼과 스트로드백의 가치 지향성 차원에서 볼 때 인간성은 성선설을, 인간과 자연의 관계에 대한 지향성은 자연 순응과 조화의 중간으로 보인다. 시간 지향성은 현재적이어서 오늘 잘 먹어야 한다. 홀의 고맥락 지향성과 저맥락 지향성의 차원에서 볼 때 고맥락 지향성이다. 필리핀인들도 체면(Hiya: 현지어) 문화가 있어서 빚을 내어 부모님 생신 파티를 하고, 식사도 여러 번 권해야 한다.

문화는 양면성이 있다. 예를 들어 이탈리아의 경우 신체적 접촉이 강한 나라이지만, 정작 공공연한 장소에서 손을 잡고 가는 부부의 모습은 보기 드물다. 그 이유는 남자다움이 이탈리아에서 극히 중요한 가치이기 때문이다.[41] 그러므로 특정 유형의 분류로는 문화를 다 이해하기 힘들기에 다양한 유형의 분류를 통해 해석이 필요하다.

7. 다문화 목회를 위한 대응 방향

1) 목회적 원칙

다문화 목회를 위한 대응 대안적 정체성을 위해 두 가지 원칙을 천명한다. 첫째. 하나님은 창조주이시고, 모든 사람은 피조물이다. 하나님은 특정 민족만 창조한 것이 아니다. 모든 민족이 하나님의 형상대로 창조된 피조물이다(창 1:27). 둘째, 그리스도 예수는 구원자이고, 모든 사람은 구원받을 수 있다. 하나님의 자녀 됨에는 민족적 제한이 없다. 누구든지 그리스도를 영접하면 새로운 피조물로서 하나님의 자녀가 된다(고후 5:17; 갈 3:26-28).

2) 다문화 목회의 유형

현재 시행하고 있는 다문화 선교 유형을 고찰함으로 바람직한 목회 유형을 찾고자 한다. 첫째, 상황화로서의 선교이다. 데이비드 보쉬는 "상황화를 배제하거나 무시하는 선교 태도를 단호히 거부

---

41 Peter Collett, 『습관을 알면 문화가 보인다』 (서울 : 청림출판, 1997), 35.

해야 한다"라고 하였다.[42] 다문화 선교 현장에는 상황화를 무시한 채 물량 공세로 개종을 강요하는 경우가 많다. 지방의 모 교회는 이주 노동자에게 금품을 주고 그들이 믿는 종교의 창시자를 사탄이라고 해서 금품을 불태우는 반발이 있었다. 다문화가정의 복지나 민원 해소에 개종을 결부시키면 거래가 된다. 어떤 이주 노동자는 세 교회로부터 지원을 받기에 세 교회를 순회한다고 했다. 하나님의 사랑을 전함에 목표를 두면 그다음은 하나님이 하신다.

둘째, 삶의 선교이다. 데이비드 보쉬는 "그리스도의 현존은 삶으로 증거 하는 것이다."라고 하였다. 삶으로 자기 안에 있는 하나님의 사랑을 보여줄 때 하나님 사랑이 구원의 역사를 이룬다. 베트남 선교지의 한 형제는 이주 노동자로 한국에 와 있을 때 모 교회의 신실한 안수집사님 공장에서 일했는데, 그의 인격과 삶에 감동받아 예수를 믿고 회심하였다. 본국에 돌아가서 교회의 신실한 일꾼이자 선교사의 동역자가 되었다.

셋째, 환대 선교이다. 환대(hospitality, philoxenia)는 낯선 사람을 배려하는 것이다. 고수케 고야마는 환대를 낯선 자에게 확대하는 것이 선교라면서 낯선 자 중심의 신학을 제시했다.[43] 이는 죄인(낯선 자)의 구원을 위해 자신의 목숨을 내어주신 그리스도에게 나타난다(롬 5:6-8). 그러므로 그리스도의 형상(갈 4:19)은 낯선 자에게 환대를 확대하는 형상이다. 다문화가족을 사랑하고 환대하는 것이 다문화가족 선교의 핵심이다.

---

42 D. J. Bosch, *Transforming Mission: Paradigm Shifts in Theology of mission*, 김만태 옮김, 『변화하는 선교』 (서울: CLC, 2017), 660.

43 Kosuke Koyama, "Extended Hospitality to Strangers," *A Missiology of Theologia Crucis, in International Review of Mission*, vol. LXXXII No. 327 (1993), 283-295.

넷째, 파송 선교이다. 이주 노동자들이 본국으로 귀국할 때 선교사로 파송한다. 동일교회 베트남부 출신의 한 자매는 본국으로 돌아가 교회를 개척했다. 작은 예배당을 마련했지만, 공안의 박해로 지하교회로 있다. 교회 등록에 필요한 교인 수를 확보하기 위해 전도에 힘쓰고 있다. 한 형제는 본국으로 돌아가 대안학교 형태의 기독교 학교를 세웠다. 이같이 한국 체류 이주민들을 통해 자국을 선교하는 것이다.

8. 동일교회의 다문화 사역 현황

1) 동일교회 다문화 사역 역사

동일교회에 이주민들이 유입된 것은 두 가지 경로이다. 교회의 주중 사역인 '동일문화교실' 수강에 따른 등록과 개인 전도를 통해 주일 예배에 참석하게 된 경우이다. 2009년, '동일문화교실' 컴퓨터 강좌에 다문화 가정들이 등록하였다. 한글에 서툰 것을 보고서 한글 교실을 개설하게 되었다(현재는 두 강좌 모두 폐강). 이로 인함인지 주일 낮 예배 시 다문화 가정들이 출석하기 시작했다. 이들 가운데 몽골인들과 베트남인들이 많았는데, 결혼 이주자들이 주류를 이룬 베트남인들은 한글 교실을 선호했고, 자국에서 한국어를 배우고 온 이들이 주류를 이루는 몽골인들은 컴퓨터 교실을 선호했다. 당시 통역이 이뤄지지 않아 설교를 알아들을 수 없음에도 예배를 사모하여 출석하였다. 이들을 배려하고자 통역 시설을 갖추게 되었고, 한 걸음 더 나아가 공간을 확보하고 출신 국가별 공동체를 만들어주었다.

2010년 5월 16일에 몽골부를 개교하고, 2010년 6월 13일에 베트남부를 개교하고, 2016년 5월 8일에 필리핀부를 개교하게 되었다.[44] 다문화부서가 차지하는 비율은 전체 출석 교인의 5% 정도로 2020년 현재 우리나라 외국인 체류 비율과 같다. 주일 오전에는 교회학교 예배로 인해 장소를 확보할 수 없어 주일 오후에 모임을 했다. 모임의 유형은 앞서 '한국교회의 다문화 선교 현황의 유형'에서 첫 번째 유형인 '예배공동체 사역 유형'을 주된 형태로 취하면서 다른 유형들을 필요에 따라 선택하고 있다. 전체 교회의 공동체성 강화를 위해 월 1회 주일 예배에 참석하여 한국인 신자들과 함께 연합으로 예배함으로 전체 공동체성을 공고히 한다. 나머지 주일은 독자적으로 활동한다. 연합 예배에 참여할 때는 이주민들이 성경 봉독과 같은 예배 순서도 맡는다. 수련회는 해마다 여름과 겨울에 실시하되, 격년으로 세 부서가 연합하여 수련회를 실시한다. 교회 안팎의 여건상 다문화 전문 사역자를 확보하는 것이 난제이다. 언어적 장벽이 있지만, 사랑의 언어는 통역이 필요 없음을 현장에서 섬기는 이들을 통해 확인된다. 현재는 해당 부서에서 한국어를 가장 잘하는 교우를 통역자로 세우고 한국인 목회자가 담당하고 있다.

2) 상호문화주의에 근거한 동일교회 다문화 사역 현황

다문화에 대한 인식에 있어서 한국교회는 한국 사회보다 진일

---

44 김휘현, 『동일교회 설립 50주년 기념집: 은혜의 50년 소망의 100년』, 21-23.

보한다. 하지만 박흥순은 한국교회의 다문화 선교를 5가지 유형으로 분류한 바 있는데,[45] 이주민들이 주체적으로 활동할 공간과 협력의 관계를 띤 형태보다는 일방적인 지원의 형태가 대부분임을 지적했다. 조귀삼은 교회를 다문화인들이 기댈 수 있는 최후의 보루로 규정하면서 교회의 역할을 내국인과 다문화인 간 사회통합의 주체로 보아야 한다고 하였다.[46] 최상도는 다문화 사회에서 선교의 전략으로 다섯 가지를 제시했는데,[47] 세 번째로 내국인과 체류 외국인 간의 쌍방 교육을 주장하였다.

동일교회의 다문화 사역은 상호문화주의에 근거하여 세 가지 원칙에 따라 이뤄진다. 첫째, 일방적 지원을 하지 않는다. 예를 들어 대한민국의 건강보험의 혜택을 받지 못하는 다문화 교우들이 입원할 경우 치료비 충당은 소속 부서의 모금과 교회 지원을 병행한다. 필요 때 타 다문화부서도 모금에 동참하도록 독려하여 사랑의 나눔을 실행한다. 수련회 경비나 기타 행사 시 필요 경비도 적절한 선에서 자체 조달과 교회 지원을 병행한다.

둘째, 일방적 교육이 아닌 쌍방 교육을 한다. 매년 설이 지나면 주일에 민속놀이를 하게 되는데 이때 다문화부서도 함께 참여한다. 다문화 교우는 한국의 민속 문화를 체험하고, 한국인 교우는 다문화 민속 문화를 체험한다. 성탄 축하회 때도 다문화부서가 함께 참여하여 모국의 고유한 문화로 축하한다.

셋째, 상호 협력한다. 상호 협력이란 다문화부서와 교회 간, 다

---

45 박흥순, "호남지역 다문화선교의 현황과 과제," 191-200.

46 조귀삼, "다문화 에큐메니즘 현상에 따른 문화충돌과 사회통합 도구로서 한국교회의 역할," 97.

47 최상도, "주변으로부터 생명 선교: 다문화 사회와 선교," 21-22.

베트남부 임직식 식전행사 준비

문화부서와 다문화부서 간의 협력을 말한다. 베트남부의 경우 2014년도 헌금 전액을 몽골 예배당 건축비로 지원했다. 성탄 전야 축하회 때에는 베트남 쌀국수를 요리해서 500여 명을 대접하였다. 매년 5월 마지막 주일이면 전 교우를 대상으로 가족 주일 행사가 진행된다. 이때 다문화부서는 자국 문화를 소개하고 전 교우들이 참여하여 다문화를 체험하게 된다. 2020년 가족 주일 행사에 다문화부서가 주관한 행사를 예로 들면 다음과 같다.

베트남부는 '반미'(bánh mì; 베트남식 바게트 빵) 만들기, 필리핀부는 '치킨 마카로니 그라탱' 만들기, 몽골부는 '몽골 전통춤 배우기'를 주관했다. 그리고 교회의 특별 행사가 있을 때면 다문화부서가 식전행사를 주관하여 자긍심을 높임과 동시에 교우들에게 다문화를 체험하게 한다.

동일교회의 다문화 사역의 목표 중 하나는 모국에 복음을 직간접적으로 전하는 증인이 되게 하는 것이다. 다문화 사역의 힘을 북

필리핀부 식전 행사 준비

돋우는 작은 결실이 있어 세 가지를 소개하고자 한다. 첫째는, 한국에 노동자로 와서 우리 교회를 통해 회심하고 목회자의 소명을 받아 신학대학교를 졸업하고 목회자가 된 형제이다. 둘째는, 귀국해서 고향에 예배당을 건축한 자매이다(공안에 의해 현재는 문을 닫은 상태이지만 신자 수가 확보되면 교회가 설립될 것으로 전망한다). 셋째는, 고향에 그리스도교 대안학교를 설립한 형제이다.

상호문화주의에 따라 보완하고 확장할 사역을 정리하면 다음과 같다. 첫째, 다문화 교육이다. 예를 들면 다문화 언어 교육과 다문화 교실의 개강을 통해 전 교우들에게 다문화 교육의 기회를 제공하는 것이다. 몽골어, 베트남어, 타갈로그어와 같은 언어 강좌와 전통 악기 강좌 개설이다. 둘째, 다문화 체험이다. 몽골과 베트남, 필리핀 민속 문화 여행을 기획하여 다문화 체험을 통한 문화 역량을 증진하는 것이다.

9. 한국교회의 다문화 사역 제안

최윤정 교수(미국 World Mission University)는 제9회 국제이주자 선교포럼(IFMM, 2016. 5. 5)에서 "미국의 다문화와 다문화 기독교 교육"이란 제목으로 강연 중 "우리 사회는 다문화 1세대가 아닌 그들의 자녀들에 의해 그 구성원이 채워질 것이고, 그것은 선교적 차원을 넘어 사회적 일체감과 통합이라는 과제를 우리에게 던져주고 있기 때문이다"라고 말했다. 이 말이 필자의 다문화 사역의 전망을 두 가지 측면에서 새롭게 하였다. 하나는 다문화 2세대를 위한 사역이고, 다른 하나는 선교적 차원을 넘어 사회적 일체감과 통합이다. 다문화 자녀들을 위한 사역에서 동일교회의 다문화 사역을 토대로 한국교회에 다문화 자녀 사역을 제안해 보고자 한다. 제안에 있어 다문화 자녀들을 위한 사역과 한국인 자녀들을 위한 사역으로 나누어서 서술하고자 한다.

1) 다문화 자녀들을 위한 사역

(1) 다문화 자녀 교육

지금까지 우리 교회의 다문화 사역은 1세대 다문화 교우들을 위한 사역만 있었지, 2세대 자녀들을 위한 교육은 생각하지를 못했다. 2세대 교육은 교회학교 교육에 통합되어 시행되었고, 다문화부 수련회나 다문화부 야유회에 함께 참여하는 정도였다. 교회의 여건상 정기적인 다문화 자녀 교육과정을 시행하는 것은 어렵지만 비정기적 교육은 시행할 수 있을 것이다. 주말 다문화 자녀 교육이나 다문화 자녀 수련회 그리고 부모와 함께하는 다문화 자녀의 날 행사는 얼마든지 가능할 것이다. 그동안 이 부분을 생각하지 못했기에 하지 못했었다. 다문화 자녀들의 정체성 확립과 건강한 자화상을 갖게 하는 다문화 기독교 교육은 다문화 자녀들은 물론 한국교회와 한국 사회에 더없이 중요한 자산이 될 것이다.

그리고 이 같은 다문화 자녀들을 위한 기독교 교육을 다문화에 관심을 가진 한국인 자녀들에게도 개방한다면 다문화 교육의 좋은 장이 되어 건강한 다문화 사회를 만드는 일에도 이바지하게 될 것이다.

(2) 다문화 북 카페 및 도서관

현재 교회 안에는 소규모이지만 도서실이 있다. 주로 교회학교 아이들이 이용하고 있다. 이곳 서고에 일정 비율로 다문화부 소속 3개국의 도서들을 비치하여 다문화부원들과 다문화 2세들이 활용할 수 있도록 한다. 이를 발전시키면 다문화 도서관으로도 확장되어 지역사회에도 일익을 감당할 수 있을 것으로 전망된다. 그리고 주일 다문화부 모임 시간대가 도서실보다 북 카페 접근이 쉽기에 북 카페에 다문화 도서를 비치하는 것이다. 연초에 다문화 3국 도서들을 일정 비율로 비치하기로 하였지만, '코로나19 바이러스 사회적 거리두기' 시행으로 폐쇄되면서 이를 성사하지 못했다. 현재 다문화 도서는 각 부서실에 성경과 약간의 신앙 도서가 있을 뿐이다. 그러므로 북 카페에 다문화 도서들을 비치한다면 다문화 가정들은 물론 지역주민들에게도 다문화 이해에 좋은 장이 될 것이다.

(3) 모국 역사 교육

다문화 자녀에게 모국의 역사에 대해 자부심을 가질 수 있도록 모국의 역사 교육을 다문화 부서 예배 후 특별 활동시간에 월 1회 이상 편성하여 시행하는 것이다. 이 시간에 부모 세대와 자녀 세대가 함께 참여한다면 우리 교회가 지향하는 '온 세대'(3세대) 교육에도 부합하기에 일거양득의 효과를 가져오리라 본다. 우선 시행할 수 있는 것은 각국 대사관 홈페이지나 문화관광부 홈페이지의 동영상들을 활용하는 것이다. 그리고 연 1회 정도 해당 전문가나 귀국 선교사 초청 강연의 시간을 가진다.

(4) 모국 문화 교육

다문화 자녀들에게 모국의 문화에 대해 자부심을 가질 수 있도록 모국의 전통 악기와 같은 문화 교육을 시행하는 것이다. 기존의 주말 문화 교실을 이용하여 전통 악기 교습 단기 과정을 개설하여 모국의 전통 악기 하나쯤은 연주할 수 있도록 하는 것이다.

(5) 모국 역사 문화 탐방

교회에서 해마다 실시하는 해외 단기 선교나 국내외 순교 성지 순례처럼 다문화 3개국(몽골, 베트남, 필리핀) 역사와 문화 탐방을 정기적으로 실시하는 것이다. 주 대상은 다문화 2세들이지만 다문화 1세대 배우자나 일반 교우들에게 열어 둔다. 일반 여행 상품은 많기에 역사와 문화 탐방에 초점을 두고 기획한다. 이 경우 다문화 1세대는 자국에 있을 때 자국 역사에 대해 더 자세히 알 기회가 될 것이고, 다문화 1세대 배우자는 배우자의 나라에 대해 다문화

2세대는 모국에 대해 더욱더 자부심을 느끼게 될 것이다. 그리고 한국인 교우들에게는 다문화 체험의 장이 됨은 물론 다문화가족과의 친밀한 교제의 장이 될 것이다. 그리고 이를 단기 선교와 연계시키면 선교 의식의 고취는 물론 모국 선교에 이바지하게 될 것이다.

2) 한국인 자녀를 위한 사역

(1) 다문화 교육

교회학교 분반 공부 교과과정에 다문화 교육을 편성하여 실시하는 것이다. 그리고 수련회 때에도 다문화에 대한 교육을 시행한다. 다음 세대의 다문화 역량이 강화될 때 경쟁력 있는 다문화 국가가 될 것이다.

(2) 다문화 강좌

기존의 문화 교실에 한글 강좌를 개설하여 다문화가족들의 한글 교육에 도움을 주었듯이, 다문화 언어 강좌와 다문화 문화 강좌를 개설하는 것이다. 이는 한국인 교우들에게 다문화 언어에 대한 배움의 기회와 더불어 다문화 악기 배움의 기회를 제공하는 것이다. 그리고 수료생들 가운데 다문화부를 섬기게 한다면 일거양득의 효과를 가져올 것이다.

(3) 다문화 체험

다문화 강좌에는 관심 있는 이들이 참여하게 되기에 소수에 국

한된다. 그래서 전 교우들을 **대상으로 다문화가족들**에 대한 이해
를 넓히기 위해 기존에 이웃사랑부 **문화사역팀**에서 실시하는 영
화 상영이나 뮤지컬 공연에 다문화 3개국에서 제작된 영화들을
상영하여 관람하도록 하는 것이다.

(4) 다문화 카페

교회 카페를 다문화 카페로 개조하여 운영하는 것이다. 요즘
한국의 카페 시설 유행이 똑같은 탁자나 의자에서 각각 다르게 비
치하는 것으로 바뀌고 있다. 그러므로 다문화 3개국의 탁자와 의
자들을 비치하는 것이다. 그리고 차 메뉴에 다문화 3개국의 전통
차들을 추가하는 것이다. 커피의 경우 베트남 원두가 들어올 때
베트남 커피를 판매하기도 했지만, 고정적으로 두는 것이다. 다문
화 카페를 운영한다면 한국인 교우들은 물론 지역주민들에게 다
문화 체험의 기회가 될 것이다. 평일 이용자는 지역주민들이 더
많은 편이기 때문이다.

(5) 다문화의 날

현재 민속놀이 행사 때 다문화 3개국의 전통 놀이를 포함하여
진행하고 있다. 이와 더불어 다문화의 날 행사를 별도로 시행하는
것이다. 3개국의 문화의 날 행사를 한 날에 정하여서 할 수도 있
고, 각각 다른 날 따로 할 수도 있겠다. 각각 따로 할 경우는 3국의
중요 국가 기념일 전후 주일을 지정하여 시행하는 것이다. 이 경우
예배 시 각국의 전통 의상을 입고 입장하고(한국인은 한복), 예배
순서를 다문화 3개국에서 골고루 맡고, 찬송가도 각국의 찬양을

골고루 선곡하고, 설교도 통역이나 각각 자국어 설교를 하는 것이
다. 그리고 광고 시간에는 한 나라를 택해 문화나 역사를 소개하는
시간을 갖는다.

그리고 예배 후 문화 체험 시간에는 선교 박람회 때 각국의 문
화를 전시하고 소개하고 체험케 하듯이 3개국의 문화를 전시하여
소개하고, 체험하는 체험의 장을 마련해 주는 것이다. 가족 주일
행사 때 3개국에서 소규모 문화 체험 행사를 하였는데 인기가 있
었다. 예를 들면 고유 의상 체험이나 사진 찍기, 음식 만들기 등이
었다. 참고로 우리 동네에 아시아 음식점은 두 곳 있는데, 영업이
잘된다.

10. 나오는 말

한국 사회는 다문화 사회로 진입했다. 체류 외국인이 5%를 넘
어서는 다문화 현상이 가속화되고 있다. 이에 따라 이를 아우를
수 있는 다문화 통합의 우산이 필요하다. 미국의 경우 인본주의라
는 거대한 우산으로 수많은 다문화를 포용하고자 한다. 그러나 인
본주의는 인간의 존재론적 질문에 명쾌한 답을 주지 못하기에 다
문화 자녀들은 정체감에 혼란을 겪는다. 그렇다면 한국 사회는 어
떤 우산으로 수많은 다문화를 포용해야 할까? 사회가 미처 준비하
지 못해 머뭇거리고 있는 상황에서 교회가 답을 제시해야 한다.
성경은 명확한 답을 갖고 있다. 아담과 하와가 에덴동산에서 추방
되었을 때부터 이민자의 삶이 시작되고, 믿음의 시조 아브라함의

삶도 이민자로 시작되었다. 하나님의 자녀라는 정체성이 나그네의 삶을 뛰어넘게 했다. 그러므로 존재론적 질문에 분명한 해답을 줄 수 있는 신앙이 필요하다.

이를 위해 교회는 다문화 목회(선교) 공동체가 되어야 한다. 내적으로는 다문화 교육을 통해 나그네를 환대하는 환대의 공동체가 되어야 한다. 기독교 교육을 통해 신앙 역량을 강화하고 다문화 역량을 갖춘 글로벌 세대로 키워가야 한다. 교회학교 공과 집필에서부터 다문화에 대한 교과과정을 편성해야 한다. 외적으로는 다문화 선교를 통해 이주민들의 영혼을 구원함과 동시에 그들이 사회의 주체적인 세력이 되도록 도와야 한다. 그들이 든든히 우리 사회에 뿌리내려 상호 협력할 때 더욱 튼실한 사회로 성장할 것이다. 그러나 다문화 목회(선교)에 있어서 다양성은 존중하되 다원주의나 포괄주의는 경계해야 한다.

다문화 목회는 국제인권조약의 비준에 걸맞게 외국인의 문화적 독자성과 다양성을 지지하는 한국인의 격을 높이는 사역이다. 2018년 7월 12일, 한국갤럽에서 조사한 바에 따르면, 예멘 난민 수용에 있어서 70%라는 가장 높은 반대 수치를 나타낸 세대가 의외로 20대였다. 이런 현실을 참작하면 다음 세대에게 다문화인들에 대한 차별적 태도를 없애는 것 하나만으로도 사회통합의 주체로서 교회의 다문화 목회가 주는 유익을 가늠할 수 있다. 그리고 다문화 목회는 한국 그리스도인의 다문화 감수성을 촉진함과 동시에 새로운 선교의 장(場)을 열어준다. 그리고 교회를 다문화 교회, 보편적 교회가 되게 한다.

6장

안산제일교회의 드라마 교회론

허요환 목사

(안산제일교회)

1. 들어가는 말

수년 전, 한 이동통신사의 광고 중 "사랑은 움직이는 거야"라는 카피가 있었다. 변심한 애인의 핑계를 연상시키는 동시에, 당시 막 출범한 모바일 통신의 휴대성을 강조하는 문구였다. 이 짤막한 표현은 필자의 신학과 목회의 모토이기도 하다. 우선 "움직이는 사랑"(love in action)은 성경에 계시된 하나님의 본질이다. 성경은 하나님의 말씀이다. 그러나 보다 근본적으로 하나님의 말씀은 곧 행동이다. 따라서 성경에 계시된 하나님의 사랑은 말씀과 행동으로 나타난다. 천지창조, 홍수심판, 아브라함을 택하심, 이스라엘의 흥망성쇠, 예수 그리스도의 오심, 십자가와 부활, 성령의 임재 그리고 새 예루살렘의 약속에 이르기까지, 성경에 계시된 삼위일체 하나님의 사랑은 끊임없이 움직인다. 만유를 향한 하나님의 사랑은 다사다난한 사건성(eventfulness)을 갖는다고 하겠다.

"움직이는 사랑"은 하나님께서 세상에 파송하신 교회의 사명이기도 하다. 교회는 하나님의 행하심을 본받아 거룩한 사역을 수행하는 공동체이다. 예배, 교육, 전도, 교제, 봉사 등 교회는 끊임없이 움직인다. 성경을 몸으로 행하는 시간과 장소에 교회가 있다고 하겠다. 삼위일체 하나님 사랑에 의해 지정의가 움직이고, 세상을 향해 손과 발을 펼치는 사건, 바로 그 사건성에 교회의 본질이 있다.

이 글은 "움직이는 사랑"의 관점에서 선교적 교회 운동(missional church movement)과 마을목회의 교회론적 토대를 정립하고, 마을목회를 실천하는 하나의 사례로 안산제일교회 이야기를 나누고자 한다. 특히 드라마와 신학의 통섭을 통한 "극장 교회론"(church as theater)을 제시하며, 보다 구체적으로는 "수행"(performance)이라는 키워드를 통해 교회의 사역을 해명하도록 하겠다.

2. 왜 교회인가?

초등학교 4학년 무렵, 교회에 가고 싶지 않았던 기억이 있다. 주일 아침 텔레비전에서 방영했던 인기 애니메이션 때문이었다. 월요일마다 학교에서 친구들이 나누는 만화 이야기에 도무지 끼어들 수가 없었다. 예배 대신 만화를 시청하고, 당당하게 친구들의 대화에 참여하고 싶었다. 교회에 갈 것인가, 가지 않을 것인가? 선택해야만 했다. 필자는 교회를 선택했다. 부모님께서 목회하셨기 때문이다. 당시 정서상 목사 아들이 주일 예배에 결석한다는 것은 결코 용납될 수 없는 일이었다.

신대원과 대학원에서 신학을 공부하고 담임 목회를 하는 지금까지 "교회에 갈 것인가, 가지 않을 것인가?"라는 물음은 필자에게 중요한 주제로 남아있다. 단순한 교회 출석 여부를 뛰어넘어, "왜 교회인가?"라는 보다 근본적인 질문으로 확대된다. 우리는 왜 교회에 가는가? 그곳에서는 도대체 무슨 일이 일어나는가? 어떤 유익을 기대할 수 있는가?

이에 대해 손쉬운 답변을 생각할 수 있다. 교회는 안전한 공동체로 기능한다. 다양한 사람들을 만날 기회가 제공되고, 믿음 안에서 좋은 친구들을 사귈 수 있다. 즉 신앙 공동체를 통해 탄탄한 사회적 관계를 형성하게 된다. 이뿐이 아니다. 교회는 자녀의 성품 교육에 큰 도움이 된다. 음악을 좋아하는 사람은 찬양을 통해 재능을 뽐낼 수 있고, 다양한 자원봉사활동을 통해 교회 내부와 지역사회에 크게 이바지할 수 있다. 설교와 기도를 통해 정신없던 일상을 돌아볼 수 있는 시간도 갖는다. 심지어 예배 후 점심도 거의 공짜로 제공한다. 교회에 가야 할 이유는 차고 넘친다.

물론 신학적 답변도 가능하다. 성도는 왜 교회에 가야 하는가? 교회의 공적 예배에 참여하는 것이 예수님의 제자가 되기 위한 필수 훈련이기 때문이다. 헌신 된 제자가 되기를 원한다면, 정규예배에 참석하는 것은 물론이거니와, 일정 기간의 준비과정을 거쳐 세례를 받아야 하고, 이후에는 정기적으로 성찬에도 참여해야 한다. 그렇게 성도는 '그리스도 몸'의 일부가 되어야 한다. 니케아-콘스탄티노플 신경(AD 381)의 고백처럼, "하나의 거룩하고 보편적이며 사도적인 교회"의 일부가 되기 위해 우리는 규칙적으로 교회에 가야 한다. 이처럼 통일성, 거룩성, 보편성, 사도성이라는 교회의 속성을 토대로 교회에 가야 하는 신학적 근거를 밝히는 것은 그리 어려운 일이 아니다.

그러나 안타깝게도 필자는 위의 일반적 혹은 신학적 해명에 만족할 수 없다. 왜 교회에 가야만 하는지, 도대체 그곳에서 무슨 일이 벌어지는지, 왜 교회가 성도의 삶에 그토록 중요한지, 나아가 교회는 세상과 어떤 관련이 있는지, 충분한 해명이 되지 않는다고 느낀다. 왜 그런가? 우선 교회는 사회적 존재인 성도에게 유일한 선택지가 아니다. 교회공동체가 제공하는 다양한 유익들은 다른 조직에서 얼마든지 대체할 수 있다. 동창회, 향우회, 동호회 등을 통해 유사한 효과를 충분히 누릴 수 있다.

그렇다면 위의 신학적 답변은 충분한가? 그렇지 않다. 그리스도의 제자가 되기 위해, 세례를 받고 성찬에 참여하기 위해, 그리스도의 몸 일부가 되기 위해, 주일 오전 11시 예배에 간다? 이것은 예배에 참석하지 못한 성도에게 죄책감을 느끼게 할 수는 있다. 그러나 죄책감을 심어주는 것으로는 부족하다. 주일 아침, 성도에게 누워있던 자리에서 자발적으로 일어나게 할 능력은 없다.

목사인 필자에게는 다른 접근이 필요하다. 지금 청소년이나 청년 자녀를 둔 부모 세대의 가장 큰 기도 제목 중 하나는 자녀들의 신앙이다. 자녀들이 당신들과 달리 주일 예배를 1순위로 두지 않는다는 것이다. 그렇다. 청년세대가 다른 것을 포기하고 순순히 주일 예배를 선택할 것이라는 생각은 너무나 순진하다. 대한민국 사회에서 자녀가 초등학교에 입학하는 순간, 모든 것은 대학 입시라는 중력을 중심으로 움직인다. 입시생에게 교회와 예배는 사치

일 뿐이다. 대학 입시를 마치면 다시 교회로 돌아올까? 그렇지 않다. 대학 입학과 함께 세상으로 더욱 깊숙이 들어간다. 교회 내부에 머물러 있는 착하고 순한 청년들의 신앙은 괜찮을까? 조용한 엑소더스가 진행 중이다. 수많은 청장년 성도들이 교회에 대해 환멸을 느끼고 자발적으로 떠났다. 소위 가나안 성도의 길을 택한 것이다. 코로나19 바이러스에 대한 개신교의 미흡한 대처로 가뜩이나 형편없던 교회의 사회적 신뢰도는 바닥 상태에 이르렀다.

그렇다. 목회자는 답변을 제공해야 한다. 교회를 떠난 청소년들과 가나안 성도들, 아직 교회 안에 머물러 있는 성도들을 위해 뭐라도 해명할 수 있는 대안이 필요하다. 왜 여전히 그들에게 교회가 필요한지? 왜 주일 예배를 드려야 하는지? 도대체 교회 예배에서 무슨 일이 일어나는 것인지? 세상 속에 존재하는 교회는 어떤 존재인지? 새로운 교회론(ecclesiology)이 절실히 필요하다.

3. 왜 드라마인가?

교회론은 교회의 본질과 사명에 대해서 다루는 교리체계이다. 즉 교회란 무엇인지 그리고 무엇을 하는 곳인지 밝히는데 초점이 있다. 필자는 교회의 본질과 사명을 신학이 아닌 다소 엉뚱한 곳에서 발견했다. 드라마 이론이다. 연극이나 영화 혹은 텔레비전 드라마는 공통점이 있다. 작가의 대본을 바탕으로 감독의 연출을 따라 배우가 연기한다는 점이다. 이와 연관된 학문적 논의를 드라마 이론이라 부른다. 드라마 유비는 신학 전반을 새롭게 이해하는 데 큰 도움을 주었다.

내가 드라마에 관해 관심을 두게 되는 과정이 꽤 극적이다. 필자는 대학원 석사과정에서 설교학을 전공했다. 주된 관심은 미학적 관점에서 설교라는 실천신학의 한 분야를 해명하는 데 있었다. 보다 구체적으로는 미학적 접근을 통해 한국교회 설교의 극단적 양분 상황을 화해시키고 싶었다. 필자의 눈에 한국교회 강단은 극단적으로 갈라져 있었다. 한편에서는 설교가 지나치게 딱딱하고 이성적인 교리 해설에 머물러 있었고, 다른 한쪽에서는 무논리로 일관하며 그저 감정적 자극에 치우친 선동에 가까웠다. 그런 설교 강단의 현실을 보며 어떻게 하면 건강한 설교 신학을 제시할 수 있을까 고민했다. 석사 논문은 이런 문제의식을 바탕으로 설교 본연의 장르는 종합예술임을 주장하고, 설교를 신학적·미학적 작업으로 자리매김하는 시도를 하였다.

석사과정을 마친 후, 캐나다 토론토대학교로 박사과정 유학을 가게 되었다. 지도교수님과 첫 번째 만남을 갔던 날, 필자는 앞으로의 학업 계획에 대해 장황하게 늘어놓았다. 턱을 괴고 가만히 듣던 지도교수님은 석사 논문을 박사 논문으로 발전시킬 것을 제안하면서, 드라마 이론을 공부해보라는 조언을 주셨다. 그 안내를 따라 다양한 학자들을 접하게 되었다. 칼 바르트(Karl Barth), 한스 우어스 폰 발타잘(Hans Urs von Balthasar), 케빈 밴후저(Kevin Vanhoozer), 셰넌 크레이고 스넬(Shannon Craigo-Snell) 등 신학과 드라마의 통섭을 직간접적으로 시도한 신학자들과 여러 언어철학자 그리고 드라마 이론가들의 글을 읽게 되었다.

1) 드라마와 복음

그 과정에서 필자는 드라마라는 유비가 설교뿐만 아니라, 신학의 본질을 새롭게 해명하는 데 지극히 유익하다는 결론에 이르게 되었다. 예루살렘이 아테네와 이천 년 동안 활발한 대화를 했다면, 이제 브로드웨이와 협업하는 것이 필요하다 느꼈다. 왜 신학에 드라마가 필요할까? 우선 필자가 생각하는 드라마의 핵심적인 특징을 밝혀야 하겠다.

고대 철학자 아리스토텔레스는 시학에서 시의 장르로 세 가지를 언급한다. 서정(the lyric)양식, 서사(the epic)양식, 드라마(the dramatic)양식이다. 헤겔(G. W. F. Hegel)은 아리스토텔레스의 주장을 이어받아 세 가지 장르 중 드라마를 시의 최고 단계로 치켜세운다. 왜 드라마가 서사와 서정보다 우위에 있는가? 서사와 서정의 종합이 드라마이기 때문이다.[1]

헤겔에 따르면, 서사적 관점이란 어떤 사건을 직접 목격한 것은 아니지만 그 사건과 관련된 모든 정보를 모아서 분석하는 것으로, 분석자의 고유한 판단이나 선이해가 자신의 설명 작업에 영향을 미치지 못하도록 객관성을 유지하고자 하는 관점이다. 따라서 서사적 관점은 객관적, 논리적, 실증주의적인 일관성을 도모하고자 한다. 서사적 관점의 예를 들면, 사건을 사실 중심으로 보도하는 신문 기사 혹은 과학적 관찰을 담아낸 연구보고서를 들 수 있다. 반면에, 서정적 관점은 말하는 이의 감정과 선이해가 자신이

---

1 G. W. F. Hegel, *Aesthetics: Lectures on Fine Art*, trans. T. M. Knox (Oxford: Clarendon Press, 1975).

목격한 사건에 대해 주관적으로 깊이 영향을 미치는 것이다. 따라서 이 경우에는 사건 설명에 객관성보다는 주관성이 강조되기 쉬우며, 보고자의 감정과 열정 그리고 인격적 요소들이 깊이 묻어나게 된다. 서정적 관점의 예로는 선거에서 지지를 호소하는 후보자의 연설이나 장례식장에서 추모사를 낭독하는 것을 떠올릴 수 있겠다.

그럼 드라마적 관점이란 어떤 것일까? 그렇다. 서사적 관점과 서정적 관점의 종합이라고 할 수 있다. 즉 드라마적 관점은 객관성과 주관성의 종합, 감정과 이성의 종합, 좌뇌와 우뇌의 결합을 시도하는 것이라 하겠다.[2] 아리스토텔레스는 이와 같은 통전적 특성 때문에 객관적 서사와 주관적 서정보다 드라마적 관점을 높게 평가했다.

다음 질문으로 자연스레 넘어가 보자. 왜 신학이 드라마를 필요로 하는가? 1세기 예루살렘과 현대 브로드웨이가 무슨 상관이 있는 것일까? 이에 대해 가톨릭 신학자 발타잘의 견해를 주목할 필요가 있다. 그는 헤겔의 논의를 발전시켜 복음 자체가 신학적 드라마라고 주장한다. 기독교 복음의 중심에는 어떤 사상이나 개념 혹은 주관적 경험이 아닌, 하나님의 말씀을 수반한 극적인 행동

---

2 Ben Quash, "Drama and the Ends of Modernity," in *Balthasar at the End of Modernity*, eds., Lucy Gardner, David Moss, Ben Quash, and Graham Ward (Edinburgh: T&T Clark, 1999), 141-45. 이러한 감성과 이성의 종합적 시도는 일찍이 프리드리히 쉴러에게서도 나타난다. 그는 자신의 명저『인간의 미적 교육에 관한 편지』에서 감각적 충동(*der sinnliche Trieb*)과 형식충동(*der Formtrieb*)이라는 두 가지 종류의 충동 개념을 소개하고, 이들의 종합으로 유희충동(*der Spieltrieb*)을 제시하는데, 이들은 각각 헤겔의 서정적 관점, 서사적 관점, 그리고 드라마적 관점과 유사한 특징을 갖는다. 프리드리히 쉴러/안인희 옮김,『인간의 미적 교육에 관한 편지』(서울: 청하, 1995).

이 놓여 있다는 것이다.3 다시 말해, 발타잘은 신학함에 서사적 관점이나 서정적 관점 중 하나만으로는 충분한 신학 진술이 될 수 없다고 말한다. 왜 그런가? 신학은 단순히 완료된 사건에 대한 객관적 서술이나 관찰이 아니다. 또한, 신학은 주관적 경험과 표현만으로 구성될 수도 없다. 그렇기에 발타잘은 신학함이 하나님 계시의 드라마적 차원을 포괄하는 데 실패하면 온전한 신학의 길에 이를 수 없다고 주장한다. 즉 신학은 기도와 인격적 참여를 통한 서정적 영성과 역사적 사실에 관한 객관적 탐구에 진력하는 서사적 신학의 조화가 필요하다는 것이다.4 그렇다. 기독교 복음은 본질상 하나님의 드라마다. 복음은 생명력을 상실한 무미건조한 객관적 교리로 대체될 수 없고, 사사로운 개인의 주관적 체험으로 제한될 수도 없다. 복음은 하나님의 드라마다. 죄로 인해 피폐해진 만유를 향한 하나님의 말씀과 행하심, 그 자체에 기독교 복음의 핵심이 있다.

2) 성경이 드라마다

복음의 드라마적 특성은 정경(canon)으로 기능하는 성경 자체에서 명백하게 드러난다. 성경이라는 책이 드라마적 성격으로 가득하다는 말이다. 성경은 역사성과 문학성 그리고 신학적 차원이 함께 어우러진 독특한 책이라 할 수 있다. 즉 삼위일체 하나님에

---

3 Hans Urs von Balthasar, *Theo-Drama: Theological Dramatic Theory*, 5 vols., trans. Graham Harrison (San Francisco: Ignatius, 1988-98).

4 Hans Urs von Balthasar, *Theo-Drama: Theological Dramatic Theory*, vol. 2, *Man in God*, trans. Graham Harrison (San Francisco: Ignatius, 1990), 57.

대한 **역사적 기억**이 일종의 **문학적 플롯**을 통해 성경의 텍스트로 구성되고, 성경 텍스트는 독자에게 스스로의 정체성과 세상과의 관계 등 어떻게 살아야 하는지 **신학적 원리**를 제시하게 된다. 신약 성경을 보라. 성경의 저자들은 예수 그리스도의 삶과 십자가와 부활이라는 단일한 서사적 기억을 각자의 독특한 서정적 문학 양식을 동원하여 삼위일체 하나님의 구원 드라마를 서술하였다. 예를 들어, 사도 요한은 요한복음에서 자신과 배후 공동체가 함께 경험한 예수 그리스도 사건을 이중적 드라마라는 문학적 플롯을 통해 기록하였다. 그 글에는 교회와 성도들을 향한 신학적 원리가 가득하다. 예수님은 누구이신지, 성도의 공동체는 어떤 정체성을 갖는지, 교회는 세상에 대해 어떤 태도를 보여야 하는지, 무엇을 소망하며 살아야 하는지 등 다양한 신학적 원리가 서정적 관점과 서사적 관점을 오가며 안내된다. 바로 이런 점에서 성경 자체가 하나님의 드라마라고 할 수 있다.

따라서 하나님의 구원 드라마인 성경을 읽고 해석하는 독자는 단순한 관찰자가 될 수 없다. 성경의 독자는 하나님의 구원 드라마의 참여자가 될 것을 요청받는다. 이를 다시 말하면, 성경의 바깥 세계에 존재하는 독자가 성경 속의 인물들이 경험한 하나님의 부르심을 동일하게 마주한다. 하나님은 성경 이야기 속에서 자신을 계시하시고 백성들을 구원하신다. 백성들은 하나님의 구원을 기억하고 감사와 순종으로 응답한다. 성경을 읽는 독자도 마찬가지이다. 독자가 성경을 읽는다는 것은 성경으로부터 보고 들은 바를 합당하게 이해하고 기억하고 응답할 것을 요청받게 된다.

그런 점에서 성경 읽기는 일반적인 독서와 결을 달리한다. 성경을 읽는 독자에게는 자기중심적 읽기가 아닌, 하나님 중심의 읽기가 필요하다.5 성경이라는 드라마는 해석자를 텍스트의 세계로 끌어들이고 새로운 세계를 마주하도록 이끌어간다. 여기서 해석자(혹은 해석의 공동체)는 해석의 주체가 될 수 없고 성경이 들려주는 복음의 이야기를 겸허히 경청하고 응답해야 한다.6 에리히 아우어바흐(Erich Auerbach)는 독자를 주체적으로 끌고 가는 성경의 독특성을 호머(Homer)의 작품과 비교하여 이렇게 말한다. "성경 이야기들은, 호머의 작품처럼, 우리의 환심을 사려고 하지 않는다. 이들 이야기는 우리를 즐겁게 하려 하거나 넋을 잃을 만큼 황홀하게 하려고 알랑거리지도 않는다. 오히려 성경 이야기는 우리를 지배하려고 한다. 만약 우리가 지배당하기를 거절한다면 우리는 반역자인 셈이다."7 아우어바흐의 견해에 따르면, 성경을 읽는다는 것은 마치 연극배우가 작가에 의해 기록된 대본을 읽는 것과 유사하다. 연극배우는 자기중심적으로 아무렇게나 읽을 수 없다. 대본에 담긴 저자의 의도를 파악하는 해석의 과정을 거쳐, 어떻게 합당한 수행(연기)을 할 것인지 고민해야 한다. 성경의 독자에게는 그와 같은 독서 행위가 필요하다.

요약하자면, 기독교의 복음은 그 자체로 역사적 사건이라는 점

---

5 유진 피터슨(Eugene Peterson)은 자신의 책『이 책을 먹으라』에서 영적 독서의 관점을 바탕으로 이를 잘 설명해준다. 유진 피터슨/양혜원 역,『이 책을 먹으라』(서울: 한국기독학생회출판부, 2006).

6 성경의 드라마적 특징에 주목한 대표적인 성서학 연구로는 다음을 참조하라. N. T. Wright, *The New Testament and the People of God* (Minneapolis: Fortress Press, 1992); Meir Sternberg, *The Poetics of Biblical Narrative: Ideological Literature and the Drama of Reading* (Bloomington: Indiana University Press, 1987).

7 Erich Auerbach, *Mimesis: The Representation of Reality in Western Literature*, trans. Willard R. Trask (Princeton: Princeton University Press, 1968), 15.

에서 서사적 특징과 개인과 공동체의 주관적 경험이라는 점에서 서정적 특성을 갖는다. 따라서 복음을 합당하게 서술하기 위해서는 서사와 서정의 종합인 드라마적 관점이 필요하며, 그것이 기독교 복음을 하나님의 드라마라 칭할 수 있는 근거가 된다. 특히 주목할 것은 기독교 신학의 정경으로 기능하는 성경이 하나님 드라마의 대본 역할을 한다는 점이다. 하나님의 구원 드라마 대본이라 할 수 있는 성경에는 드라마적 요소가 가득하다. 그렇기에 독자는 성경을 단순한 책으로 대하면 곤란하다. 읽고 싶은 대로 자의적으로 심심풀이로 읽을 수 없다. 그렇다고 딱딱한 과학책을 대하듯이 읽는 것도 곤란하다. 성경은 읽고 실천하기 위해서 읽어야 한다. 따라서 복음과 성경은 본질상 드라마적 특징이 명백하다고 할 수 있겠다.

4. 극장 교회론

우리는 앞에서 복음과 성경 자체에 내재한 드라마적 특징을 살펴보았다. 이제 다시 우리의 관심을 교회론으로 돌려보자. 교회론의 중심과제는 교회의 본질과 사명을 해명하는 데 있다. 교회는 건물이나 조직 혹은 사교 단체가 아니다. 교회의 본질은 복음을 따르는 사람들의 모임이며, 그 사명은 성령의 능력 안에서 하나님 말씀을 수행하는 데 있다. 드라마 관점에서 교회의 본질과 사명을 바라본다면 어떨까? 교회는 하나님의 복음 드라마가 펼쳐지는 극장이라 할 수 있다. 이 극장의 사명은 함께 모인 자리(이를테면, 예배)에서 성경 속 하나님의 드라마를 신실하면서도 창의적으로 증언하고, 나아가 성도 각자가 흩어진 삶의 자리에서 신실하고 창의적인 방식으로 복음 드라마에 참여하도록 안내하는 데 있다. 이러한 극장의 유비를 좀 더 살펴보자.

극장이 극장의 소임을 수행하는 데 필요한 조건이 무엇일까? 무대, 조명, 대본, 배우, 관객 등 다양한 요소가 필요할 것이다. 저명한 연극 감독이자 저술가인 피터 브룩(Peter Brook)은 극장이 제 역할을 감당하기 위한 최소한의 조건으로, "누군가가 지켜보는 가운데, 한 사람이 텅 빈 곳(empty space)으로 걸어 들어오는 것"이라고 말했다.8 여기서 텅 빈 곳을 주목해보자. 이것은 교회를 극장으로 이해하는데 훌륭한 통찰을 제공한다. 언젠가 신학대학원 학생들에게 교회가 어디에서 시작했는지 질문했다. 다락방에서 경험한 성령의 임재, 베드로의 신앙고백, 초대교회의 가정 모임, 제자 공동체 등 다양한 응답이 있었다. 필자가 기대한 대답은 따로 있었다. 빈 무덤(empty tomb)이다. 하나님의 구원 드라마의 시작은 텅 빈 곳이었다. 텅 빈 무덤이었다. 안식일 후 첫날, 마리아를 비롯한 여인들이 예수님의 무덤을 찾아갔다. 예수님의 상하고 찢긴 몸을 만나기 위함이었다. 그런데 무덤을 막고 있어야 할 큰 돌이 굴려져 있었다. 이상하다는 생각을 품으며 조심스레 무덤으로 들어갔다. 텅 비어있었다. 여인들은 도대체 무슨 일이 벌어진 것인지 알지 못해 당황했다. 그런 여인들을 지켜보는 존재가 있었다. 마가복음은 그를 청년이라 밝히지만, 마태복음은 천사라고 칭한다. 그 정체가 무엇이든 상관없다. 중요한 것은 그의 메시지이다. 그는

8 Peter Brook, *The Empty Space* (New York: Atheneum, 1968), 9.

여인들에게 예수님께서 부활하셨다는 충격적인 소식을 들려주었다. 텅 빈 무덤의 메시지는 여인들을 충격에 빠뜨렸다. 그들의 존재 자체를 흔들었고, 그들의 신분과 사명이 근본적으로 바뀌었다. 여인들의 증언을 통해 뒤늦게 빈 무덤을 방문한 다른 제자들 역시 마찬가지였다. 그렇다. 빈 무덤은 하나님의 구원 드라마가 기가 막히게 펼쳐진 극장이다. 제자들의 인생이 바뀌고 사명을 새롭게 발견한 무대이다. 나아가 신비와 현실이 만나는 중간 점이며, 죽음과 부활의 중간 점이며, 확신하는 이들과 의심하는 이들의 중간 점이기도 하다.9 이 극장의 다른 이름이 교회이다.

교회는 성경 속 제자들이 경험한 빈 무덤의 사건을 재현한다는 점에서 또 다른 빈 무덤이 된다. 주일 오전 예배를 떠올려보라. 정해진 시간이 되면 비어있던 공간에 하나둘 사람들이 모인다. 그들은 치열한 삶의 일상에서 신비의 영역으로 잠시 들어온 것이다. 모인 이들 중에는 열정적인 신자도 있고 신앙에 대해 회의하는 사람도 있다. 그러나 죽음이 지배하는 세상 이데올로기에 맞설 대안을 찾는다는 공통점을 갖는다. 그렇다. 이들의 모임은 도피가 아닌 새로운 힘을 공급받기 위한 재충전에 있다. 땅에서 공급받을 수 없는, 오로지 위로부터 임하는 힘을 사모하는 것이다. 함께 모인 이들은 죽음의 레퀴엠을 극복하고 부활의 찬가를 목청껏 부른다. 허공을 향해 기도의 입술을 멈추지 않는다. 설교자는 여인들이 만난 천사(혹은 청년)처럼 하나님의 구원 메시지를 선포한다. 텅 빈 무덤 속 여인들처럼 회중은 복음 앞에서 새로움을 경험한다. 다시

---

9 빈 무덤의 중간 점 모티프는 인터서브 선교단체의 조샘 대표와의 개인적 대화 가운데 발견한 통찰임을 밝힌다.

하늘을 향해 감사의 찬양을 올려드린다. 모인 이들이 흩어지기 전, 하나님의 강복이 성도들을 향해 위로부터 임한다. 이것이 교회라는 빈 무덤 극장에서 재현되는 하나님의 구원 드라마이다. 성경 대본을 따라 구원의 메시지를 담은 말과 노래와 상징 행동이 웅장하게 펼쳐진다.

물론 빈 무덤과 교회 사이에는 분명한 차이점이 있다. 교회가 하는 말과 행동은 그 자체로 구원의 능력이 없다. 오로지 예수 그리스도 안에 충만한 구원의 은총을 가리키고 증언하는 행위이다. 다시 말해, 성경에 기록된 하나님의 구원 행동이 교회의 활동을 우선한다. 교회의 말과 행동은 언제나 이차적 수행이다. 성경에 대한 충실한 응답성(answerability)에서 교회의 사명이 확고해진다. 이처럼 극장 유비를 통해 교회의 본질과 사명을 살펴보는 것은 여러모로 유익하다. 아래에서는 드라마 용어인 '수행'을 통해 빈 무덤 극장 교회의 본질과 사명을 더 풍성하게 이해하고, 성경에 나타난 하나님의 구원 드라마와 교회가 재현하는 구원 드라마 사이의 관계를 극장 유비를 통해 좀 더 살펴보자.

1) 수행

드라마 유비에 따르면, 교회는 거룩한 극장이다. 그곳에는 성경(the Scripture)이라는 대본(script)이 있다. 이 대본은 어설프게 수동적으로 소비되는 것을 허용하지 않는다. 연극배우가 임의대로 대본을 읽을 수 없고 작가의 의도를 따라 이해하고 기억하고 연기로 응답하듯이, 성경이라는 대본을 읽는 사람들은 단순한 관찰자 혹은 소비자가 될 수 없다. 그들은 창조와 구원 드라마를 재현하는 배우로 참여할 것을 요청받는다. 성경으로부터 보고 들은 바를 합당하게 이해하고, 기억하고, 새로운 상황에서 창의적으로 응답하라는 엄중한 요청을 받는 것이다.

그런 의미에서 극장 교회의 본질은 수행(performance)에 있다. 수행이라는 것은 변화무쌍한 운동성을 의미한다. 그렇다면 교회란 장소 혹은 건물과 같은 고정된 실체로 정의할 수 없다. 오히려 시간의 흐름 가운데 끊임없이 움직이는 일종의 운동으로 정의되어야 한다. 다시 말해 계속해서 뭔가 일이 벌어지는 사건성(eventfulness)에 교회의 본질이 있다는 말이다. 바로 그런 의미에서 교회는 몸이다. 죽은 몸이 아니라 살아 움직이는 그리스도의 몸이요 지체의 각 부분이다(고전 12:27). 예수님께서 죽음을 이기시고 부활하신 것처럼, 빈 무덤을 재현하는 교회는 살아 움직이는 몸으로 활동한다. 모든 성도가 몸의 지체가 되어 머리이신 그리스도에게 순종하는 삶을 살아가는 것이다. 바로 그 거룩한 연합과 일치의 몸짓, 그것이 극장 교회가 추구하는 수행이다.

수행에 대한 선입견을 버릴 필요가 있다. 일반적으로 수행이라는 단어는 부정적인 인식이 강하다. 학교나 일터에서 동료가 멋진 발표를 하면 견제 심리의 발동으로 "연기하고 있네" 혹은 "퍼포먼스만 화려하네"라는 식으로 폄하하곤 한다. 설교의 경우도 마찬가지이다. 언변이 좋고 몸동작을 화려하게 표현하는 설교를 곱지 않은 시선으로 바라본다. 마치 수사학이 대중들에게 상대방의 심리를 조작하는 나쁜 기교로 비쳤던 것처럼, 퍼포먼스 역시 오해와 편견을 받아왔다.[10]

하지만 수행의 본래 의미는 뭔가를 과시하고 보여주는 과장된 몸짓이 아니다. 수행으로 번역한 영어 퍼포먼스(performance)는 고대 프랑스어인 par와 fournir가 결합한 것으로, 문자적으로는 "완성을 향해 헤쳐나간다." 혹은 "완전케 하다"라는 의미가 있다.[11] 즉, 퍼포먼스란 이성적인 머릿속 사고와 몸을 통한 행동을 융합시키는 것으로, 머리에 들어있는 생각을 몸으로 생생하게 완성한다는 함의가 있다. 따라서 수행은 이성적 신앙과 감성적 신앙을 통합하여 의지적 신앙으로 이끌어간다는 점에서 중요성이 있다. 앞서 살펴보았던 용어를 빌리자면, 서사적 관점이라고 할 이성적 사고와 서정적 차원인 감각의 조화, 그것을 드라마적 관점인 수행으로 정의할 수 있다. 다시 말하면, 기독교 신앙에서 믿는다는 것은 머리로 이해하는 것이나 감정의 해소가 전부일 수 없고, 반드시 몸으로 실천할 때 비로소 온전케 된다. 그것이 교회공동체의 본질이기도 하다. 교회는 함께 모여 공부하고, 함께 울고 웃을 뿐만 아니라, 근본적으로 함께 움직이기 위해서 존재한다. 그렇다. 교회는 다른 누구도 대신할 수 없는 방식으로 그리스도의 몸을 세워간다. 죽은 몸이 아니라 부활하여 살아있는 몸이 되는 것이다. 그런 점에서 수행의 중요성이 있다.

---

10 Richard Ward, "Performing the Manuscript," in *The New Interpreter's Handbook of Preaching*, edited by Paul Scott Wilson, Jana Childers, Cleophus LaRue, and John M. Rottman (Nashville: Abingdon Press, 2008), 236-237.

11 Richard Ward, *Speaking from the Heart: Preaching with Passion* (Wipf & Stock, 2001), 77.

2) 지루한 극장

하지만 안타깝게도 교회가 살아있는 몸이 아닌 죽은 것과 다를
바 없는 몸이 되는 경우가 흔하다. 피터 브룩은 그와 같은 극장을
'지루한 극장'(deadly theater)이라고 부른다. 그저 과거의 관습이나
행태를 그대로 반복한다는 의미에서 그렇다. 예를 들면, 고리타분
하고 답답한 무대 연출, 각종 상투적인 클리셰 표현, 오랜 기간
변화가 없는 연기자의 어색한 몸짓이나 발성 등을 언급할 수 있다.
이와 유사한 일이 교회에서도 일어난다. 예배와 삶이 다람쥐가 쳇
바퀴를 돌 듯 헛되이 반복될 때, 교회 역시 살아있으나 죽은 것과
다를 바 없는 상태라 할 수 있다. 혹자는 이에 대해 반론을 제기할
수 있다. '다른 복음은 없다'라는 베드로 사도의 열정적인 메시지
(행 4:12)를 기억한다면, 교회에서 동일한 메시지, 동일한 음악, 동
일한 사역, 동일한 교제를 하는 것이 무슨 문제가 되겠는가? 복음
이란 언제나 변치 않고 동일한 것인데, 반복하는 것이 무슨 문제라
는 말인가? 이런 주장은 나름 그럴듯하게 들린다.

그렇다. 복음은 변치 않는다. 어제나 오늘이나 영원히 동일하
다. 하지만 복음을 선포하고 가르칠 대상은 변한다. 성도가 복음을
따라 살아야 하는 환경 역시 어제와 오늘이 다르다. 그렇다면 어제
의 메시지를 오늘 그대로 반복하는 것은 옳지 않다. 무미건조한
기계적 반복은 결코 복음에 대한 충실한 수행이 아니라는 말이다.
무엇이 문제인가? 지루한 반복은 복음에 흥미를 잃게 만든다. 무
엇을 기뻐해야 하는지, 왜 기뻐해야 하는지, 전혀 설득하지 못한다
는 말이다. 텅 빈 무덤의 신비를 재현하는 교회의 사명은 성도들에

게 적극적으로 세상과 교류하고 창의적으로 복음을 증언하도록
돕는 데 있다.

그렇다면 교회가 지루한 극장으로 전락하는 이유는 무엇일까?
두 가지로 나눠볼 수 있다. 첫 번째는 성경이라는 대본에 담긴 복
음의 역동성을 상실한 채, 말씀의 극적 힘을 딱딱한 교리와 윤리로
만들어버리는 경우이다. 즉, 성경과 복음에 담긴 풍성한 다의성을
차단하고, 특정 교리로 모든 논의를 종결시키는 시도이다. 두 번째
는 교회가 성도를 구체적 수행으로 안내하는 데 실패하는 경우이
다. 그러면 성도는 수동적인 구경꾼에 머물게 된다는 것이다. 그렇
다. 지루한 교회란 성경의 역동성을 포착하는 일에 실패하거나,
성도를 구체적인 수행의 차원으로 이끌지 못하고 그저 소비자 혹
은 구경꾼으로 취급하는 것이다. 그런 교회는 사실상 죽은 것과
다를 바 없다.

연극의 경우를 생각해보자. 한 연극 연출자가 고전 작품을 새
로운 연극 무대에 올리려고 한다. 헌데 이 연출가는 해당 고전에서
새로운 관점을 하나도 발견하지 못했다. 선배 연출가들이 모든 가
능성을 시도했기에 더는 새로운 것이 없다고 판단한 것이다. 그렇
다면 그 연출가의 연극을 관람할 이유가 있을까? 이미 결과는 뻔
한 것이 아닌가. 연극을 관람하기 위해 극장에 방문한 관중들은
크게 실망할 것이다. 과거를 그대로 답습한 연극을 보기 위해 지급
한 비용을 아까워할 것이다. 과거를 기계적으로 반복하는 지루한
연극을 봐야 할 이유는 하나도 없다.

교회 역시 마찬가지이다. 성경에 대한 해석은 모두 종결되었고
더는 새로운 것이 없다면, 왜 지루한 내용을 반복하는 설교에 귀를

기울여야 하는가? 어제의 예배와 오늘의 예배가 조금도 다르지 않다면, 왜 우리는 반복해서 예배를 드려야 하는가? 그런 교회에 속한 성도는 복음적인 삶을 어떻게 이해할까? 특히 IT 기술의 발전과 함께 손가락의 간단한 움직임만으로 수많은 예배와 설교 영상에 접속 가능한 시대에 지루한 교회에 가야 할 이유가 무엇일까? 예배를 드려야 한다는 의무감 외에 아무런 동기를 찾을 수 없다. 과거를 맹목적으로 반복하는 지루한 교회는 죽음에서 부활하셔서 지금도 살아계신 그리스도의 몸이라 할 수 없다.

우리는 전통(tradition)과 전통주의(traditionalism)를 구별해야 한다. 무엇이 전통인가? 그것은 고정된 실체라기보다 기성세대가 다음 세대에게 복음을 전달하는 극적인 과정이라 할 수 있다. 반면에 전통주의는 새로운 세대에 대한 진지한 성찰 없이 오로지 과거의 결과물을 그대로 반복하는 태도이다. 특히나 유념할 것은 전통주의가 지배적 위치를 점하게 될 때, 교회는 특정 이데올로기의 도구로 전락할 수 있다. 왜 그런가? 과거의 전통을 절대화하는 것은 회중들을 고정된 세계관의 포로로 만든다. 게다가 사회를 새로운 시선으로 바라보고 새롭게 변혁할 기회를 원천 차단한다. 다시 말해, 주어진 현실에 순응을 강요할 뿐, 복음의 역동적 차원을 애써 피하게 만든다는 말이다. 지루한 교회, 무비판적으로 과거를 답습하는 교회, 성경의 역동성을 포착하지 못하는 교회, 성도를 방관자요 소비자로 양산하는 교회는 결코 건강한 교회라 할 수 없을 것이다. 그런 교회는 살아있는 그리스도의 몸이라 부르기 민망하다. 사실상 죽은 것이나 마찬가지이다. 그런 점에서 우리는 "개혁된 교회는 항상 개혁되어야 한다"(Ecclesia reformata semper reformanda)

라는 개혁교회의 정신을 반드시 기억해야 한다. 그때 비로소 지루한 교회라는 오명을 벗을 수 있을 것이다.

3) 창의적 이해를 추구하는 극장

교회가 지루한 극장이 되지 않기 위한 대안은 무엇일까? 새로운 현실에 걸맞은 창의성을 갖추면 되는 것일까? 그렇다. 창의성이 필요하다. 하지만 그걸로 충분하다고 말하는 것은 곤란하다. 전통주의가 무비판적인 현상 유지에 몰두하듯이, 창의성을 절대화하면 건강한 전통의 계승에 실패할 수 있기 때문이다. 다시 말해, 우리가 사는 시대는 포스트모더니즘의 영향과 함께 거대 담론혹은 주어진 전통에 대한 조건 없는 해체를 미덕으로 여기는 경향이 있다. 이런 시대정신은 모든 사회적 권위를 부정하는 흐름으로 나타난다. 로고스 중심주의, 가부장적 권위주의, 사제중심주의, 서구우월주의 등이 대표적인 극복 대상이다. 포스트 모더니스트들이 보기에, 성경과 교회는 오랜 시간 그릇된 권위구조를 지지하고 강화하는 역할을 했다. 따라서 교회와 성경 역시 해체의 대상이된다.

이와 같은 해체주의적 시도는 새로운 시대에 걸맞은 창의성을 시도한다는 점에서 긍정적인 기여를 한다. 그러나 모든 권위를 부정하는 방식으로 창의성을 확보하려는 것은 온당치 못하다. 특히 성경을 폐기해야 할 고리타분한 문서로 여기는 것은 곤란하다. 성경 자체를 문제로 삼는다면, 신학과 목회의 근원적 힘을 어디에서 찾을 것인가? 교회 자체인가? 아니면 문화와 대화하는 가운데 확보되는 것인가?

극장 교회론은 교회의 실천과 문화를 우선시하거나, 교회를 둘러싼 사회와 열린 대화를 하는 것에 우선순위를 두지 않는다. 연극을 위해 주어진 고전 작품 대본이 있듯이, 극장 교회론은 교회에 주어진 성경의 권위에 충실한 신학과 목회적 기획을 시도한다. 다시 말해, 극장 교회론이 추구하는 창의성은 건강한 전통, 즉 대본으로 기능하는 성경에 대한 충성에서 비롯된다. 그렇다. 극장 교회론은 텅 빈 무대의 창의적 재현을 추구한다. 이를 위해 대본으로 주어진 성경에 대한 충실성과 새로운 시대에 어울리는 창의성의 공존을 모색한다. 이를테면 교회란 성경을 바탕으로 창의적 이해를 추구하는 극장이 될 필요가 있다.

셰익스피어의 작품 '로미오와 줄리엣'을 예로 들어보자. 이 유명한 작품은 수 세기 동안 다양한 연극 무대에서 공연되었다. 20세기에 들어서는 1978년과 1996년에 각각 영화로 만들어졌다. 1978년 작품은 레너드 위팅과 올리비아 핫세가 로미오와 줄리엣 역할을 맡아 열연을 펼쳤다. 1996년 작품에서는 레오나르도 디카프리오와 클레어 데인즈를 통해 비극적 사랑이 너무도 아름답게 묘사되었다. 이 두 작품은 공히 셰익스피어의 원작을 훼손하지 않으면서 작가의 의도를 충실히 반영했다. 그러나 영화적 표현 기법은 상당히 달랐다. 1978년 작품이 더 과거지향적인 연출을 했다면, 1996년 영화는 더 현대적인 배경으로 각색했다고 하겠다. 바로 거기에서 두 작품은 각각 나름의 창의성을 확보하고 있다. 다시 말해, 약 20년 세월의 간격을 두고 제작된 두 영화는 원작 대본에 매우 충실하면서도, 각각 독특한 창의성을 보여주었다. 극장 교회론이 추구하는 교회란 이와 같다. 지구상의 모든 교회는 성경을 대본으로 삼는다. 그러나 각 교회가 위치한 지역이 다르고 문화가 다르기에 창의적 수행이 필요하다. 바로 그것이 창의적 이해를 추구하는 극장 교회의 모습이다. 바로 그때 과거를 답습하는 지루한 교회의 오명을 벗고, 날마다 텅 빈 무덤의 창조적 재현을 힘차게 담당하는 건강한 교회가 될 것이다.

5. 도시의 영성을 새롭게 하는 안산제일교회 이야기

필자는 앞에서 교회의 본질과 사명을 드라마 유비를 통해 밝히고자 시도했다. 텅 빈 무덤을 창조적으로 재현하는 교회는 신비와 현실이 만나고, 확신과 의심이 만나고, 죽음과 부활이 만나고, 예배와 삶이 만나는 자리이다. 바로 그곳에서 교회는 살아있는 그리스도의 몸으로 변모된다. 성경에 계시 된 하나님의 복음을 머리로 이해하고 마음으로 감격할 뿐만 아니라, 몸으로 실천하는 수행을 통해 온전하게 하는 것이다. 바로 그 지점에서 필자는 최근 주목을 받고 있는 선교적 교회와 마을목회의 신학적 근거를 찾는다.

선교적 교회와 마을목회의 공통점이 있다면 움직이는 교회를 지향한다는 점이다. "아버지께서 나를 보내신 것 같이 나도 너희를 보내노라"(요 20:21)라는 예수님의 말씀에 따르면, 교회는 보냄을 받은 존재이다. 그것은 보냄 받은 현장에서 움직일 것을 전제한다. 사도적 소명은 구체적 현장에서 구체적 움직임으로 구체화 된다. 그 현장이 해외이든 마을이든, 중요한 것은 움직인다는 사실에

있다. 아래에서는 하나의 사례로 필자가 섬기고 있는 안산제일교
회의 움직이는 사랑을 소개하고자 한다. 어떻게 극장 교회론을 따
라 사역이 전개되는지 미력하나마 나누도록 하겠다.

1) 재단의 출범과 한계

안산제일교회는 1962년 12월 20일 인천제일교회의 후원으로
신흥교회라는 이름으로 시작했다. 이후 고잔교회, 반월제일교회
로 이름이 바뀌었고, 1986년 1월부터 현재의 안산제일교회라는
이름을 갖게 되었다. 2022년 창립 60주년을 앞두고 과거를 돌아
보고 미래를 내다보며 새로운 사역의 방향을 모색하고 있다. 특히
팬데믹 상황 이전부터 미래 교회의 시대적 사명은 움직이는 교회,
선교적 교회, 마을목회에 있다고 판단하여 다양한 시도를 하고 있
다. 2020년 교회의 표어가 '도시의 영성을 새롭게 하는 교회'인데,
여기에는 선교적 교회의 비전과 마을목회의 필요성이 함께 담겨
있다. 과연 전통적인 장로교회가 선교적 교회로 탈바꿈할 수 있을
까? 쉽지 않은 여정일 것이다. 비록 현재진행형이지만 안산제일교
회가 어떤 시도를 하고 있는지 간략하게 소개하겠다.

안산제일교회는 전형적인 장로교회임에도 지역사회를 섬기는
일에 많은 열정을 쏟아왔다. 특히 1999년에 출범한 안산제일복지
재단은 지역사회 복지를 위해 큰 몫을 담당하고 있다.[12] 현재는
안산제일복지재단 산하에 장애인복지사업으로 ① 빛과둥지(장애
인아동 주간보호센터, 성인장애인 주간보호센터, 장애인 단기보호센터, 장

---

12 안산제일복지재단에 대한 자세한 안내는 홈페이지(www.ansan1.co.kr)를 참조하라.

애인 공동생활과정, 장애인 보호작업장 등), ② 행복한 학교(발달장애인을 위한 직업교육과 카페 및 베이커리 사업), ③ 어린양의 집(중증장애인들의 거주시설)이 있고, ④ 학령기를 지난 발달장애인들의 주간돌봄을 시범적으로 담당하는 제일꿈터가 있다. 노인복지시설로 안산시에서 위탁운영하고 있는 ⑤ 안산시립노인전문요양원과 ⑥ 직영으로 운영하는 대부도 제일요양원이 있고, 종합복지사업으로는 ⑦ 초지종합사회복지관을 위탁운영 중이며, 보건의료사업으로 ⑧ 안산 제일복지의원을 통해 노인 환자들을 섬기고 있다. 외국인 지원사업으로 ⑨ 경기도에서 위탁을 받아 운영하는 경기도 외국인인권지원센터, ⑩ 안산시에서 위탁을 받은 안산시 외국인주민상담지원센터가 있다. 이외에도 교육사업의 일환으로 ⑪ 제일유치원이 있고, 사단법인 제일청소년회 산하에 ⑫ 안산시 청소년상담복지센터와 ⑬ 별별 작은 도서관, 마지막으로 교회에서 직영하는 ⑭ 브릿지상담센터가 있다.

하나의 지역교회가 이처럼 다양한 분야에서 다수의 기관이 협력하는 복지재단을 운영하는 사례는 흔하지 않다. 어떻게 이런 일이 가능했을까? 교회 안에서 시작한 작은 사업이 확대되어 기관이 되고, 나아가 재단이 되었다. 예를 들면, 장애인 성도들의 예배를 돕기 위해 사랑부가 시작되었다. 사랑부에서 예배를 드리다 보니, 장애인들의 주간 활동이나 직업 재활에 관심을 갖게 되었고, 이로 인해 여러 기관이 자연스레 태동하게 되었다. 즉, 안산제일교회가 복지에 관심을 가진 것은 복지를 위한 복지가 아닌, 철저하게 성도들과 지역주민의 필요를 돕기 위한 관심에서 시작되었다는 말이다. 그렇게 출범한 재단은 장점과 한계를 함께 갖고 있었다.

우선, 재단을 통한 섬김은 보다 체계적인 사역을 펼칠 수 있다는 장점이 있다. 특히 교회 내부에서만 이루어지는 섬김이 아니라, 지역사회 전체를 돌봄의 대상으로 섬길 수 있다는 점에서 훨씬 범위가 넓어진다. 또한, 교회 재정이 아닌 국가의 지원을 통해 복지 사역을 하는 것이기에 재정적 부담에서 벗어날 수 있다.

이런 장점에도 불구하고 고민할 내용이 있다. 재단이 출범하기 전에는 교회 성도들이 중심이 되어서 마을과 지역을 섬겼다. 그런데 재단이 출범하면서 성도들의 섬김 사역을 일부분 흡수하게 되었고, 성도들의 역할이 상당히 약화되는 현상이 일어나게 되었다. 즉, 전문적인 사역을 보다 안정적으로 펼칠 수 있다는 장점에도 불구하고, 재단 중심의 사역은 성도들을 사역의 방관자로 만들 위험성이 있다. 그런 이유로 필자는 재단의 장점과 교회 성도들의 선교적 참여를 강화하는 방안에 대해서 궁리하게 되었다.

2) 어떻게 성도가 참여할 수 있을까?

이런 고민에서 처음 시작한 결단은 재단의 각 기관과 교회 교구를 자매결연하는 것이었다. 교회는 재단을 후원하고 재단은 섬김과 봉사를 하고 있으니, 우리는 할 일을 충분히 했다는 생각을 극복하기 위함이었다. 이는 마치 해외 선교사들을 후원하는 것으로 선교적 사명을 충분히 감당했다는 착각과 비슷하다. 편안한 선교란 있을 수 없다. 몸이 움직이지 않는 선교는 지속하기 어렵다. 그런 이유로 교회 교구 성도들이 자매결연 기관에 방문할 것을 주문했다. 지역을 섬기는 현장을 직접 방문하며 현장의 애로사항을 듣도록 했다. 교회 교구와 재단 기관 사이의 자매결연은 가시적인 효과보다는 마음의 변화를 일으켰다. 재단의 필요성에 대한 교회 내부의 부정적 인식이 상당 부분 거둬지는 효과였다.

또 하나 역점을 두었던 것은 교회 근처에서 새로운 마을목회 사업을 시도한 것이다. 안산제일복지재단에 속한 기관 대부분은 교회 근처가 아닌 도시 곳곳에 흩어져 있다. 그런 이유로 성도들은 마을을 섬기는 교회의 모습을 직접 대면할 기회가 많지 않았다. 이런 인식을 개선하기 위해 큰 결단을 내렸다. 2018년 9월, 교회 에 속한 제2교육관의 이름을 바꾼 것이다. 이름뿐만 아니라 지하 1층에서 지상 4층까지 건물의 용도를 완전히 전환하게 되었다. 본 래 교육부서의 예배 공간과 찬양대 연습실 등 교회 성도들을 위한 용도에서 지역사회를 위한 공간으로 탈바꿈시켰다. 새로운 이름 은 '브릿지센터'라고 명명했다. 교회와 세상 사이에서 다리 역할을 하는 건물이 되고자 하는 비전을 담았다.

센터 4층은 다목적 홀로 다음 세대 예배와 함께 체육활동을 겸할 수 있는 공간이었다. 이 체육관을 주변에 있는 학원의 행사를 위해 대여해주고, 지역 청소년들과 어린이들 누구나 이용할 수 있도록 개방하였다.

센터 2층에는 브릿지상담센터를 새롭게 오픈했다. 안산제일복지재단 안에 청소년을 위한 전문상담센터가 있음에도 불구하고 또 다른 상담센터를 시작했다. 그 이유는 교회 안에서 이뤄지는 신앙상담이 전문성 부족으로 문제를 일으키는 경우가 종종 발생하기 때문이다. 즉, 목회자가 성도를 상담하다가 전문가의 도움이 필요할 경우, 즉시 브릿지상담센터로 연결해 주고 있다. 그뿐만 아니라 안산지역에서는 매년 학업을 중도에 포기하는 청소년이 약 600명에 이른다. 이들이 학업을 그만두고 어디에서 무엇을 하는지 알 길이 없다. 이런 청소년들을 도울 수 있는 길을 모색해야 했다. 현재 브릿지상담센터는 경찰서와 협력하여 소년원에 넘겨질 위기에 처한 위기 청소년들의 집단상담을 진행하고 있다. 짧은 과정이지만 담당 교역자의 헌신을 통해 구치소가 아닌 새로운 길을 모색하는 청소년들의 이야기를 종종 듣고 있다.

향후 브릿지상담센터의 가장 큰 비전과 계획은 외국인 이주 노동자들을 위한 심리상담 지원에 있다. 이 계획 역시 안산지역의 특수성에서 비롯된다. 안산에는 전국에서 가장 많은 외국인 노동자들이 살고 있다. 또한, 많은 외국인 이주민들이 한국 정착을 위해 안산에서 머무르며 정보를 획득한다. 안산제일복지재단 내에는 이들을 돕기 위해 경기도 외국인인권지원센터와 안산시 외국인주민상담지원센터가 있다. 인권지원센터가 일종의 싱크 탱크라면, 상담지원센터는 약 13개국 출신 전문 통역사들이 각 나라 언어로 한국에서 일하는 외국 노동자들의 삶을 돌보고 있다. 주로 노무, 건강, 자녀 교육과 관련된 내용을 열심히 돕고 있다. 그런데 행정적인 서비스와 별개로 사각지대가 있음을 알게 되었다. 바로 심리상담 서비스가 이뤄지지 못하고 있다는 점이다. 바로 그 문제의식에서 브릿지상담센터는 외국인 심리상담사를 양성할 계획을 하고 있다. 이를 위해 연세대를 비롯한 다른 기관들과 함께 협력하여 길을 모색하고 있다. 외국인 심리상담사 양성을 위한 커리큘럼을 만들고, 소수 인원을 시범적으로 교육한 후에 상담 현장에 투입할 계획이다. 이를 통해 우리가 기대하는 것은 교회가 아닌 지역사회의 안녕이다. 내국인의 외국인 노동자에 대한 선입견을 극복하고, 나아가 심리적 불안에서 비롯된 외국인 범죄를 예방하는 효과를 기대하고 있다.

센터 1층에는 별별 작은도서관을 새롭게 시작하였다. 교회 주변 마을에 변변한 도서관이 없다는 지역주민의 목소리를 듣고서, 작은 도서관을 기획하게 되었다. 별별 사람들이 함께 모여 별별 이야기를 나누고, 별처럼 반짝반짝 빛나는 일을 도모한다는 의미에서 별별 작은 도서관이라 이름을 지었다. 도서관을 오픈하자 교회 성도들 다수가 자발적으로 후원자가 되어 운영을 돕고 있다. 아울러 자원봉사자들이 도서관을 지키면서 장서 관리와 여러 프로그램을 섬기고 있다. 특히 초등학생과 중학생을 대상으로 진행하는 '꿈의 학교' 프로그램은 방학 중 인기 프로그램이 되어 늘 순식간에 모집 인원이 마감되고 있다. '형님들과 함께 하는 과학실험'은 중고등학생들이 초등학생들을 대상으로 스스로 수업을 준비하고 실험하는 프로그램으로 기획되었다. 그 외에도 독서동아리 모임, 성인 독서 모임, 이웃과 함께 하는 도서관 여행, 신간 도서 저자와의 만남, 작은 음악회와 같은 소소한 프로그램을 운영하고 있다. 최근에는 코로나19 바이러스로 인해 도서관을 방문할 수 없는 이용자들의 편의를 위해 각 가정에 최대 10권의 책을 배달해주는 서비스를 기획하여 판데믹 시대를 독서와 함께 이길 수 있도록 도우려고 한다. 이런 다양한 시도와 노력을 통해 겨우 2년 밖에 되지 않았음에도 별별작은도서관은 안산시 중앙도서관으로부터 최고등급 평가를 받고, 도서 지원 혜택을 비롯한 여러 유익을 얻게 되었다.

센터 1층의 한편에는 제일꿈터가 있다. 제일꿈터는 가장 최근에 시작한 복지사역이다. 이곳은 그야말로 성도들의 눈물의 기도로 시작되었다. 2014년에 사랑부 교역자와 교사들이 주축이 되어 집에만 머물던 성인발달장애인들을 대상으로 주중 학교를 시작했다. 야심 차게 시작했지만 여러 실무적 어려움으로 3개월 후에 중단하게 되었다. 이후 2017년에 학령기가 지난 성인 발달장애인을 위한 '주간활동서비스'를 국가에서 시행한다는 것을 알게 되었다. 다만 아직 시범단계의 사업이었다. 기도하며 준비하는 가운데, 2019년 3월, 안산시의 신규 주간활동 서비스 제공기관으로 제일꿈터가 선정되었다. 그런 우여곡절 끝에 2019년 5월, 제일꿈터 주간활동서비스를 시작했다. 교회는 이 사업을 지원하기 위해 브릿지센터 1층의 공간과 차량을 제공하고 있다. 처음에는 4명으로 시작했는데, 2020년 9월 현재 약 20명으로 늘어났다. 그만큼 우리 사회에 성인발달장애인들이 활동할 수 있는 공간이 부족하다는 방증이다.

　아직은 시범적인 단계이지만 개인적 바람이 있다면, 제일꿈터
가 하나의 모델이 되어 각 지역교회에서 장애인들을 돌보는 계기가
마련되었으면 한다.

　센터 지하 1층에는 주일날 성도들이 이용하는 식당과 함께 자
그마한 상점이 있다. 주로 주일에 오픈하는 이 상점은 장애인들이
만든 견과류와 커피, 베이커리 제품 그리고 친환경 세제류를 판매
한다. 주일 예배를 마치고 국수 한 그릇으로 점심을 해결한 성도들
은 오며 가며 이곳에서 물품을 구매하고 있다. 이를 통해 성도들에
게 자연스럽게 재단의 활동이 홍보되고, 나아가 기관의 물품 판매
를 돕고 있다.

　간략하게 안산제일교회의 움직이는 사랑을 소개했다. 선교적
교회의 비전을 품고 마을목회를 목회의 본질로 삼아 조금씩 변화
를 도모하고 있다. 성도들이 함께 공감하고 참여할 수 있는 길을
모색하기 위해 더디더라도 천천히 추진하는 중이다. 이런 변화와
함께 가장 감사한 것은 성도들의 자발적인 변화라고 하겠다. 2018

년 4월, 여러 시도를 하는 가운데 "다리를 놓는 사람"이라는 설교를 전하였다. 그 말씀에 몇몇 성도들이 적극적으로 반응했다. 자신들이 다리를 놓는 사람이 되겠다고 선포한 것이다. 그렇게 자발적으로 "다리를 놓는 사람들"이라는 일종의 봉사 동아리를 조직하였다. 처음에는 교회 주변의 독거노인이나 어려운 형편에 처한 분들의 주거환경개선을 위해 봉사를 시작했는데, 현재는 훨씬 다양한 활동을 하고 있다. 특히 같은 노회에 속한 교회가 건축이 중단된 상태로 어려움을 겪고 있다는 담임목사의 말을 허투루 듣지 않고 현장에 달려가서 설계부터 소방과 전기 등 여러 부분을 돕고 있다. 또한, 안산제일교회에서 전남 구례 지역을 국내 선교의 일환으로 집중 섬기고 있는데, 최근 홍수로 인해 피해를 본 교회를 찾아가서 긴급복구 활동을 하고 돌아왔다. 이와 같은 사례는 너무 많아서 헤아릴 수가 없다. 성도들이 자발적으로 움직이기 시작하는 것을 느꼈다. "아! 이게 정말 교회구나. 이게 정말 살아있는 교회구나." 말씀에 반응하고 스스로 섬기기를 자처하는 성도들을 보는 것은 목사의 가장 큰 기쁨이다.

6. 나가는 말

한국행정연구원의 『2019년 사회통합실태조사』에 따르면, 종교기관을 신뢰하지 않는다는 응답은 58.3%이며[13], 종교기관이

---

13 한국행정연구원 편, 『2019년 사회통합실태조사』 (서울: 한국행정연구원, 2020), 188. 이 자료는 한국행정연구원 홈페이지(www.kipa.re.kr)에서 확인할 수 있다. 위의 수치는 '전혀 믿지 않는다'와 '별로 믿지 않는다'를 합한 것임.

청렴하지 않다는 응답은 60%를 상회한다.[14] 종교 단체가 사회통합의 중심적 역할을 수행해야 한다는 응답 역시 1순위와 2순위를 합산해도 3%에 불과하다.[15] 이것은 대다수 국민이 사실상 종교기관의 사회적 역할에 큰 기대를 하지 않는다는 지표일 것이다. 코로나19 바이러스의 영향과 함께 한국교회의 상황은 특히 심각하다. 교회가 직간접적으로 바이러스 확산의 온상으로 언론에 보도되고 있기 때문이다. 한국교회 내부의 추문 역시 신뢰도를 하락시키는 요인으로 작용하고 있다. 과연 한국교회는 추락을 멈추고 회복할 수 있을까? 종교의 영향력이 급속도로 약화된 탈종교사회에서 한국교회는 어떤 길을 모색해야 할까? 성도의 신앙을 돌보는 목회 돌봄과 사회 공공적 역할을 함께 꾀하는 것은 너무 어려운 과제인가? 이 질문들은 한국교회의 회복을 위해 다양한 각도에서 논구될 필요가 있다.

필자가 판단하기에 한국교회의 현실은 구약 성경에 나타난 이스라엘의 '유배'(exile) 상태와 유사하다. 한국교회가 중흥기를 지나 쇠퇴기를 맞이한 것은 틀림없다. 특히 교회가 신앙의 고유한 목소리를 잃어가고, 오히려 세속사회의 가치관에 의해 압도당하는 모습을 보면, 사실상 세속의 포로가 된 상황이다. 한국교회는 이미 '새로운 유배 시대'(new exile era)에 살고 있음을 주목해야 한다.

이런 유배 경험 가운데 한국교회는 어디에서 돌파구를 찾을 수 있을까? 이 짧은 글을 통해 나는 선교적 교회와 마을목회가 대안

---

14 한국행정연구원 편, 『2019년 사회통합실태조사』 (2020), 205. 위의 수치는 '전혀 청렴하지 않다'와 '별로 청렴하지 않다'를 합한 것임.
15 한국행정연구원 편, 『2019년 사회통합실태조사』 (2020), 288-289.

이 될 수 있음을 제시해 보았다. 드라마 유비를 통해 신학이 왜 하나님의 드라마인지, 복음 속에 담긴 드라마적 특징이 무엇인지, 성경을 읽는 일에 드라마적 읽기가 왜 필요한지 그리고 왜 교회가 텅 빈 무덤의 창조적 재현을 시도하는 극장인지, 간략하게 나누었다. 그런 교회론적 기초를 바탕으로 필자가 현재 섬기고 있는 안산제일교회에서 어떤 시도를 하고 있는지 간략한 정리를 해보았다.

코로나19 팬데믹 상황에서 점점 갈 길을 잃고 미궁에 빠진 한국교회의 현실이 너무나 안타깝다. 그러나 이럴 때일수록 교회는 그리스도의 몸이라는 정체성을 기억하고, 하나님의 움직이는 사랑에 적극적으로 응답하는 선교적 교회의 사명을 추진해야 할 것이다. 목회의 지평을 마을 단위로 확대하여 "예루살렘과 온 유대와 사마리아와 땅끝까지 이르러"(행 1:8) 주님의 증인이 되기를 마다하지 않는 한국교회가 되기를 소망한다. 지금도 불철주야 주님의 몸을 거룩하게 세우는 일에 헌신하는 모든 한국교회 위에 주님의 은총이 임하길 구한다.

7장

천봉산희년교회 마을목회 이야기

이박행 목사

(천봉산희년교회, 복내전인치유선교센터 원장)

1. 천봉산 골짜기, 환우의 작은 천국

1) 에덴동산의 원시성

복내전인치유선교센터는 전라남도 보성군 복내면 천봉산 깊은 산자락에 있다. 천봉산은 에덴동산의 원시성이 그대로 보존된 우리나라 최고의 청정지역이다. 바람 한 자락, 햇빛 한 줄기가 평화롭다. 복내는 수려한 주암호수와 울창한 산림에 둘러싸여 있어 건강을 위한 최고의 장소라 하겠다. 해가 떨어지면 지나가는 차가 몇 대 없을 정도로 고요한 곳이다. 내가 이런 곳에서 전인 치유의 꿈을 꾸고 지금까지 지낸 것이 하나님의 크신 은총이다.

나는 이곳에서 생과 사를 넘나드는 말기 암 환우들과 사랑의 공동체를 이루어 희망을 일구어 왔다. 생태 마을 개념으로 조성된 치유센터는 숙소와 교회, 산책로, 표고버섯 또는 채소 재배지, 치료실 등을 구비하고 있다. 숙소의 경우 숯, 천일염, 황토 등을 사용해 바닥을 만들고, 맥반석으로 특수 제작한 침대, 환경호르몬 발생을 억제한 목제가구로 채워져 있다. 요즘 강조되고 있는 생태 영성과 사랑을 접목한 공동체적인 현장이기도 하다.

목사 안수를 받자마자 간경화로 건강을 잃고 천봉산에 들어와서 1995년에 개척하였으니 올해로 25년이 되었다. 어린 시절 사구체신장염을 앓고 난 후 생사의 갈림길에서 다섯 차례 휴학과 휴직을 반복하다가 간염이 간경화로 악화하였다. 육체의 소망이 끊어져 죽음의 아골 골짜기로 알고 들어왔는데 영원한 문에 이르는 비밀을 깨닫게 되었다. 그것은 창조 질서와 사랑의 회복을 통해 하나님의 형상을 이루어가는 것이었다. 새로운 신앙의 결단이 사역과 삶의 근간이 되었다.

2) 암 환우를 위한 복내전인치유교실 개최

1995년부터 이제까지 암재활의 표준을 만들고자 꾸준한 노력을 경주해 왔다. 암 재활을 위한 심신이완요법, 식이요법, 운동요법, 예술요법, 영성 치료, 온열요법, 생활요법을 각 병원과 연계해서 실행해 왔다. 특히 한줄기 소망의 빛을 기대하면서 찾아온 암 환우들을 위해 '복내전인치유교실'을 107회를 진행했다. 전인 건강에 대한 강의, 성경 강해 및 통독, 찬양과 기도와 명상, 즐거운 놀이와 노래 부르기, 영화 감상과 작은 음악회, 우리 입맛에 맞는 자연 건강 식사, 황토 물감 들이기, 환우들에게 맞게 고안된 규칙적인 체조와 산책 그리고 풍욕, 황토 및 맥반석 찜질, 표고버섯 또는 유기농 야채 재배, 솔잎 채취 및 효소 만들기, 개별적인 상담 으로 환자들의 건강 회복에 도움을 주었다.

효과적인 암 재활을 위해 전남대학 화순 암센터와 광주기독병 원, 한국누가회 그리고 건강 관련 전문가들이 다양한 협력을 했다. 특히 통합 암 치료의 선진국인 독일의 여러 병원 현장을 방문하였 고, 그 후로도 다양한 교류를 통해 암과 관련된 다 학제적인 식견 을 넓혔다. 그동안 암 환우를 돌보면서 많은 시행착오를 거치면서 다음과 같은 전인 치유 사역의 중요한 다섯 가지 원칙을 세웠다.

첫째, 참된 생명의 가치를 깨닫도록 돕는 영성 회복을 최우선 순위에 둔다. 둘째, 창조 질서에 순응하는 생활 방식을 체득시켜 자연치유 면역력을 강화하도록 한다. 셋째, 다양한 문화 예술적 활동을 생활화하여 전인격적인 치유를 도모한다. 넷째, 양·한방을 비롯한 현대의학과 보완통합의료의 적절한 도움을 받게 한다. 다 섯째, 사랑의 공동체 생활을 통해 지상의 천국을 경험하게 하여 영원한 영생을 사모하도록 한다. 즉 교회의 영적인 기능과 병원의 치료적 기능을 천혜의 자연조건 속에서 공동체적 생활 영성으로 조화시켜 전인적인 회복을 할 수 있도록 돕는 것이다.

이미 안식교를 비롯한 타 종교들은 질병을 매개로 포교 활동하 는 것을 매우 중요한 선교전략으로 생각하고 있다. 그런데 이런 방식은 예수님께서 공생애 동안에 친히 환자들을 고치셨고, 제자 들을 양육하실 때 가장 중요하게 가르치셨던 전략이 아닌가? 예수 님께서 하나님 나라의 확증과 확장에 가장 교과서적인 모범을 보 여주셨다. 안타깝게도 현재의 개신교는 영육 이원론에 갇혀 인간을 전인적으로 보지 못한 채 영적인 구원에만 매달려 있는 형국이다. 몸을 영혼과 육체로 분리하고 있다. 육체도 하나님의 피조 작품이다. 또한, 거룩한 성전이기 때문에 생명의 원리를 따라 훈육해야 할 책임이 교회와 신학교에 있는 것이다. 생활신앙을 실천하려는 개혁신학도 결국은 몸의 영성을 전제로 해야 한다. 생활 영성은 하나님이 창조한 모든 피조 생명체들과 더불어 화평을 누리며 삶에서 실천할 때 이루어지는 것이다.

3) 권역별 통합 암지지 서비스 센터 구축

전인 치유적인 통합의료 사역은 개신교 내에 모델이 없는 국내 현실을 생각할 때 무모하기도 했고, 개척정신이 없이는 불가능한 분야였다. 시간이 지나면서 서서히 그 열매를 조금씩 맺기 시작하고 있다. 본 센터가 주관하는 〈천봉산 자연건강문화 한마당〉이 한국기독교총연합회가 추천하고 문화관광부에 선정되어 지역주민들과 교회 그리고 관심 있는 분들 350명이 모여 뜻깊은 모임을 하기에 이르렀다. 전인건강학회 창립대회(2007.5)에서 암 재활의 표준으로써 복내가 선정되어 사례 발표를 하게 되었다. 기존의 호스피스 사역 단체들도 넓은 의미의 전인 치유적인 돌봄 사역으로 범위를 넓혀가려고 하고 있다.

2009년에는 암 관련 민간단체 최초로 전남대 암센터와 의료협력 체결을 맺었고, 이 사역에 대한 필요성이 확산되어 급기야는 한국교회 호스피스 협회가 한국교회 호스피스·전인치유 협회로 개칭하기에 이르렀다. 모임을 발족하는 첫 모임에서 주제 강의를 할 때 실로 감회가 깊었다. 전라남도는 통합의학 분야에 관심을 가지고 박람회를 매년 개최했다. 나는 통합의학 박람회의 조직위원으로 위촉되어 정책추진에 일정한 역할을 하였다. 또한, 통합의학박람회 명사로 선정되어 최신 지견을 대중에게 계몽할 기회를 얻기도 했다.

드디어 통합적인 암 재활 정책 협의를 위해 보건복지부 담당 사무관이 본 센터를 방문하였고, 국립암센터 연구 책임자도 암 재활 센터 모델 연구차 내방하였다. 국가 암 정책에서도 통합적인 암 재활 서비스 지지 분야가 공식적인 실행 영역으로 채택되어 지역 암센터를 거점으로 시스템을 구축하기 시작했다. 초기 무렵 이와 관련된 국립암센터 암 재활 관련 연구 프로젝트의 자문위원 제안을 받기도 했었다. 후에 권역별 암 치료 대학병원마다 통합지지센터가 설치되어 암 생존자들의 동반자가 되어 주고 있다.

4) 새숨병원 - 도시형 암통합의학센터(서울 문정동 법조타운)

복내전인치유센터의 전인적이고 통합적인 사역을 계승 발전시키기 위해 서울 문정동에 암통합의학센터를 구축하고 있다. 오랫동안 예멘에서 의료선교사로 사역했던 박준범 원장이 주도하고 있다. 복내 초창기부터 전인 치유를 함께 학습했고, 그 이후에도 꾸준한 우정과 동지적인 교제를 이어왔다. 때가 되어 암 환우를 위한 통합의학센터가 필요하다는데 뜻을 모으고 서울 문정동 법조타운에 2020년 8월 개원 목표로 준비하고 있다. 현재 나는 자문위원으로 병원 설립과 운영의 전반적인 영역에서 전인적이고 통합적인 영성적 가치가 드러나도록 돕고 있다. 향후 새숨병원과 연계하여 암 환우들의 전인적인 케어를 위해 복내치유센터가 필요한 역할을 하리라고 생각한다.

새숨병원 핵심가치(Core Values):

암과 생명 그 전체를 봅니다, 새숨병원!

- **통합 의료(integrative)** - 우리는 암 환자에 희망이 될 치료에 항상 열린 태도와 열정을 가지고 탐구하고 과학적 증명을 기반으로 한 암 치료의 통합성을 지향한다.

- **전인 치유(holistic)** - 우리는 인간의 몸과 마음, 영혼이 암과 질병에 전체로서 영향을 주고 있음을 알고 몸의 회복은 물론 인간의 전 부분 생명의 회복을 위해 노력한다.

- **환경/생태의 건강(Eco-environmental)** - 우리는 암이 단지 국소적인 병이 아니고 건강한 유전자를 훼손하는 대사 장애, 환경과 생태의 오염이 결부되어 있음을 인식한다. 환자의 건강 회복은 생활 방식이 자연 생태와 일치성(biophilia)을 가질 때 온전해지는 것을 믿는다.

- **화해의 삶의 방식(reconciled)** - 우리는 암 질병으로 새로운 차원의 삶을 맞이하게 된다. 환자가 사랑의 관계 안에서 사랑하고 생명과 화해할 때 유전자는 춤추며, 세포와 전체 몸 안에서 치유의 생명력이 샘솟는 것을 믿는다. "사랑을 받는 세포는 암을 이긴다"

- 새숨병원: 의료 공동체 및 직원 공동체(New Breath Hospital As Community)

- 암 통합치료와 전인적 생명 케어를 실천하는 병원

- 명료한 진단과 치료 내용과 미래 방향을 제시하는 환자별 암치료 로드맵(roadmap)
- 암 수술 후 케어와 항암 부작용의 세밀한 심화 케어
- 국내외 신지식을 쉼 없이 연구는 열린 학습 공동체인 의료진
- 환자의 총체적 회복을 위한 LEA (Life-Echo-Art) 전인 치유 프로그램
- 생명 사랑의 소명으로 병원 모두 하나 된 케어 공동체
- 병원 구성원 모두 서로 존경하고 성장을 격려하고 함께 번성하는 유기적인 공동체

2. 선교사를 위한 후방 기지 구축 마련해야 한다

1) 선교사 건강 상실로 인해 무너져가는 선교 현장

2019년 1월, 한국세계선교협의회(KWMA)는 2018년 기준 선교사 파송 국가는 171개국, 선교사 수는 2만 7,993명이라고 발표했다. 인구 대비로는 세계 1위이다. 한국교회는 자타가 공인하는 선교 대국이다. 이전보다 열기는 식었지만, 선교에 대한 책임감은 계속 유지될 것이다. 그런데 선교지로부터 우리를 슬프게 하는 소식이 들리고 있다. 상당수의 선교사가 건강을 잃고서 영적 전쟁터에서 무기력하게 버티고 계신 분들이 많아져 가고 있다는 것이다.

선교사님들의 건강을 지키는 일에 위험 요소는 매우 다양하다. 선교지 현장에서 문화 적응에 어려움이 많을 것이다. 특히 그 나라의 식생활에 적응하는 일은 간단치 않은 것이다. 불규칙한 생활과

자율적인 사역으로 인해 일과 쉼을 적절히 조절하기도 어렵다.

대부분의 선교사님께서 안식년을 맞이해 고국에 들어와서도 후원교회와 후원자에게 선교 보고를 드리고, 새로운 후원자 발굴에 여념이 없어 재충전하기도 어렵다. 장기 휴양이 필요하지만 이를 뒷받침해 줄 수 있는 교회나 기관을 찾기는 쉽지 않다. 웬만한 병은 숨긴 채 선교지로 다시 돌아갈 수밖에 없는 실정이다. 결국, 병을 키워 돌이킬 수 없는 상태에 이르게 되어 사역도 중단하게 된다. 사랑하는 가족 부양도 할 수 없다. 그 무엇보다 하나님의 선교전략에 매우 심대한 차질을 빚게 하는 것이다.

2) 선교사의 전반적인 건강관리 시스템 마련

이제라도 한국교회와 선교계가 머리를 맞대어 선교사의 건강관리 전반에 대한 논의를 시작했으면 한다. 질병 예방, 진단, 치료, 재활, 휴양 등 "선교사 몸 돌봄" 사역에 관심을 가져야 한다. 특히 병후 재활 기간에는 선교사들의 특수한 신분을 생각해 더욱 섬세하고 전인적인 도움이 필요하다. 수많은 훈련과 경험을 쌓은 사역자들을 잘 관리하는 것이야말로 선교전략 중 최고의 지혜이다. 에베레스트 정상에 오르기 위해서는 베이스캠프가 든든히 세워져 뒷받침해야 하는 이치와 동일하다. 건강한 선교사들이 건강한 선교 현장을 만들고 창조와 사랑의 질서에 입각한 선교사역을 지속적으로 감당할 수 있었으면 하는 바람이다.

본 센터는 선교사들에게 다양한 검진 프로그램을 연계하여 제공할 수 있으며, 휴양이 필요한 경우 본 센터에서 전인적인 몸 돌봄 사역을 시행해 왔다. 아세안 미션과 협력하여 중증 재활이 필요한 선교사를 도왔다. 바울선교회(이동휘 이사장)는 선교사 파송 전 국내 교육의 일환으로 전인 치유프로그램을 필수로 이수시켰다. 아울러 안식년을 맞이한 대한예수교장로회 총회선교회(GMS) 소속 선교사 재충전 프로그램을 진행했다. 2,000년 현재 GMS는 102개국에 2,574명의 선교사를 파송한 국내 최대의 선교회로 16개 지역에서 114개 지부가 운영되고 있다. 협약체결을 통해 전 세계에 흩어져 사역하는 선교사들의 멤버 케어를 위한 공동 노력을 도모하기로 했다. 이와 관련된 구체적인 실천 계획은 다음과 같다. 향후 총회와 교회들의 협력을 통해 잘 진행되었으면 한다.

[예방] 암을 비롯한 질병 대부분이 개인의 잘못된 생활 습관뿐만 아니라 사회와 환경적 요인과 연관이 되어있다. 그러므로 선교사 후보생은 허입 전 훈련과정에서 전인적인 건강에 대한 이해 및 증진하는 교육과 실습을 필수적으로 이수해야 한다. 효율적인 교육을 위해 관련 전문 기관에 의뢰하여 위탁훈련을 하도록 한다.

[재활] 질병으로 인한 수술이나 병원 치료 이후에 사역 현장에 복귀할 수 있을 때까지 전인적인 돌봄을 받으며 재활에 힘쓸 수 있도록 전인 치유 선교센터를 적절하게 이용한다.

[휴양] 다양한 이유로 탈진된 선교사들이 질병 상태로 악화하지 않도록 전인적인 돌봄을 받을 수 있는 회복과 재충전 프로그램을 적극적으로 활용한다.

[안식년] 국내 사역을 위해 귀국하는 선교사들이 디브리핑 후 필요에 따라 전인 치유센터에 일정 기간 입소를 권고하여 전인적인 돌봄을 통

해 활력을 회복하도록 한다.

[재교육] 건강은 평생 관리해야 하므로 모든 선교사 재교육 커리큘럼에
전인 건강 교육과정을 적극 반영하도록 한다. 이를 통해 개인의 건
강관리뿐만 아니라 생명 중심의 통합선교 사역 전망을 지속해서 유
지하도록 격려한다.

3) 통전적인 선교 훈련의 장을 마련해야 한다

나는 통합의학과 전인 치유에 관한 연구와 마을공동체를 발전
시켜 나가는 것을 인정받아 세계 3대 인명사전 중 하나인 마르퀴
즈 후스 후(Marquis Who's Who) 2018~2019년 판에 등재되었다.
마르쿠스 후스 후는 등재되는 이들의 선정 기준을 "참고 자료로서
의 가치"에 따라 정한다고 밝히며, 이를 다음과 같이 설명한다.
"등재인 경력 및 상훈 사항, 사회의 기여도 등에 의해 선정된다.
재력, 사회적 위치 혹은 단순한 등재 의사는 큰 고려사항이 되지
않는다." 마르쿠스 측에서는 매해 *Who's Who in America* 발행물
서두에 출판의 주목적을 "국가와 사회의 계발에 큰 기여를 하는
자들의 인명 정보를 모아두는 것"이라 밝힌다.

사역 초기 시절부터 신학적 교류를 나누어 온 노영상 교수(총회
한국교회연구원 원장)는 복내 현장을 이렇게 평가한다. "여기서 신학
과 의학이, 과학과 종교가, 신앙과 실천이, 마음과 몸이, 목사와
의사가 만나는 장을 마련하고 있다." 선교계의 큰 어른이신 이태
웅 박사(전 GMTC 원장)는 "한국적이면서 세계적인 선교 자원이 될
것"이라며 과분한 격려를 해 주셨다. 김정남 교수(전 한국지역간호학

회장)는 "우리나라 치료 모델 중 최고"라는 평가를 해주셨다. 이승장 목사(학복협의 상임회장)도 복내는 "전 세계적으로 유일하고 독특한 사역 형태"라고 언급하셨다.

왜 암 환우들이 생활하고 있는 작은 공동체에 대해서 다양한 분야의 전문가들이 큰 관심을 쏟는 것일까? 아마도 사역 철학이 기존의 교회나 병원이 가진 고정된 사고와는 달리, 인간에 대한 전인적이고 생태적인 접근을 통한 질병에 대해 근원적인 문제 인식과 해결 방향을 제시하고 있기 때문일 것이다.

그동안 한국교회의 치유 선교역사는 정부가 할 수 없는 일들을 먼저 시작해 왔다. 한센병, 결핵 등을 퇴치하기 위해 손양원 목사님 같은 신앙의 선각자들이 몸부림쳐 온 것이다. 이제부터라도 한국교회 이를 위해 관심을 가지고 기도하고, 연구하고, 교육하고, 재정을 투입하고, 사람을 길러내야 한다. 치유 선교에 대한 자원을 개발하고, 지원하는 일을 뒤로 미루어서는 안 된다.

교단에서도 관심을 가지고 전인 치유 요양 프로그램에 대한 매뉴얼을 개발하여 보급해야 한다. 아울러 이를 실행할 수 있는 전인 치유센터를 지역별로 건립하여 생명을 살리는 일을 위해 지역교회들과 네트워크를 이루게 해야 한다. 성도들이 그 현장에 들어가 실천하는 영성 훈련을 받게 해야 한다.

최근 COVID19 지역사회 감염사태로 인한 확진자들이 입원할 병원이 부족하여 난감한 상황에 부닥쳤다. 정부는 그 대안으로 생활치료센터를 운영하여 큰 성과를 거두면서 세계의 주목을 받았다. 이런 개념의 전인 치유센터를 전국 곳곳에 설립하여 운영할 수 있다면 감염병이 일상화되는 미래에 국민 보건 증진에 기여할 수 있을 것이다.

근본적으로는 신학대학원 과정에 암을 비롯한 불난치 질환에 대한 전인적인 임상 목회 과목을 개설하여 기존의 기독병원들과 연계, 의료 현장에서 임상 실습하는 과정을 전공필수로 이수하도록 해야 한다. 아울러 복내와 같은 곳에서 자연 중심의 생활 습관을 체득할 수 있는 훈련과정도 필요하다. 전인 치유 목회에 대한 좋은 지도자를 양성하는 것이야말로 이 사역의 관건이기 때문이다.

3. 지역과 함께하는 생명 농업과 마을기업

1) 초고령화와 농업 위기의 복내마을

내가 사는 보성 복내면 일봉리는 전형적인 산촌이다. 20가구 정도로 구성되어 있고 마을이 형성된 지 오래되어 생산노동 인구는 현저히 줄어들고 돌보아 드려야 할 어르신이 태반을 차지하고 있다. 2015년도 한 해 동안도 일곱 분의 어르신이 노환으로 하늘나라로 가셨다.

농촌 현실은 정말 녹록지 않다. 논농사 경작으로는 별로 순수익이 나지 않는다. 예를 들어 6,000평(30마지기) 논농사 수입으로 연간 500만 원의 소득을 거두는 주민은 30명 정도이다. 초고령화 사회에 진입을 올리는 형편이다. 한 달 순수익이 대략 40만 원 정도이다. 이 정도면 대농에 분류된다. 직접 농사를 지을 수가 없는 연로하신 분들은 대리 경작을 시켜 수를 얻어 생활비에 보태고 있다. 지금의 농촌 현실로는 농사를 지으면 지을수록 빚더미에 올라앉는다.

2) 복내마을 영농조합법인, 마을기업으로 전환

2010년, 복내 마을이 산촌생태마을로 지정되어 4년에 걸쳐 산책길, 상수도 정비, 휴양형 펜션, 절임 배추 공장을 구축하였다. 치유센터 산책로 주변으로 편백 나무를 심어 38만 평에 삼림욕을 위한 둘레 길을 조성하였다. 이후 펜션을 꾸준히 이용하는 분들이 있어서 소득 창출원이 되고 있다. 주력 사업인 절임 배추 공장은 7년 전부터 가동하여 지역 내에 일자리 창출과 경제 활성화에 기여하고 있다.

복내마을 공동체

나는 8년 전에 절임 배추 사업을 활성화하기 위해 개인 소유의 복내마을 영농조합법인을 마을주민에게 개방하였다. 10분의 마을주민이 출자하여 마을기업으로 전환하였다. 마을기업은 특정인이 기업을 소유하지 못하게 하도록 1인이 30% 이상 지분을 소유할수 없다. 특수 관계 친인척이 50% 지분 이상을 가질 수도 없다. 마을의 공동체성을 유지하는 것이 매우 중요한 조건이다. 복내마을 기업은 2015년도에 전라남도 예비형 마을기업에 선정되어 부족한 시설을 보완하였다. 다양한 기업 운영과 관련 교육과 전문가의 컨설팅을 통해 경영지원도 받았다. 천연 식이유황으로 친환경 농자재를 개발하여 특허 출원한 엘바이오텍의 물품과 기술지원을 받아 "유황 절임 배추"를 생산하였다. 일 년 내내 무르지 않는 식감과 당도로 소비자의 반응은 폭발적이었다. 다양한 언론매체들이 앞다투어 홍보해주었다. 주문이 집중적으로 모일 때는 일손이 부족하여 주민 모두가 동원되어 밤새워 물량을 생산하였다.

3) 인정이 넘치는 마을공동체 복원

2016년에는 절임 배추 3,300박스(1박스 당 20kg/총 66톤)를 생산하였다. 배추 및 양념 재료 생산 농가는 4,000만 원 정도의 소득을 올렸는데, 이는 동일 면적 벼농사 대비 3~4배 수익률이라고 한다.

계약재배를 하였기 때문에 생산자는 판로 확보 걱정이 없고, 마을기업은 믿을만한 배추를 조달받을 수 있었다. 절임 작업을 하신 분들은 1달여 동안 400만 원 정도의 큰 소득을 올렸다. 이는 논농사를 일 년 내내 지어 올릴 수 있는 소득과 맞먹는 수준이다.

친환경 유황배추 재배단지

출자하셨던 분들에게는 이익배당을 해드렸다. 어느 해, 사업을 구상하는 중에 마을 이장님께서 땅도 장비도 없는 마을 분들에게 자신의 땅에 배추 농사를 지으라고 제안을 하셨다. 배추 재배부터 납품에 이르기까지 성심껏 봉사하시겠다고 제안을 하셨다. 생산 이익을 골고루 분배하자는 취지였으니 온 마을주민이 인정이 넘치는 공동체가 복원되기 시작했다. 보성 관내 중학생 전원에게 도서를 기증하였고, 관내에 장학 및 다문화가족을 위해 기금을 냈다. 마을 분들이 보람과 자긍심을 가지게 되었다.

4) 행정자치부 마을기업 선정

기존 임대했던 공장으로는 물량을 소화할 수 없는 상황에서 2016년 행정자치부 마을기업에 응모하여 선정되었다. 출자금을 추가로 모집하여 절임 배추 및 김치 가공 공장을 확장 신축하였다.

2017년, 보성농업기술센터로부터 전통음식 개발체험관에 선정되어 김치 담그기 체험 공간을 설계하여 건축했다.

2018년, 김치공장 HACCP 인증과 동시에 사업개발비를 지원받아 홍보 콘텐츠 확보와 SNS 마케팅을 강화할 수 있게 되었다. 아울러 디자인 공모 사업에 선정되어 브랜드 가치를 높이는 작업을 했다. 제품명은 암 환우를 위해 20년 동안 자연식요리를 해온 아내의 이름을 활용해 건강 품은 '최금옥 김치'로 결정했다. 한편 법인이 청년 마을로 프로젝트 사업에 선정되어 청년 활동가를 파견받을 수도 있게 되었다.

2019년 6월, 전라남도와 전남 식품 연구원 그리고 복내마을 영농조합이 MOU를 체결하여 지역특산물 녹차를 이용한 기능성 김치 연구를 시작했다. 드디어 2020년 5월 13일, 녹차 김치 발효종 균을 이용한 녹차 김치 생산 특허 기술을 이전받았다. 앞으로 1년 동안 보성 특산물인 녹차와 김치를 접목해 면역력이 높은 기능성 김치를 생산 보급하는 것이 목표이다. 이미 홍보 마케팅 사업이 후속으로 연계되어 소비자에게 다가설 기회를 갖게 될 것이다.

이런 일을 계기로 제5회 미래 전남 혁신 리더상을 수상하게 되었다. 26년 전 요양차 보성 천봉산 골짜기에 들어와 복내 전인 치유센터를 설립하여 난치성 환우에게 통합치료를 제공하고, 2013년 복내마을 영농조합 법인을 설립해서 '유황 절임 배추' 및 '보성 녹차 김치'를 개발하여 농촌지역 공동체에 활력을 불어넣은 것에 대한 격려의 표창이었다. 상을 받기 위해 일을 한 것은 아니지만, 상을 통해서 척박한 환경에서 새로운 분야를 개척한 데에 따른 고뇌와 인내에 대해 행정기관의 객관적인 평가를 받았다는 점에 다소나마 위안을 얻었다.

금번에 새로 출시한 '보성 녹차 김치'는 전남생물산업진흥원 식품산업 연구센터의 기술지원을 받아 지난 2년 동안 연구개발을 하였다. 제품의 특징은 "나트륨은 줄이고 녹차와 특수 유산균을 첨가하여 품질을 높이고, 소비자의 건강을 생각한 전통김치"이다. 연구 결과 녹차의 카테킨 성분이 김치에 함유되어 있어 항산화, 항염 등 면역력 강화 기능이 입증되었다. 아삭함과 탄산에 가까운 청량감이 돋보이는 특징을 보여주고 있다. 블라인드로 실시한 소비자 기호도 조사에서도 일반 김치보다 압도적인 선호도를 보였다.

지금 코로나 시대에 자가 면역을 높이는 것이 매우 중요한 일이 되었다. 복내마을 영농조합 설립 취지에 따라 생명을 살리는 먹을거리를 생산하여 국민의 생명과 안전을 지키는 일에 최선을 다할 것이다.

복내마을 김치 담그기 체험

5) 시련과 소명

그동안 마을기업을 운영하면서 좋은 일만 있었던 것은 아니다. 영농과 기업경영에 전문적인 지식이 없어서 수많은 시행착오를 겪었다. 마을 분들과 의사소통이 제대로 이루어지지 않아 서로 등을 지을만한 일도 있었다. 무리한 계획과 실행으로 자금압박을 받으면서 대출서류를 만들 때는 도끼로 발등을 찍는 심정이었다. 일손이 부족해 발을 동동 구를 때가 다반사였다. 게다가 절임 배추를 배달하는 나를 동역자와 성도들이 장사꾼 취급할 때도 있었다. 김치공장을 세워 경영자로 사는 것에 대해 곱지 않은 시선을 보내는 것도 나를 힘들게 했다. 아내도 나의 뜻을 온몸으로 뒷바라지를 하다가 몸과 마음이 많이 상했다. 오지 환경으로 아이들도 어렸을 때 부모를 떠나 자신 스스로 어려움을 헤쳐나갈 수밖에 없었다. 이 모든 압박으로부터 자유로워지고 싶어 목숨을 끊고 싶은 충동이 올라올 때도 있었다. 우울증과 불면의 밤으로 치료제를 먹기도 했다.

그때마다 '예수님이라면 어떻게 하셨을까?'라고 자문자답하곤 했다. 예수님께서는 한 영혼을 천하보다 더 귀히 여기셨다. 이 뜻을 실천하기 위해 마을을 두루 다니시며 가난하고 병든 이들의 친구로 사셨다. 소멸하여가는 농촌과 농촌 교회를 포기하지 않으셨을 것이다. 교회와 목회자가 마을을 지키고 생명의 터전을 일구어 새 하늘과 새 땅을 열어가는 남은 자들이 되기를 바라실 것이다.

마을기업의 궁극적 목표는 복내면 일봉리 일대를 유기농 생명농업 단지로 조성하여 믿을만한 먹을거리를 생산하는 것이다. 계약재배를 통해 믿을만한 재료를 확보할 수 있고, 농가 입장에서는 판로에 대해 걱정을 하지 않아도 된다. 이 혜택은 도시민들에게 안전한 먹을거리로 고스란히 전달된다. 결국은 생명의 선순환을 이루어 공생 공존하는 지속 가능한 공동체를 세워가는 것이다. 마을기업 운동은 자본주의 폐해로 갈수록 황폐해져 가는 이 사회를 다시 되살릴 수 있는 대안이다. 마을을 살리면 작게는 우리가 행복할 수 있고, 크게는 지구를 살리는 일을 함께 만들어 갈 수 있다.

4. 교회 생태계 복원, 총회 교회자립개발원

1) 미래자립 교회 자립역량 강화 교육 사역

2017년 2월, 대한예수교장로회총회 교회자립개발원(이사장 이상복 목사) 연구위원으로 위촉을 받게 되었다. 교회자립개발원 정관에 의하면 목적과 기능은 다음과 같다.

① 목적 : 총회 내의 교회 자립을 위한 제반 사업을 총괄하고 이의 시행을 통해 공교회성을 확립하여 한국교회의 재부흥에 기여함을 목적으로 한다.
② 기능 : 미래자립교회의 파악과 지원교회와의 연결, 노회 산하 교회자립지원위원회 및 권역별 지회(교회자립지원위원회)와 상호 소통함으로 자립을 위한 정책 연구개발, 시행, 유관 기관과의 협력 사업 전개 등 교회자립지원을 위한 제반 사업의 시행을 주 기능으로 한다.

연구위원회는 총회 산하 미래자립교회의 자립을 돕기 위해 '생활비 지원팀', '자립역량강화 교육팀', '은퇴자 복지팀', '학자금 지원팀'으로 구성되어 있다. 신고식을 겸한 이사, 연구위원 합동 연수회에서 지속 가능한 자립 지원에 발표 요청을 받아 중장기 목표와 방법을 제안하기도 했다. 나는 교육팀에 소속되어 미래자립교회를 위한 부부 세미나, 자립세미나 등을 기획하고 실행하였다. 생활비 지원을 보조받는 것을 넘어서서 목회자 스스로 생활을 할 수 있는 독립적인 생각과 실천을 강조하려고 했다. 이에 따라 모범적인 자립사례를 발굴하여 자료집을 발간하는 실무역할을 하였는데, 응모자가 없어서 사례교회를 수소문해서 천신만고 끝에 책을 발간하기도 했었다. 도농 교류와 농어촌교회의 자립을 위한 일일 장터 운영팀에 소속되어 농어촌교회의 애로를 대변했다. 안타까운 것은 농어촌교회 목회자 자신들이 생명 농업과 도농 교류에 대한 투철한 소명 의식을 갖지 못했다. 그리고 농어촌 관련 사업은 총회 유관부서와 협력이 필수적이라고 생각했다. 이에 일일 장터와 농어촌 선교를 위한 정책 세미나에 농어촌부 임원을 초청해서 공감과 협력을 다짐하는 일을 시도했었다. 지금은 이유가 어찌 됐든 전국 및 권역 단위 일일 장터가 계속되지 못하고, 총회 내 농어촌 관련 유관부서 간에 협의체가 가동되지 못하고 있다는 점이 매우 안타까운 현실이다. 전남광주권역 자립위가 4회 차 농도교류를 위한 일일 장터를 운영하고 있을 뿐이다.

2) 광주전남권역 자립위

본부 중심의 사역에 한계를 느끼면서 권역 단위 활성화가 주요 이슈로 떠오르게 되었다. 본부에서 권역과 노회 자립위까지 관장하는 것은 애초부터 불가능한 일이었다. 나도 연구위원 활동 초기부터 기회가 있을 때마다 권역 사역의 중요성을 역설했다. 드디어 전국 권역마다 발대식이 진행되었고, 2019년 3월 광주전남권역(위원장 이상복 목사) 발대식이 개최되었다. 광주전남권역 운영세칙에 의하면 본 회의 목적과 기능은 다음과 같다.

①목적: 권역 내의 미래자립교회를 파악하고 노회와 연계하여 지원을 활성화하고 이사회, 총회와의 가교역할을 감당한다.
②기능: 권역 특성화 사업 개발 시행, 생활비 및 학자금 지원, 자립화 교육 등 재정에 대한 균형 집행 등을 시행한다. 이를 위해 지역 내 소속 교회의 지원 예산편성률 지도 및 시행 감독, 자립 지원 종합 정보 제공, 노회 자립위와 총회개발원과의 가교역할을 통한 사업 소통, 권역 특성에 맞는 사역 지원 프로그램 개발 및 운영을 주 기능으로 한다.

자립개발원 광주전남권역 초대 총무로 선임되었고, 총회 이후 18개 노회 자립위의 조직을 3개 지역(광주권, 동부권, 서부권)으로 정비하고 지역마다 부위원장과 간사를 세웠다. 노회 자립위원장으로 구성된 실행위원회는 3개 팀(자립지원팀, 이중직 연구팀, 자립역량 강화 교육팀)에 소속시켜 참여의식을 높였다. 권역의 실제적인 운영을 위해 권역 운영세칙과 재정 운용 내규를 기초하였고 타 권역의 요청 시 자료를 공유 협조했다. 지난 1년 동안 권역 단위의 다양한 사업을 진행하였다. 지난 5월 14일에 제2기 권역 실행위 총회를 치렀다. 첫 회기이다 보니 미숙한 것도 많았지만 보람된 한 해였다. 총회에서 통과된 2020년 제2회기 광주전남 자립위 중점사역을 소개한다.

1. 총회 매뉴얼에 따라 교세 통계 입력을 독려.
2. 자립아카데미를 개설, 운용하여 자립역량강화(수련회, 8주 과정, 체험).
3. 총체적인 자립지원을 위해 사역 지원교회 발굴과 함께 미래자립교회를 연계.
4. 이중직 관련 연구를 심화시키고 세부적인 실행 매뉴얼을 마련하여 시행.
5. 마을기업 및 목회자를 위한 일자리 확보 사업을 연계(전남 통합지원센터).
6. 자립화 모범 노회를 타 권역의 지원 의사가 있는 노회나 교회를 연계.
7. 1개 노회 2명에게 각 100만 원씩 자녀학자금을 지원(2020년 본부 16명, 권역 12명 학자금 지원 실행).
8. 권역 내 노회 실행회비 성실 납부 독려를 위해 인센티브와 페널티를 적용.
9. 권역 내 자립화 사업 선정 시 객관적이고 엄정한 기준으로 시행(선정 시 자립화 교육과정을 이수한 자에게 가점을 부여한다).
10. 농도교류와 일일 장터 활성화를 위한 권장 사항.

① 교회 내 각종 시상품을 일일 장터용 달란트로 연간 운용.

② 권역 내 농어촌교회 농·특산물 주보 광고 상시 게재(계절별, 명절 선물).

③ 온라인/오프라인 생명 밥상 매장 구축 운용.

11. 총무와 지역별 간사에게 활동비를 지급하여 권역 실무 담당.

12. 본부 자립 지원 사업 정보 적극 홍보 및 수혜 혜택 안내.

13. 긴급을 요하는 특별 사업이 있을 시 임원회 결의를 거쳐 실행.

아직도 노회 단위에서는 자립위의 역할에 대한 인식이 미흡하고 각 교회의 통계 입력 작업이 잘 이루어지지 않고 있다. 통계자료는 정책 입안의 기초자료인데 아쉬움이 많이 남는다. 이번 봄 노회에는 통계 작업을 원활하게 하도록 노회마다 전산 관리자를 세우도록 독려했다. 올해는 통계 작업이 한 단계 도약할 수 있도록 각 노회와 교회들의 적극적인 협조를 해야 할 것이다.

미래자립교회 목회자는 이중직 허용에 따른 건전한 일자리를 가지고 자비량 목회를 할 수 있게 되었다. 일과 노동을 부정적이거나 소극적으로 생각하지 말아야 한다. 일터 선교사로서 자차정체감을 확립하고, 농어촌지역을 선교지로 생각하고 마을공동체를 섬겨 하나님 나라를 확장해야 한다. 이에 지역사회를 섬기면서도 덕을 선전할 수 있는 사회적 경제 조직(사회적기업, 마을기업, 협동조합, 자활기업)에 관심을 가질 필요가 있다. 정부와 사회는 빈부양극화 극복과 생산적 복지를 구현하려고 큰 관심을 가지고 집중적인 지원을 하고 있기 때문이다.

다음으로 자립을 위해서 목회역량 개발에 총력을 기울여야 할 것이다. 이 주제와 관련해서는 본 교단지 기독신문에서 교회자립개발원과 연계하여 연중기획특집을 다루고 있는 내용을 소개하겠다.

기독신문에서 연중기획/한국교회 샛강을 살리자 시즌2에서 자립사역으로 주목받는 한남노회와 대전노회를 조명했다. 수도권의 노회자립위원장들은 "총회교회자립개발원(교회자립개발원)에서 미래자립교회 생활비 보장을 최우선 사업으로 강조하고 있다. 이 사역은 정말 중요하지만, 현실적인 한계가 있다"라고 말했다.

한계는 크게 두 부분이다. 첫째는 시기를 놓쳤다. 미래자립교회 목회자의 생활비 문제가 대두됐던 20년 전에 생활비 보장 사역을 시작했다면, 큰 호응과 효과를 봤을 것이다. 생활고에 처한 미래자립교회 목회자들은 어쩔 수 없이 이중직을 하거나, 사모가 직업을 갖고 생활을 책임지고 있다. 둘째는 낮은 지원액이다. 교회자립개발원에서 생활비 보장액으로 제시한 생활비 140만 원은 도시 교회의 목사와 사모가 직업을 내려놓고 교회 자립에만 전념하기에 턱없이 낮다.

한남노회는 미래자립교회 재정지원의 한계를 인식하고, 2018년부터 목회자의 자립의지와 목회역량을 향상하는 세미나와 코칭 사역을 진행하고 있다. 지난 9월 열린 목회자 역량개발 세미나에서 한남노회자립위원회 임원들과 참석자들이 건강한 교회를 향한 의지를 다지고 있다. 한남노회도 같은 고민을 했다. 한남노회는 총회에서 교회자립개발원을 설립하기 전부터 산하에 '어려운 교회 돕기 위원회'를 조직했다. 미래자립교회 재정지원은 물론, 노회 예산으로 기금을 만들어 대출사역까지 펼쳤다. 그러나 6년 동안 사역을 펼치면서 한계를 절감했다. 한남노회자립위원회(위원장: 박명배 목사) 총무 이형린 목사는 "미래자립교회 재정지원은 사실상 구제사역 수준에 머물러 있었다. 미래자립교회 목회자들은 재정적 어려움은 물론 육체적으로 지쳐 있고 영적으로 침체해 있었다. 이대로는 안된다고 생각했다"라고 말했다.

마침 총회에서 교회자립개발원을 설립했다. 한남노회는 어려운 교회 돕기 위원회를 교회자립위원회로 전환했다. 그리고 노회 산하 미래자립교회 30곳을 실사했다. 증경 노회장 이두형, 이병설 목사는 실사 후 큰 충격을 받았다고 말했다. "실사를 한 위원들이 2개월 동안 우울증에 빠질 정도였다. 미래자립교회 목회자들의 참담한 상황을 직접 본 후, 기도를 많이 했다. 동역자들을 위해 내가 무엇을 해야 하느냐, 노회는 무엇을 해야 하느냐, 질문하며 고민을 했다."

한남노회자립위원회는 1년 동안 토의하고 연구를 했다. 미래자립교회 목회자를 위한 기본적인 재정지원은 유지하면서, "육체적, 정신적, 영적으로 지친 목회자를 회복시키고, 교회자립에 필요한 실제적인 지원사역을 연구했다." 그렇게 2018년 11월 '목회자 역량개발 세미나'를 시작했다. 목회자 역량개발 세미나는 '부흥한 교회 목회자의 성공담' 수준이 아니다. 이형린 목사는 "세미나의 궁극적인 목적은 자립을 넘어 건강한 교회를 세워가도록 하는 것이다. 이를 위해 목회전문기관인 한국NCD와 협력해서 좋은 프로그램과 강사를 지원받고 있다"라고 말했다.

목회자 역량개발 세미나와 함께 주목해야 할 사역이 있다. 한남노회자립위원회는 미래자립교회 3곳을 선정해서 2년 동안 한국NCD 전문 사역자들에게 코칭을 받도록 지원하고 있다. 비용은 전액 노회에서 부담한다. 한남노회자립위원회는 이제 미래자립교회를 위한 첫 걸음을 내디뎠을 뿐이라고 말했다. 교회를 개척하고 자립의 의지가 있는 목회자를 최선을 다해서 최대한 지원하는 방안을 찾아가는 중이라고 했다. 그것이 '교회를 사랑하고 목회자를 돕는 노회의 역할'이라고 강조했다

(출처 : 기독신문 2020년 5월 18일 자, 연중기획/한국교회 샛강을 살리자 시즌2 인용)

시간이 지나면서 권역이나 노회별 차이는 있으나 자립개발원 사역에 대한 이해의 폭이 넓어지고 기대가 높아지고 있다. 하지만 본부와 권역 그리고 노회 자립위가 자리를 잡으려면 꽤 많은 시간과 지혜로운 전략이 요청되고 있다. 목회자 이중직에 대한 부정적 이미지 쇄신을 위한 신학적 선행 작업과 일터 영성 훈련과정이 필수적으로 제공되어야 할 것이다. COVID19 이후 교단의 교회 생태계가 급격하게 무너질 가능성이 크다. 이럴 때일수록 공교회 의식을 확고히 하며, 위기를 기회로 삼아 총체적 연대 정신을 강화해야 할 것이다.

5. 위기의 농어촌과 농어촌교회

1) 소멸하고 있는 농어촌사회

오늘날 한국 사회는 물질 중심의 가치관으로 말미암아 생명 경시 풍조가 만연되어 있다. 이로 말미암아 생명의 존엄성이 무너지며 도덕성이 상실되고 우리는 수많은 혼돈과 질병에 시달리고 있다. 더 나아가 생태계가 파괴되어 인류를 포함한 생명체 모두가 공멸의 위기에 처해 있다.

특히 농촌은 다양한 위기로 소멸의 길을 가고 있다. 다수확을 목적으로 화학비료, 농약, 제초제를 무차별적으로 사용하는 관행농법으로 생명의 근본인 흙이 죽어가고 있다. 축산 현장에서는 동물 학대로의 결과로 살충제 달걀, 구제역 파동 등 반생명적인 일이 일상적으로 반복되고 있다. 한반도 근해는 미세플라스틱으로 오염되어 인체에 치명적인 해산물이 서식하고 있다. 이렇게 생명의 먹을거리가 죽임의 먹을거리로 타락하여 각종 질병의 원인이 되었다.

이미 젊은이들은 농촌을 떠났고 고령화된 노인들만 남아있다. 아울러 FTA 체결로 인한 자유무역으로 국내 농산물의 소중한 가치를 떨어뜨렸으며, 결과적으로 식량주권을 상실하게 하였다. 현재 식량자급률이 24%라 할지라도, 주요 농산물인 '쌀'을 제외하면 곡물자급률은 5% 내외에 불과하다. 밀은 전체 소비량의 99.3%, 옥수수는 99.2%, 콩은 88.7%를 수입했다(2014년 통계). 미국 농무부의 세계 130개국 밀, 콩, 옥수수 3대 곡물자급률 자료에서 한국은 고작 1.6%의 자급률을 기록해 세계 최하위권에 자리했다. 갈수록 농업에 대한 가치를 경제 타당성으로 판단하여 국내 농업 환경은 더욱 악화할 것이다.

최근 들어 유전자조작농산물(GMO, Genetically Modified Organism) 논란이 확산하고 있다. 아직 이것들이 인간에게 해로운지에 대한 검증도, 또 생태계에 미치는 영향이 어떤지 검증이 이루어지지 않은 채, 거대 농산기업들(agribusiness)의 권력과 물질에 대한 탐욕을 제어하지 못하고 생산, 유통되고 있다.

이러한 농촌사회의 위기는 농촌 교회로 고스란히 이어져 하나둘씩 문을 닫아야 하는 실정에 있다. 농촌 교회의 재정 악화는 교역자 생활비를 지급할 수 없고 영원한 미자립 형태로 굳어지고 있다. 도시 교회의 항구적인 지원이 없이는 교회의 존재 기반이 불가능한 상태에 이르렀다. 그런데 베이비부머 시대가 은퇴하기 시작하면서 도시 교회 헌금도 줄어가고 있다. 이에 따라 도시 교회가 농촌 교회를 지속해서 지원하는 것이 어렵게 될 것이다.

예장 합동 교단 산하 1만 1천 교회 중 농어촌교회는 농·도 복합형 교회를 포함할 때 절반 정도로 추정되고 있다. 이들 교회의 대부분은 미자립, 미조직교회로 분류되고 있다. 교단 생태계가 심각하게 위협받고 있다. 더 나아가 한국 농어촌교회의 위기이다. 우리가 마주하고 있는 농어촌사회와 교회의 현실은 매우 절망스럽다.

"목회현장에 관한 연구가 없다. 그러니 정책이 나올 수 없다. 사실상 방임 상태다. 총회가 손을 놓고 있는 사이에 교회들은 계속 사라지고 있으며, 그 속도는 더욱 빨라지고 있다. 농어촌 지역의 교회들은 전통적인 목회로 생존할 수 없는 상황이다.”

총회교회자립개발원 (법인 이사장: 이상복 목사) 연구위원인 이박행 목사는 “10년 안에 농어촌 교회들의 폐쇄가 총회에서 심각한 문제로 대두될 것”이라고 단언했다. 교회폐쇄 문제가 본격적으로 나타난 이후, 총회는 대응할 수 없는 상황에 놓일 것이라고 말했다.

이박행 목사의 경고를 무시할 수 없는 이유가 있다. 최근 국립산림과학원이 발표한 <2020 산림·임업 전망, 귀산촌 정책>에 따르면, 전국 466개 읍면 중에서 인구소멸 고위험 지역이 무려 364개(78.1%)로 나타났다. 인구소멸 위험에 진입한 지역도 87개였다. 전체 466개의 읍면 중 96.8%인 451곳이 인구소멸의 위험에 처한 것이다.

총회교회자립개발원이 주최한 ‘농어촌교회 자립화를 위한 워크숍’에서 강태봉 목사가 자립을 이룬 경험을 발표하고 있다. 강태봉 목사가 시무하는 거금도 월포교회는 지역특산물인 유자를 활용한 가공식품과 미용 제품을 만들어 교회 자립은 물론 주민들에게 경제적 유익을 주고 있다. 한국교회와 사회는 강 목사처럼 목회하면서 지역을 살리는 ‘공동체 목회’를 주목하고 있다. 그러나 총회는 목회 이중직의 틀 안에 갇혀 미래 목회를 준비하지 못한다는 지적을 받고 있다.

인구소멸이 농어촌만의 문제일까. 한국고용정보원은 지난 연말 대통령 직속 저출산고령사회위원회에 연구보고서 <한국의 지방소멸위험지수 2019 및 국가 대응전략>을 제출했다. 이 보고서에 따르면, 현재 전국 228개 시군구 중 인구감소로 소멸위험에 처한 지역이 97곳으로 나타났다. 주목할 점은 인구소멸의 문제가 도시로 확산하고 있다는 것이다. 소멸위험 지역에 강원 동해시, 경기 여주시, 경남 사천시, 충북 제천시 등 수도권과 지방의 주요 도시가 포함됐다.

저출산 고령화로 인한 인구감소, 그로 인한 지역공동체의 와해와 교회의 폐쇄. 이박행 목사는 분명히 다가오는 지역공동체와 교회의 위기 앞에서, 총회가 하루빨리 대책을 마련해야 한다고 외친 것이다.

(출처: 기독신문 2020년 3월 31일 자, 이박행 목사 인터뷰 인용 http://www.kidok.com)

더 늦기 전에 농어촌교회의 자립 활성화 방안을 마련하여 다시 젊은이들이 농촌으로 돌아오게 해야 한다. 농촌 교회의 지속적인 유지와 기틀을 마련하고, 궁극적으로는 무너진 생태계를 복원하여 창조 질서의 회복을 이루어야 하겠다.

2) 변화하는 농촌, 변화되어야 하는 농촌교회!

인구 초고령화는 필연적으로 농촌 소멸로 이어질 것이다. 농촌에는 아이들의 울음이 그친 지 오래되었다. 65세 되신 분이 마을 청년회 회장이다. 귀농, 귀촌 등으로 새로운 인구 유입이 있으나 극소수만이 안정적인 정착을 할 뿐이다. 농촌은 부족한 노동력을 확보하기 위해 외국인 노동자를 유입하여 다문화 사회로 빠르게 변화될 것이다. 외국인 이민이 까다롭기 유명한 일본도 최근 이민 규제 정책을 완화해 외국인 노동자를 적극적으로 유치하고 있다.

초고령사회가 일본 쇄국의 빗장을 풀게 한 것이다.

사실 농촌의 위기는 오래전부터 켜켜이 쌓여 왔다. 값싼 수입 농산물로 인해 국내산 농산물은 생산 원가를 맞추기 어렵다. 유전자조작식품 GMO와 다국적 식량 회사의 종자독점으로 식량주권을 상실했다. 과다한 화학비료와 무차별적인 제초제 사용으로 땅이 죽어가고 있다. 도시인들은 죽은 땅에서 생산된 농산물을 먹고 원인을 알 수 없는 수많은 질병으로 신음하고 있다. 이미 시작된 4차 산업혁명의 파고를 농촌도 피할 수 없다. 이를 대처할 수 없는 농민 대부분은 빈농으로 전락하여 부익부 빈익빈이 극도로 심화될 것이다. 지금 농촌은 총체적 위기를 맞고 있다! 이런 변화하는 농촌에 대해 농촌 교회는 어떤 응전을 해야 할까?

첫째, 목회자가 교회 안에서 종교적 제의를 주관하는 일에만 스스로 역할을 가두어서는 안 된다. 이는 농촌이 강도를 만나 죽어 가는데 목회자들이 고통에 아랑곳하지 않고 지나치는 격이다. 이제라도 지붕 없는 교회인 마을로 들어가 주민들과 함께 마을공동체 재건에 힘써야 한다. 사랑은 말과 혀로만 하는 것이 아니라 행함과 진실함으로 하는 것이다. 흩어지는 교회로서 목회자와 성도들이 마을 속으로 들어가서 주민들의 고통과 기쁨에 동참해야 할 것이다.

둘째, 사회적 경제조직에 적극적인 관심을 가져야 한다. 제103회 총회에서 미자립교회의 목회자의 이중직 허용 결의를 주목할 필요가 있다. 때마침 문재인 정부는 빈부 양극화의 폐해를 극복하기 위해 사회적 경제조직 활성화와 마을공동체 회복에 심혈을 기울이고 있다. 그 일환으로 사회적기업, 마을기업, 협동조합, 자활기업 등을 적극적으로 육성하여 일자리 창출, 공동체 복원, 생산적 복지를 이루어 건강한 경제 생태계를 구현하고자 노력하고 있다. 이에 농촌 교회 지도자들은 공공신학에 기반을 두고 필요한 정보를 확보하여 마을 내에서 선교적 교회로서 사명을 감당해야 한다. 자비량 목회와 더불어 공공 영역에서 선교적인 접촉점을 찾을 수 있을 것이다.

셋째, 도시 교회가 농어촌교회를 돕는 방식이 변화되어야 한다. 목회자 생활비 보조를 넘어 자비량 목회를 할 수 있도록 현장교육과 콘텐츠 개발에 집중후원해야 한다. 권역별로 의지가 있는 교회를 선택하고 집중적으로 지원하여 좋은 모델을 만들어야 한다. 그 교회가 중심이 되어 권역의 인근 교회가 협동하여 효율적인 자립방안을 스스로 도출할 수 있도록 해야 한다. 한편으로 총회 차원의 농수산물 온라인 직거래 쇼핑몰을 개설하여 생산자와 소비자가 쉽게 이용할 수 있도록 인프라를 구축해야 한다. 다양한 도농 교류 프로그램이 활성화되면 도시와 농촌 교회가 상생하며 동반성장의 기반을 조성할 수 있을 것이다.

천봉산희년교회 버섯재배

넷째, 변화된 농촌 상황에 맞는 선교전문가를 양성해야 한다. 농촌 교회 시니어 목회자들이 은퇴하면 다음 세대를 이어갈 목회자가 없는 실정이다. 농촌 교회에 부임하는 목회자들이 도시 교회로 가기 위해 잠시 머무는 정거장으로 생각하는 경향이 있다. 적어도 농촌이 가까운 지방 신학교에는 농어촌목회 전문 과정을 서둘러서 개설해야 한다. 안타깝게도 현금의 농촌사회 변동에 대해 신학교의 대처는 안일함을 넘어 무관심하다. 더 나아가 농어촌 선교훈련원을 설립하여 현장 연계 학습이 이루어지도록 해야 한다. 덴마크의 그룬트비 목사와 같이 총체적 복음 전파의 의지를 갖추고 농어촌 마을을 살려야 한다. 그럴 뿐만 아니라 생명 목회를 통해 문명 전환기의 나라와 민족을 새롭게 하겠다는 결기를 가진 용사들을 배출해야 할 것이다.

복음과 상황은 분리될 수 없다. 상호 순환을 통해서 하나님 나라의 생명력이 충만케 되는 것이다. 지금 한국의 농촌은 선교지의 땅끝이며, 위기이자 새로운 기회의 전환기이다. 농촌은 경제적 가치로만 환산할 수 없는 생명망(web of life)의 근간이다. '변화하는 농촌과 변화되어야 하는 농촌 교회'를 생각해야 할 중요한 시점이다. 지금의 선택이 미래를 결정할 것이다.

3) 총회 농어촌 선교 플랫폼 구축을 위하여

그동안 총회의 농어촌교회 관련 사업이 단기적인 성과를 거두었지만, 지속 가능한 변화를 끌어내는 점에서 다소 미흡하였다. 앞으로 농어촌 목회자들이 생명 목회에 대한 자긍심을 갖도록 하고, 자비량 목회역량을 극대화해야 한다는 필요를 느낀다. 물고기를 주는 것보다 물고기 낚는 법을 가르쳐야 한다. 농촌사회와 교회를 살리기 위해서는 총회 산하 농어촌 선교 관련 기관이나 부서가 협력하여 특별한 선교전략과 종합적인 대책 마련이 절박한 상황이다. 이를 위해 제104회기 총회에 상설기구 〈농어촌선교특별위원회〉를 구성하여 관련 기관 및 상비부(위원회 포함)들과 함께 중장기적인 정책 입안과 부서 간 상호 교류와 협력을 통해 아래 항을 추진하도록 헌의 안을 올렸으나 아쉽게도 연구 검토에 그치고 말았다. 앞으로는 농어촌교회 목회자 스스로가 필요성을 절감하고, 총회가 이에 부응하는 방식으로 재추진되어야 할 것이다.

①총회 내 4개 신학대학원(총신대학교, 칼빈대학교, 광신대학교, 대신대학교)에 「농어촌목회(선교)」를 필수과목으로 개설하여 이수토록 하고, 농촌선교 활동 봉사 체험실시, 농어촌선교연구소 설치 등을 통해 다음 세대를 이어갈 사역자를 양성한다.

②총회 직영 「도농 직거래(온라인, 오프라인) 장터」 개설, 운용하여 농어촌교회가 자립할 수 있도록 돕고, 도시 교회 교우에게는 안전한 먹을거리를 제공한다. 아울러 도농교회 간에 다양한 인적, 물적 교류를 통해 생명 그물망을 구축하여 형제애를 나누며 동반성장을 추구한다.

③총회 산하 「농어촌선교연구소 및 훈련원」을 3권역에 설립, 운용하여 현장 중심의 농어촌 목회자 재교육 및 귀농 귀촌 희망자 정착을 돕도록 한다.

④총회 산하 「사회적 복지(기업) 지원센터」를 설치하여 정부와 관련

단체의 지원을 활용하여 농어촌 미래 자립교회 목회자 자립과 은퇴자 노후 보장뿐만 아니라 지역사회에 도움을 줄 수 있도록 한다.

⑤ 농촌지역의 노회에는 「농어촌목회자회」를 조직하도록 하고, 총회 산하 단체로 「농어촌 목회자 협의회」를 결성한다. 협의회 대표에게 총회 언권 회원 자격을 부여하여 총회와 농어촌교회 간의 원활한 소통이 이루어지도록 한다.

6. 생명의 그물망, '한국교회생명신학포럼'

한국교회생명신학포럼은 총체적인 생명의 위기 시대에 맞이하여 성경적인 관점에서 인간과 사회 그리고 피조 세계가 지속 가능한 삶을 영위할 수 있게 하려면 생명 분야 제 영역의 전문가 50인이 발기인으로 참여하여 2017년에 창립하였다. 나는 포럼 창립 공동준비 위원장으로서 포럼 활동의 목적을 다음과 같이 제시했다. 첫째, 성경적 준거에 기반하여 생명 신학을 정립한다. 둘째, 인간과 사회 그리고 피조 세계의 전 영역을 성경적 가치로 해석하고 적용한다. 셋째, 창조 질서 보존을 위하여 생태주의적인 생활을 영위하도록 운동의 방향을 제시한다.

제1회 "다시 생명이다", 제2회 "생명의 터, 마을공동체", 제3회 "기독교와경제"에 이어 2020년 제4회 생명신학포럼은 'COVID19 이후 한국 사회와 기독교'로 주제를 정하고 진행했다. COVID19 바이러스 감염사태는 새로운 문명사적인 전환을 요구하고 있다. 이에 따른 신학적 성찰, 순환 경제, 공중보건, 교회 목회, 복지선교, 세계선교, 환경운동, 시민사회 운동 등 제 영역을 고찰함으로써 생태적인 삶에 대한 전망을 갖도록 돕고자 했다. 피조 세계 안에서 창조주의 질서를 깨닫고, 그 안에서 모든 생명과 더불어 공생 공존하는 삶이야말로 하나님이 즐겨 받으실 참된 예배일 것이다. 이제는 하나님의 몸으로서 하나의 지구(One Global) 안에 사는 모든 생명체는 하나의 건강(One Health)을 추구해야 한다. 신음하는 지구촌에 참 평화와 안식이 회복되기를 간절히 바란다. 포럼 발기 취지문과 실천 과제를 일부 발췌하여 다음과 같이 소개한다.

1) 생명의 총체적 위기 시대

21세기는 거대한 조류를 뜻하는 메가트랜드(Megatrends) 시대로써 세계화와 초고령사회, 가치 및 기후 변화, 4차 산업혁명, 자본주의 진화 등의 격동이 일어나고 있다. 미래 예측과 대응을 소홀히 한다면 생명 멸절의 세기가 될 수도 있다. 혹자는 이미 인류와 지구공동체는 되돌리기 어려운 생명의 총체적 위기 앞에 놓여 있다고 주장한다. 이 위기는 인간 위기, 생태 위기, 영적 위기로 그 얼굴을 달리하며 모습을 드러내고 있다. 위기의 뿌리는 자유주의 세계화 정신과 과학기술이 제공하는 장밋빛 정신으로 무장한 약탈적 경제체제이다. 신자유주의 세계화는 인간의 존재를 황폐하게 만들어 정신적, 신체적 질병을 초래했다. 부의 양극화와 전통적 가치관의 붕괴는 경쟁에서 도태될 수 있다는 불안과 상대적 빈곤감으로 인해 우울증, 자폐증의 뿌리가 된다.

과학의 발달로 인한 산업화와 도시화는 인간의 생활 수준을 급격히 향상했지만, 생활 방식을 급격하게 바꾸어 놓았다. 경제적 풍요를 누리게 되자, 삶의 주된 관심사가 의식주 해결에서 삶의 질로 바뀌었다. 이른바 '생리적' 생활양식이 '사회적' 생활양식으로 바뀌고 있다. 그러나 우리의 삶의 방식은 대기오염, 수질오염, 녹지의 감소, 에너지 고갈뿐만 아니라 생명의 둥지인 지구공동체를 근본적으로 파괴하고 있다. 특히 지구 온난화 등의 기후 변화에 대한 경각심을 갖지 않는다면, 우리는 생태적인 종말의 벼랑 끝에 서게 될 것이다.

이러한 위기는 농촌의 붕괴를 초래했다. 지금까지 우리나라의 농업정책은 화학비료와 농약 사용을 통한 대량 생산을 목표로 삼았다. 결과로 쌀 생산량은 증가했지만, 물과 공기와 흙을 비롯한 자연은 엉망진창이 되어버렸다. 농산물을 재화 획득의 수단으로 보고 단기적인 이익만을 얻으려는 정책은 자연의 본성을 거스르는 방식이었기에 필연적으로 농촌의 붕괴를 초래했다. 농촌의 초고령화로 인한 인력난도 심각하다. 도시에서는 실업자가 넘쳐나고 농촌에는 일손이 태부족이다. 농촌에는 인구절벽 사태가 이미 현실화하고 있을 뿐만 아니라 수입식품, 종자 문제, 유전자 조작 식품 등 총체적인 문제가 얽혀 있다. 현재 우리나라의 식량자급률은 약 28% 정도이다. 만약 기후 변화나 국제적인 전쟁으로 인해 식량안보 문제가 대두되면 한국의 농업, 생태, 생명은 근원적 위기로 치닫게 될 것이다. 발전의 신화에 사로잡힌 현재 인류는 태양을 향해 날아가다가 추락한 이카루스처럼 장밋빛 미래를 꿈꾸었지만, 인간과 생명과 영성의 위기를 초래하고 있다. (중략)

2) 생명 위기에 대한 한국교회 대응

한편으로 지금 우리 사회에서는 산업화, 도시화, 근대화, 정보화가 주는 근본적인 삶의 근본적인 피로에 대항하는 부드러운 저항이 일어나고 있다. 주류사회는 여전히 신자유주의 경제체제에 기대어 성공과 행복을 추구하지만, 이와는 별도로 생태 문명의식을 가진 소수의 운동가에 의해 귀농 귀촌 운동, 생태 전환도시 운동, 대안 교육공동체, 동서양을 아우르는 통합의학의 흐름이 전개되고 있다. 아울러 자본주의의 병폐로 붕괴한 마을 공동체성 회복을 위해 협동조합, 마을기업, 사회적기업이 대안으로 강조되고 있다. 이런 시도를 통해 가족과 마을 구성원 그리고 마을과 마을과의 관계를 복원하는 생명의 그물망이 만들어질 것이다.

기독교가 21세기에 정신적·영적 차원에서 중요한 역할을 하려면, 전 영역에서 생태적 신앙을 재발견해야 한다. '생태'는 단순히 자연이나 환경을 의미하기보다 자연의 한계 안에서 인간과 자연, 인간과 인간이 서로 연결되어 있으며, 공존 공생해야 한다는 원리를 가리킨다. 한국교회는 이런 시대정신에 걸맞게 마을목회 및 생명 목회에 관심을 가지고 현대 문명의 폐해를 극복하는 일에 앞장서야 하겠다. 생명의 가치를 재인식하고 생명 문화를 창달하는 것을 목회와 선교의 우선순위에 두어야 한다. 더 나아가 생명 중심의 하나님 나라 운동이 삶의 모든 분야에서 총체적으로 전개되어야 한다.

만약 인간의 삶을 하나님의 원칙에 따라 살도록 인도하는 것이 포괄적 의미에서 선교라고 본다면, 지금 금송아지를 섬기고 있는 이 세계를 향하여 교회는 신학적 응답을 할 필요가 있다. 성경적 핵심 가치인 '생명'을 회복하며 충만하도록 일깨우는 예언자적인 사명을 감당하는 것보다 더 시급한 과제는 없을 것이다. '한국교회 생명신학포럼'의 가치 지향이 한국교회뿐만 아니라 세계 교회와 모든 피조 세계를 향하여 샬롬의 문명을 향도하는 희망의 등대가 될 수 있기를 기대한다.

3) 피조 세계 회복을 위한 생명 신학 제언

첫째, 개교회주의, 교파주의로 게토화 되어 가는 현실에서 벗어나 교회의 우주적 연대성을 회복해야 한다. 피조 세계와의 합일적 삶을 위해 단지 그리스도의 몸인 교회만이 아니라 하나님의 지문이 새겨진 창조 세계 전체를 인식하는 우주적 신학이 필요하다.

둘째, 세계를 지배하는 거대 담론인 신자유주의 경제체제의 병폐를 신학적, 목회적 차원에서 분석하고 이를 극복할 수 있는 대안을 모색해야 한다. 동시에 교회와 사회 공동체가 사랑으로 하나가 되고 평화가 지속하는 방안을 제시할 수 있도록 하나님 나라 신학이 강조되어야 한다. 이를 위해 인문·사회, 자연과학과의 통섭적인 연구를 시도해야 한다.

셋째, 산업화, 과학화로 인해 탈영성화 되는 시대의 흐름을 분석하여 인간이 전인적인 영성을 회복하도록 돕는 전인 치유 신학과 영성 프로그램을 제시해야 한다. 아울러 몸을 성전으로 인식하여 청지기로서 건강을 지속적으로 유지하도록 생활 영성에 관심을 갖고 실천하도록 돕는 실사구시적인 접근이 필요하다.

넷째, 그렇다면 우리의 영성은 내면 주의와 피안 주의로 도피하는 것이 아니라, 창조주의 섭리를 이해하고 그분의 창조 질서에 순종하며 본능적 자아에서 해방되어 이웃을 대해 책임 있는 사랑을 추구하는 영성이 되어야 한다.

다섯째, 마지막으로 복음을 총체적으로 이해하는 신학적 준거 위에서 하나님의 창조 질서와 사랑의 가치 인식을 통해 생명과 평화가 충만한 하나님의 나라가 도래하도록 노력해야 한다. 이를 위해 인간의 생명과 교회와 더불어 인간사회의 온 영역과 창조 세계가 하나님의 통치를 받을 수 있도록 돕는 신학적 노력이 필요하다.

7. 전인 건강 운동을 기대하며

지금 현대사회는 과학 문명으로 인해 편리를 누리는 대신에 그 대가를 톡톡히 치러야 할 운명에 놓여 있다. 삭막한 인간관계, 물질주의, 환경의 심각한 오염 등으로 인해 심각한 저주 아래 있게 되었다. 거리마다 즐비한 병원과 교회들이 황폐해져 가는 현대인들의 문제를 본질적으로 다루어 주지 못하기에 안타까움이 더하다. 앞으로 인간의 이기심과 이로 인한 환경오염의 악순환으로 고통받는 이들은 더해 갈 것이다.

전인 건강 운동의 최종목표는 고통당하는 이웃을 진정으로 돌아보는 사랑과 봉사의 삶을 살자는 데 있다. 마지막 때가 이를수록 사랑이 식어 가고 있기 때문이다. 또 마음과 몸을 병들게 하는 생활문화를 개혁하고 사회와 환경의 건강 회복을 위해서도 관심을 넓혀가야 할 것이다. 이 일은 광범위한 일이기 때문에 각 분야의 건강 관련 전문가들이 겸손하게 연합하여서 주님의 사랑을 실천할 때만 가능하다.

생명의 총체적 위기를 어떻게 극복할 수 있을 것인가? 이제라도 다시 본질인 '생명'으로 돌아가야 한다. 성도가 가져야 하는 궁극적 가치는 통전적인 영성을 통해 생명을 회복하며 하나님의 나라를 건설해가는 것이다. 이를 위해 인간의 교만으로 무너진 하나님의 창조 질서를 회복하는 일에 관심을 가져야 한다. 그리고 인간의 욕심을 비워 하나님과 깊은 사랑의 연합을 이루어야 할 것이다. 더 나아가 세상을 향하여 예수님의 사랑을 순수하게 실천하여 빛과 소금의 사명을 감당해야 한다.

결국, 하나님의 뜻이 총체적으로 이 땅 위에 임하기를 바라며 사랑의 행동을 하는 것이다. 나는 아무리 황량한 들판이라도 교회하나가 세워지면 마을과 주민들 그리고 환경에까지 하나님의 평강이 임하도록 하는 것이 전인 치유 사역을 통한 생명 선교 목회라 생각한다. 하나님께서는 예나 지금이나 교회를 통해서 구속의 경륜을 이루어가고 계신다. '창조'와 '사랑'으로 생명의 향연이 펼쳐지는 조국 교회를 세우는 일에 귀한 동역자들이 되길 바란다.

8장

농촌노인복지사업과 마을목회

최상민 목사

(영송교회)

1. 들어가는 말

사회복지는 인간을 위한 사회서비스이다. 사회복지가 인간과 관련이 깊다는 것은 인간 사랑에 초점을 두기 때문이다. 우리나라의 경우 산업화 이후 1990년대 후반에 들어서 사회복지에 대한 일반 국민의 관심이 깊어지면서 인식의 변화가 나타나기 시작했다고 볼 수 있다. 특히 2000년에 고령화 사회가 되면서 노인복지에 관한 관심이 더 많아졌고 이에 대한 공공 또는 민간의 역할이 중요해지면서 노인복지서비스에 대한 필요와 기대가 높아지기 시작했다. 특히 우리나라 노인복지 서비스는 어느 민간 기관이나 단체보다 교회를 중심으로 한 기독교기관이나 단체에서 일을 잘 수행을 해왔다.

노인복지에 대한 인식의 변화와 함께 노인 문제는 어느 분야보다 중요한 사회문제가 되었다. 노인 문제는 우리가 살고 있는 사회의 여러 영역에 직간접적인 영향을 끼치고 있는데 긍정적 측면보다 부정적 측면이 더 많다. 노인 인구의 비율이 상대적으로 높아지고 동시에 출산율이 점차 내려가면서 노인 문제와 저출산 문제는 늘 함께 거론될 수밖에 없다. 특히 노인 문제와 저출산 문제는 농촌지역에서 더 심각한 문제로 대두되고 있다. 우리나라 대부분의 농촌지역은 초고령사회(노인 인구비율 20% 이상)에 진입하였다. 따라서 농촌지역에 속한 교회는 그만큼 노인 문제로 인한 부정적인 영향을 많이 받고 있기에 한국의 농촌교회가 노인복지사업이나 서비스를 통해서 농촌지역 사회의 노인 문제와 노인복지 문제를 해결하기 위해 선도적인 역할을 수행할 필요가 있다. 농촌지역의 마을 목회는 노인에 초점을 맞추는 목회가 어느 때보다 중요하다.

2. 현대 사회와 노인 문제

1) 고령사회와 노인

우리나라는 1960년대에 접어들면서 경제개발과 함께 소득수준이 향상되고 아울러 정치, 경제, 사회 문화의 전반적인 변화가 일어나기 시작했다. 이와 함께 의료기술의 발전과 식생활의 개선 등으로 평균 수명이 늘어나면서 동시에 출산율이 저하되기 시작하였다. 이는 노인 인구의 상대적 비율이 증가하게 되는 직접적인 원인이 되었다. 이것은 곧 사회문제로 대두되었으며, 2000년에는

우리나라가 고령화 사회(aging society)로 접어들게 되었고, 2017년
에는 고령사회(aged society)에 거의 진입하였다. 이런 급격한 노인
인구의 증가로 인하여 노인의 소득, 노인부양 및 보호 문제, 생산
연령인구의 감소에 의한 사회와 경제의 활력 저하, 사회보장비용
증대 등의 과제가 등장하였다.

(1) 인구 구조의 변화

2020년 12월 현재 우리나라 총인구는 5,182만 9천 명이며
2028년에는 5,194만 명인 정점 도달 후 차츰 감소하기 시작할
것으로 전망된다. 저출산의 영향으로 출생아 수는 계속 감소하고,
의료기술 발달 등으로 인한 수명 연장으로 65세 이상 인구는 계속
증가하여, 우리나라 인구의 연령 구조는 2019년 현재 중위 연령
은 43.1세로 2010년보다 5.2세 높아졌으며, 2030년에는 49.5세,
2040년에는 54.4세로 10년마다 5~6세가량 높아질 것으로 예상
한다. 또한, 노인 인구의 비율이 높아지면서 유소년 인구(0~14세)와
생산가능 인구(15~64세)의 인구 규모는 점차 감소할 것으로 전망되
고 있다.

(2) 노인 인구의 증가

2020년 12월 현재 우리나라 65세 이상 노인 인구는 849만
6천 명(전체 인구의 약 16.3%)에 이르고 있으며 2025년도에는 20%
를 넘어 초고령사회로 진입할 것으로 예상한다. 평균 수명의 연장
과 출산율의 급격한 저하로 인하여 이러한 노인 인구 비율의 증가
속도는 더욱 가속화되고 있다. 우리나라는 세계에서 가장 빨리 고

령화사회(노인 인구 비율 7%)에서 고령사회(노인 인구 비율 14%)로 진입하였다. 특히 필자의 교회가 속해 있는 2020년 9월 호남통계청 발표에 의하면 전남의 경우 2020년 현재 65세 이상 노인 비중이 23.1%(초고령사회)로 전국에서 가장 높으며 노년부양비와 노령화지수도 가장 높다. 전남의 경우에서도 필자의 교회 교인들이 거주하는 고흥군과 보성군의 노인 인구비율이 각각 39.8%, 37.3%에 이르고 있어 전국 평균 노인 비율인 16.3%의 배 이상에 해당하는 수치이다.

2) 인구 고령화가 사회 · 경제에 미치는 영향

사회 인구 구조의 고령화는 증가하는 노인의 부양과 보호 문제, 의료에 들어가는 비용과 연금부담의 급증, 주택과 생활환경, 고용과 여가 문제 등 각 부문에 커다란 영향을 주게 된다. 여기에서는 인구 고령화가 사회와 경제에 미치는 영향 두 가지만 살펴보겠다.

(1) 노년 부양지수 및 노령화 지수의 급격한 상승

노인 인구의 증가는 이들에 대한 부양 및 보호 부담을 사회적으로 증가시키게 된다. 우리나라 농경사회의 전통적 노인부양은 가족과 자녀, 특히 장남에게 책임이 있는 것으로 간주 되어 노인이 가족과 동거하면서 부양과 보호를 받아왔으나, 산업화에 따른 핵가족화, 출생률의 감소, 여성의 사회참여 증가와 같은 사회변화에 따라 노인부양에 대한 가치관의 변화 등으로 노인부양은 사회문제로 대두되었다.

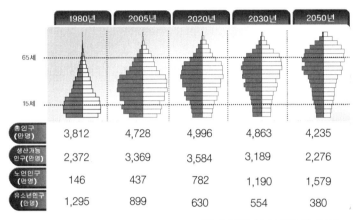

[그림 1] 우리나라 인구 구조 변동추이 및 전망

	1980년	2005년	2020년	2030년	2050년
총인구 (만명)	3,812	4,728	4,996	4,863	4,235
생산가능 인구(만명)	2,372	3,369	3,584	3,189	2,276
노인인구 (만명)	146	437	782	1,190	1,579
유소년인구 (만명)	1,295	899	630	554	380

자료: 통계청, 장래인구추계, 2018.

　　노인부양 부담률을 파악하기 위한 지표로 노년부양지수를 들 수 있다. 노년부양지수, 총 부양지수, 노령화 지수 등을 산출하기 위해서는 먼저 전체 인구를 크게 세 부분으로 구분하여 1세부터 14세까지의 연소인구, 15세부터 64세까지의 생산연령인구, 그리고 65세 이상의 노년인구로 나눈다.

　　총 부양지수는 생산연령인구가 종속인구, 즉 연소인구와 노년인구를 부양하는 비율을 말하는 것으로, 이는 종속인구(연소인구+노년인구)/생산연령인구×100이란 공식으로 산출된다. 유년부양지수는 생산연령인구가 연소인구를 부양하는 비율로 연소인구/생산연령인구×100이며, 노년부양지수는 생산연령인구가 노년인구를 부양하는 비율로 노년인구/생산연령×100이란 공식으로 산출된다. 그리고 노령화 지수는 연소인구에 대한 노년인구의 비율로 노년인구/연소인구×100으로 산출된다.

노년부양지수는 1960년 5.1%에서 점차 증가하여 1990년 7.4%, 2000년 10.1%, 2020년 21.7%로 나타나고 있다. 따라서 생산연령인구의 노인부양 부담이 급격히 늘어나서 사회적인 노인 부양 부담을 가중시킨다는 것이다. 다음으로 노령화 지수의 추이를 보면 1960년의 6.9%에서 1990년 20.0%, 2000년 34.3%, 2020년 125.9%, 그리고 2030년에는 214.8%로 증가하여 미래에는 유년인구보다 노년인구가 많아지게 된다고 전망할 수 있다. 노년부양지수 및 노령화 지수의 급격한 상승은 사회적 노인부양 부담을 증가시키고, 유년인구보다 노년인구가 많아지게 됨으로써 미래 우리 사회의 활력이 저하된다고 할 수 있다.

[표 1] 노년부양비 및 노령화지수

구분	'70	'80	'90	'00	'10	'20	'30	'50
노년부양비(%)	5.7	6.1	7.4	10.1	15.0	21.7	37.7	72.0
노령화 지수	7.2	11.2	20.0	34.3	67.7	125.9	213.8	429.3
노인 1명당 생산가능인구(명)	17.7	16.3	13.5	12.4	6.7	4.6	2.7	1.4

자료: 통계청, 장래인구추계, 2018.

주: 노년부양비 = (65세 이상 인구 / 15~64세 인구) × 100
노령화지수 = (65세 이상 인구 / 0~14세 인구) × 100
노인 1명당 생산가능인구 = (15~64세 인구 / 65세 이상 인구)

(2) 사회보장 부담의 증가

노인 인구의 증가는 연금, 의료비용, 사회복지서비스 등 사회
보장 지출의 증가를 가져온다. 우리나라는 1988년 10인 이상 사
업자를 대상으로 국민연금을 도입했고, 1999년 4월에는 도시 자
영업자까지 포함함으로써 전 국민연금제도를 실시하였다. 연금제
도 실시의 역사가 짧아서 현재는 수급자 수와 연금지출이 많지 않
다고 할 수 있지만, 연금제도가 성숙하면 인구의 고령화에 따라
선진국과 같이 연금 수급자 수와 연금 지급 비용이 급증할 것으로
예측된다.

노년기에는 신체 및 정신적 기능 저하, 노인성 질병의 발생 등
으로 말미암아 발병률, 입원율, 입원 일수 등이 비고령자에 비하여
높기 때문에 그만큼 의료비 지출이 증가하게 된다. 또한, 인구 고
령화에 의하여 소위 후기 고령자가 증가하면서 고령자 중에서도
더욱 많은 의료비 지출의 압력 요인으로 작용한다. 결국, 노인을
위한 사회보장 지출이 점차 늘어나면서 국민의 재정부담이 가중
될 수밖에 없다. 그 재정 부담은 생산가능인구(15~64세)에 해당하
는 세대의 부담이 될 것이다.

3) 노인 문제

(1) 노인 문제의 정의

노인 문제는 사회문제 중 하나이다. 사회문제는 사회의 다수에
게 영향을 주는 문제이며, 문제가 자연적이거나 물리적인 현상이
아니라 사람에 의해 만들어진 현상이라는 특징이 있다. 사회문제

는 사회의 가치, 규범, 윤리 등에 비추어 사회적 다수가 바람직하지 않다고 판단하거나 이들의 삶에 부정적 영향을 끼치므로, 시정이 요구되는 사회 현상을 뜻한다. 노인 문제란 대다수 노인에게 공통으로 나타나는 어려운 문제로, 노인 자신이나 가족의 힘만으로는 해결할 수 없는 것을 말한다. 다시 말해서 노인 문제는 노인 개인이나 가족의 결함이나 문제에서 비롯된 것이 아니라, 사회의 전반적인 변화에 적절하게 대처하지 못한 사회제도와 사회 구조상의 문제에서 비롯되는 사회문제이다.[1]

(2) 노인 관련 문제

① 건강 문제

노인 관련 문제 중 노인의 입장에서 보자면 무엇보다 건강이다. 생물학적인 노화현상으로 인한 건강 상태의 악화로 그에 따른 건강 보호가 필요하지만 상당수의 노인은 아직도 적절한 건강 보호를 받지 못하고 있다. 노인은 젊은이보다 질병 유병률이 3~4배 높으며 대부분 의료시설이 대도시에 편중되어 있어 중소도시나 농촌의 노인들이 의료서비스를 받는 데는 어려움이 따른다.

② 부양 및 보호 문제

우리나라의 경우 전통적인 유교문화의 환경으로 노인의 부양은 가정 내에서 행해졌고 가정 자체가 하나의 사회보장제도의 역할을 수행하였다고 할 수 있으며 이러한 현상 때문에 공적인 사회

---

1 최상민 외, 『노인복지론』 (경기: 정민사, 2018), 19.

보장제도의 도입이 늦어졌다고 할 수 있다. 최근 가치관의 변화로 노부모를 가정 내에서 부양하는 비율이 줄어들기 시작했고 노인 역시 자녀와 같이 살기보다는 자녀를 분가시키려는 경향을 보인다. 노후의 생활보장을 위한 제도가 있기는 하지만 그러한 제도가 현재의 노인에게 제 기능을 다 하지 못한 상태에서 가정 내의 부양 비율이 낮아지는 것은 노인세대의 빈곤을 가속할 수 있다.

③ 빈곤 문제

기초연금제도는 기존의 기초노령연금제도를 대폭 개정해 2014년부터 시행되었다. 노후 복지 향상을 위해 65세 이상 노인을 대상으로 소득인정액 기준 하위 70%까지 일정 금액을 지급한다. 소득 기준에 따라 최대 1인당 30만 원을 지급 받을 수 있다. 그러나 지난 2020년 10월 국정감사에서 5년간 150만 명의 노인이 자격이 되었는데도 기초연금을 받지 못했다는 보고가 있었다. 2019년 기준 우리나라의 노인빈곤율은 43.8%로 OECD 국가에서 10년째 빈곤율 1위이다. 하루에 우리나라 노인 10여 명이 극단적 선택을 하고 있는데 경제적 이유가 가장 크다고 한다.

④ 역할 상실

노인세대와 젊은 세대는 취업 및 직업 역할 수행에 있어서 경쟁하게 되었고 신체적, 정신적 기능이 약화된 노인세대는 경쟁에서 뒤처지게 되었다. 이에 따라 노인은 직업적 역할을 상실하게 되고 또한 퇴직의 제도화로 인해 가정의 생계유지자의 역할을 상실하게 된다. 이러한 노인의 지지체계 상실은 자아의 지지기반을 잃어버리고 부정적인 자아상을 형성하게 되었다.

⑤ 소외 문제

세대 간 교육 수준 및 가치관의 차이, 가족 내 노인의 지위 저하 그리고 핵가족화로 인하여 사회, 심리적 갈등으로 인한 소외문제 뿐만 아니라 노인학대까지 생기고 있다. 특히 세대 간 교육 수준 및 가치관의 차이, 가족 내 노인의 지위 저하, 핵가족화로 인하여 노인은 가족들로부터 심리적 소외감과 고독감을 경험하게 될 뿐만 아니라 노인 유기 및 학대를 경험하기도 한다. 대부분의 연구는 우리나라 노인의 약 80%는 자녀들과 가치관의 차이를 느끼고 있으며, 60세 이상 노인의 약 50%는 고독감을 느끼고 있는 것으로 보고하고 있다. 또한, 독거노인 가구가 증가하고 있으며, 전체 노인의 약 41.0%가 자녀와 별거하여 생활하고 있는 것으로 나타났다. 이와 같은 소외문제는 노인의 자녀와 별거에 직접적인 영향을 미치는 것으로 분석된다. 더구나 노인의 고립 및 소외문제는 앞으로 더욱 심화될 것으로 전망된다.

3. 노인과 사회복지선교

1) 노인의 특성

노인이란 나이 들어 신체적, 심리적, 사회적인 기능이 감퇴 되어 정상적인 사회생활의 수행에 곤란을 겪는 사람으로서 노동능력과 관련해 역연령으로 65세 이상인 자로 정의할 수 있다.[2] 따라서 노인은 주로 신체적, 심리적, 사회적 측면에서 다음과 같은 특성이 있다.

(1) 신체적인 측면

노화로 인한 노인의 특성을 신체적인 측면에서 살펴보면 첫째, 신체기능의 쇠퇴를 들 수 있는데, 여기에는 인내력의 감퇴, 정력 부족, 불결의 경향, 흥미 범위의 협소화, 자기중심적 등이 나타난다. 둘째, 신체적인 외관의 변화로서, 노년에 가까이 오면 백발이 늘고, 두 발이 빠지고, 주름살이 늘고, 허리가 굽어지고, 여성의 아름다움이 사라져 추하게 되며 신체적인 장애 등을 호소하여 타인의 주의를 끌려고 하는 경향이 있다. 셋째, 만성질병의 출현으로서, 암이나 동맥경화, 고혈압, 당뇨병, 심장병, 신장병 등 만성불치의 질환들이 나타나게 된다.

노인의 생활기능은 신체적 기능이나 정신상태, 치매상태 등에 좌우되며 연령과 함께 저하한다. 우선 저하하는 것은 수단적 IADL (Instrumental ADL)이라 불리는 능력이며, '교통기관을 이용하여 이동할 수 있다, 쇼핑을 할 수 있다, 금전 관리나 서류를 만들 수 있다'라는 등을 종합적으로 평가하는 것이다. 기능 저하가 진행되면 ADL(노인의 '일상생활수행능력', Activity of Daily Living)의 저하가 명백해지며, 케어나 생활원조가 필요하게 된다.[3]

---

2 박차상 외, 『한국노인복지론』 (서울: 학지사, 2002), 20.
3 永和良之助, 『고령자복지론』 (도쿄: 고관출판, 2004), 45.

(2) 심리적인 측면

고령에 따른 심리적 변화는 노쇠해가는 신체 변화를 체험하면서 사회적 환경의 변화나 근친자와의 작별에 의한 불안과 고독의 쓸쓸함 속에서 나타나는 정신 심리적 현상과 관련된다. 노인의 마음에 영향을 끼치는 것은 신체의 노화를 초래한 요인이 된다. 이같은 신체의 노화는 노인의 심리적인 면에 동요를 일으키며 신체적 문제가 지나치게 되면 심리적 망상에 빠지게 된다. 한편, 정년이 되어 사회적 지위를 잃게 되거나 육친이나 친구, 지인이 죽거나 질병으로 자식을 잃고 점차 고독에 빠지게 된다. 자식이 먼저 세상을 떠날 때 가장 큰 영향을 받으며 노인의 건강, 경제, 가정과 관련하여 소중한 것을 잃어가는 상실의 시기를 보내게 된다. 상실을 체험할 때 우울증을 겪게 된다. 일상생활에서 불안해하고 주위에 관한 관심이 부족해지고 쓸쓸해 하거나 결단력이 부족해지며 자신이 없어지고 걱정이 앞선다.

노인장기요양원 밝은동산

(3) 사회적인 측면

노년기에 있어서 가장 뚜렷한 변화는 지위와 역할의 변화로서, 대표적으로 사회적인 역할상실은 직장인으로서의 정년퇴직을 들 수 있다. 노년기의 정년퇴직은 다른 무엇보다도 가장 큰 사회적인 역할상실로서 소외와 고립감을 더하게 한다. 은퇴인으로서 지위와 역할을 취득하여 그전의 생계유지자 또는 가장으로서의 지위와 역할을 상실하고 의존자로서의 지위와 역할을 취득하게 된다. 거기다 성장한 자녀가 취업 및 결혼 등으로 부모의 곁을 떠날 때는 심리적인 상실감과 고립감을 더욱 느끼게 된다. 이처럼 노년기 시절에는 사회적으로나 가족에 있어서 얻는 것보다는 잃는 것이 많은 시기로서 사회화 과정에서의 소외와 고립의 증가, 수입의 감소 및 이에 따른 의존성 증가나 사기의 저하 등 사회적인 손실이 큰 시기이다.

2) 노인사회복지선교의 필요성

(1) 노인복지의 개념

노인복지란 노인 삶의 질 향상을 위하여 신체적 또는 육체적, 정신 심리적, 사회적인 면에 공적 사적 기관을 통하여 우선적으로 노인과 관련된 문제가 발생하지 않게 하며, 문제 발생 시 적절한 사후 대책을 마련하여 노인을 위한 적절한 서비스를 제공하는 것이다.

(2) 노인사회복지선교의 필요성

현대사회는 노인 문제와 관련하여 다양하고 복잡한 현상들이 나타나고 있다. 고령화 사회로 진입한 오늘날 한국교회의 노인복지와 선교에 관한 관심은 어느 때보다도 중요하다.

첫째, 교회의 노인 교인 수가 증가하고 있다. 농촌지역은 물론 점차 도시 교회에서도 상대적으로 노인 수가 증가하기 때문에 노인 교인에게 초점을 맞춘 선교 정책이 필요할 것이다. 특히 농촌지역의 노인 인구 비율은 점차 가파르게 오르고 있기에 농촌교회의 노인 선교 정책 변화가 요구된다.

둘째, 노인을 위한 사회복지사업이나 프로그램의 개발이 필요하다. 그동안 흔히 일반 교회에서 시행해온 노인위안잔치, 효도 관광, 노인(경로)대학 등의 사업이나 프로그램에서 탈피하여 새로운 방향을 모색해야 할 것이다.

셋째, 교회는 지역사회를 위한 중요한 민간 복지서비스 기관으로서 기능을 감당할 수 있어야 한다. 고령화 사회에서 교회가 지역을 위해 어떤 역할을 하느냐에 따라서 지역사회가 달라질 수도 있기 때문이다.[4]

---

4 최상민 외, 『기독교사회복지론』(서울: 동문사, 2014), 168-169.

4. 농촌지역사회를 위한 영송교회의 노인복지사업

1) 영송교회의 노인복지사업 배경

대부분의 한국 농어촌교회가 그렇듯이 1980년대까지 낙후된 교회들이 많았다. 필자의 교회는 전라남도의 남단 농어촌지역에 있으며 1974년에 산을 깎아 읍내에서 교회 앞을 지나는 비포장도로가 생기고 전기가 들어온 지역이다. 1980년대까지 논과 밭을 경작하여 쌀과 보리를 재배하는 단순 농업위주의 산업구조로 형성된 전형적인 농촌지역이다. 농어촌 취학 전 아이들이 어린이집이나 유치원이 없어서 교회에서 농번기에 탁아소를 시작하였고 점차 어린이집으로 발전해 갔다. 1980년 후반 이농화 현상으로 젊은이들이 도시로 향하게 되었고 동시에 저출산과 함께 인구감소가 타지역에 비해 급격히 나타나게 되었다. 교회 주변에 있는 두 곳의 초등학교가 폐교되었고 교회는 어린이집도 문을 닫게 되었다. 이때 필자는 영송교회의 전도사로 시무 중이었는데 담임목사님(지금은

작은자의집

김창렬 원로목사님)께 노인복지의 필요성을 설명해 드렸다. 그러나 교회 재정 상황으로는 불가능하여 여전도회전국연합회의 도움을 받아 교회 인근에 소규모 노인의 집(양로시설)을 시작하여 법인설립 허가를 받아 1995년부터 노인복지사업을 시작하게 되었다.

2) 노인복지사업의 내용

(1) 양로서비스

* 기관정보

운영법인	사회복지법인 여전도회작은자복지재단			
기관명	작은자의집			
설립일자	1995년 9월 15일			
입소정원	50명			
주소	전남 보성군 벌교읍 남하로 599-3			
시설규모	종류	건물	대지	임야
	규모(㎡)	1,357.85	3,230	8,171
설립목적	농촌지역사회의 단독 노인세대가 늘어나면서 노인의 신체적, 정신적, 사회적 문제가 점차 심각해져 가고 있다. 특히 무의탁 소외 계층 노인을 위한 복지서비스의 필요성을 절감하고, 기독교 정신과 신앙을 바탕으로 섬김과 나눔의 선교적 사명을 수행하고 지역사회와 국가의 복지증진에 기여하고자 본 무료양로시설을 설립하게 되었다.			
연혁	1993. 03. 02	복지시설건립을 위한 운영위원회 조직		
	1994. 09. 06	토지 매입		
	1995. 04. 08	기공식		
	1995. 09. 15	준공 및 개원식(노인의집 등록)		
	1998. 07. 21	증축 기공식(소망관)		
	1999. 03. 05	시설 증축 헌당식		
	1999. 10. 25	사회복지법인 예장여전도회 작은자재단 법인설립 허가		
	1999. 12. 22	작은자의집 시설 신고(보성군 1호)		

	2000. 01. 01	작은자의집(무료양로시설) 개원
	2002. 03. 20	사랑관 준공(강당, 사무실, 자원봉사자실)
	2002. 12. 16	황토방 준공
	2006. 01. 02	사회복지법인 여전도회 작은자복지재단으로 법인명칭 변경
	2006. 12. 12	실비노인요양시설 수탁 확정
	2008. 08. 30	요양시설 준공(밝은동산)
	2012. 11. 30	양로시설 증축 완공

* 운영 프로그램

일반 프로그램	
시설활동 적응	시설소개, 가족방문관계, 외출, 외박원조, 거주자 협동 생활
건강관리	병원 입·퇴원, 진료업무, 의료상담, 질병관리, 약품지급, 건강체조, 한방진료, 물리치료, 치매관리, 와상환자관리
개인청결	목욕, 이·미용
세　탁	수건 및 속옷 삶기, 이불·의류세탁, 다리미질, 장롱정리 등
상　담	전화, 방문, 말벗, 편지 써주기, 개인 및 집단상담
문화활동	주간 프로그램 활용, 한글교실, 민요, 종교음악, 사회적응활동
복지후생	생신축하, 후원품 지급, 용돈지급, 물품구입 서비스
장례,추모	장례예배, 가족 참여, 묘지관리, 합동추모예배
종교활동	예배, 성경공부, 음악, 가족 친교
자원봉사자관리	자원봉사자 교육 및 간담회 실시, 감사편지 및 연하카드
후원자 관리	후원자의 모임, 후원금 보고, 후원감사편지 및 연하카드
홍보사업	선교와 사회복지(연 4회), 방문자 홍보
간담회	직원, 가족, 어르신 간담회
직원교육	매월, 매주 직원모임, 어르신 서비스 개선 및 사명감 고취
사례관리	초기사정, 욕구사정, 재사정, 사례관리
지역복지	침술, 물리치료 등 의료봉사, 재가노인가정방문 및 생활개선서비스제공,지역어르신 초청 국악잔치, 상담 프로그램실시, 지역행사 참여

특별프로그램-재활프로그램	
건강체조	건강을 유지, 증진하여 즐거운 노후생활이 될 수 있도록 활력을 제공한다.
인지향상프로그램	몸과 마음을 단련하고 질병을 예방, 치료하여 즐겁고 건강한 노후생활을 영위하도록 한다.
운동프로그램	운동재활치료를 통한 건강한 노후생활 영위할 수 있도록 한다.
미술프로그램	그림 그리기를 통하여 마음속에 있는 감정표출로 감정 조절 능력을 향상시키고 자연과 주변 환경에 대한 변화에 적용하고 개방적 사고의 증진을 도모한다.
요리프로그램	과거를 회상하면서 기억을 유지하고 감정표출을 할 수 있도록 하며, 소근육 및 대근육의 기능을 활용을 통하여 잔존능력을 유지할 수 있게 한다.
음악프로그램	흥겨운 노래 시간을 통하여 생활에 활력소를 제공하고, 노래를 통해 스트레스를 해소하여 단체생활 활동에 협력하고 공동체 생활의 자신감을 증진할 수 있게 한다.
건강댄스프로그램	웃음과 댄스를 통하여 기분전환 및 정신적 스트레스를 해소한다.
정시지원 프로그램	감정이 메마르기 쉬운 어르신들에게 상담을 통해 심신의 단련과 치료로 평안을 추구하여 삶의 안정을 드린다.
뇌블럭 프로그램	두뇌활동을 통해 치매를 예방하고 반복적인 학습으로 자신감을 회복한다.
한지공예프로그램	어르신들의 신체를 이용하여 한지공예를 함으로써 소근육, 대근육을 기능을 향상하고 성취감을 고취하여 자신감을 화복하고 향상한다.
특별프로그램-여가프로그램	
봄·가을 나들이	나들이를 통하여 일상에서 벗어나 삶의 활력을 찾고 심신의 안정을 도모한다.
테마여행	단체생활에서 벗어나 활동범위를 넓힐 수 있도록 도우며, 사회구성원으로서의 역할 인식을 강화하고 정신적 안정을 도모한다.
외식나들이	외식을 제공하여 어르신들과 함께 하는 자리를 통해 직원 및 거주자의 유대감 강화하고 일상생활의 만족도를 증진한다
사회적응활동 (쇼핑하기 등)	시장보기를 통해 화폐에 대한 개념과 돈을 어떻게 사용하는 것인지 다른 것과 교환할 때 얼마나 가치를 가지는지 등에 관한 경제관념을 심어주는데 목표를 둔다.

생신잔치	생신을 맞이하여 자존감을 높이고 뜻깊은 날 서운함 없이 보낼 수 있도록 자리를 마련하여 축하와 위로를 해드린다.
고유명절 프로그램	민족의 명절 맞아 거주자 어르신과 함께 하는 잔치 마당을 통하여 모두가 한 가족과 같은 마음으로 하나 되는 장을 마련한다.
어버이날 행사	거주자에게 어버이날을 맞아 가슴에 카네이션을 달아드리면서 관심과 사랑을 전하고 가족에 대한 그리움, 시설 생활에서 올 수 있는 외로움이나 쓸쓸함을 해소한다.
공연 및 영화관람	원내 외에서 이루어지는 각종 공연 관람을 통하여 일상생활에 즐거움 및 활력소를 제공하고 문화생활을 누릴 기회의 장을 마련한다.
원예 가꾸기	화초 심기, 꽃씨 뿌리기, 화분 가꾸기, 꽃씨 따기, 나무 돌보기 등 친자연적 환경을 조성하고 스스로 식물을 가꾸는 과정을 통해 성취감을 획득하고 자연을 사랑하는 마음과 자신감을 회복한다.
송년 및 추모 행사	거주자에게 송년을 맞아 한해를 돌아보고 서로를 위로하고 관심과 사랑을 표현하며 감사와 위로를 나누는 시간을 갖고, 그동안 시설에서 함께 생활해오신 어르신들을 추모하는 시간을 통해 시설 생활에 애착심을 고취하는 시간을 갖는다.
특별프로그램-지역사회 프로그램	
지역초청 음악회	지역주민과 원활한 소통과 교제를 나눔으로 지역사회에 구성원으로서의 자부심과 긍지를 갖고, 지역사회에 이바지할 수 있도록 한다
지역주민의 시설이용	지역사회와의 교류의 시간을 가져 서로를 이해하고 지역사회에 본 시설을 알려 사회복지시설 인식개선에 앞장선다.
지역사회참여 프로그램	지역사회 행사에 참여해 지역사회와 하나 되는 장을 통하여 지역사회의 일원으로서의 소속감과 유대감을 형성한다
지역홀몸가정 명절음식 나눔	지역에서 소외감과 상실감을 느끼고 생활하는 홀몸 가정에 명절 음식을 전달함으로써 그들이 외롭지 않게 명절을 맞이할 수 있도록 지원한다.
자원봉사자, 후원자, 직원시상	본원을 위해 봉사와 관심을 갖는 자원봉사자, 후원자, 직원에게 수고와 감사의 표현을 통해 소속감을 높이는 계기를 마련한다.

작은자의집 운영 방향	■ 첫째, 운영의 투명성으로 지원해주신 후원금은 어르신들을 위해 가치 있게 사용할 것이며, 성실함과 전문성을 가지고 사업 진행과 재정 상황을 투명하게 보고한다. ■ 둘째, 전문성으로 선진화된 노인복지시스템을 구축하기 위해 끊임없는 연구와 노력을 게을리하지 않고 언제나 어르신들의 삶의 질 향상을 위해 수고한다. ■ 셋째, 최고의 서비스를 추구하며 어르신들의 종교, 성별, 연령, 학력, 개인적 성향 등에 관계없이 평등한 서비스를 제공하여 인권 존중을 바탕으로 어르신들의 욕구에 부합하는 감동과 만족의 다양한 서비스를 제공한다. ■ 넷째, 지역사회와 연계(지역공동체, 대중성)를 통해 어르신들의 자주성과 공생성을 키우고 지역사회 행사와 시설물 이용에 참여함으로 지역사회 일원으로서의 자존감과 긍지를 유지할 수 있도록 한다. 또한, 지역사회의 더 많은 사람이 작은자의집의 동역자로 동참하도록 노력한다. ■ 다섯째, 자연 친화적 환경 조성으로 주변 환경 및 먹거리에서 언제나 자연을 만끽할 수 있는 실내외 환경을 유지하여 어르신들의 정신적, 신체적 안정과 건강을 유지하고 관리 할 수 있도록 돕는다. ■ 여섯째, 행복한 일터로 거듭나기 위해 주인의식과 섬김의 정신을 통해 각자의 역할에서 최선을 다하고, 직원 간에 서로 이해하며 애로사항을 함께 해결해 가는 열정을 쏟는다. ■ 일곱째, 작은자의집은 쾌적한 생활환경 만들기, 건강하고 즐거운 생활 지원하기, 보람 있는 노후생활 지원하기 등 편안한 생활환경을 만들어 어르신들과 지역사회를 섬기고자 하며, 전문적인 서비스를 통한 어르신들의 삶의 질 향상과 인간 존중의 가치실현을 추구하고 있다.

(2) 노인요양서비스

* 기관정보

운영법인	사회복지법인 여전도회 작은자복지재단
기관명	밝은동산
설립일자	2008년 9월 1일
입소정원	50명
주소	전남 보성군 벌교읍 남하로 599-9

시설규모	종류	건물	대지	임야
	규모(㎡)	1,372.9㎡	3,259㎡	600㎡
설립목적	농촌지역사회의 노인 인구 증가와 함께 노인 장기요양이 필요한 노인을 위한 노인의료복지시설을 통하여 장기적 요양서비스를 제공하고, 기독교 정신과 신앙을 바탕으로 섬김과 나눔의 선교적 사명을 수행함으로써 지역사회와 국가의 복지증진에 기여하고자 본 요양시설을 설립하게 되었다.			
연혁	2006. 12. 15	보성군 노인요양시설 수탁 확정		
	2007. 12. 26	기공식		
	2008. 08. 14	노인의료복지시설 설치신고		
	2008. 08. 14	노인장기요양기관 지정		
	2008. 09. 01	보성군립노인요양원밝은동산 준공 및 개원식		
	2009. 12. 16	사회복지 봉사활동 인증센터 지정		
	2013. 09. 01	보성군립노인요양원밝은동산 증축 기공		
	2013. 12. 27	보성군 노인요양시설 재수탁 확정		
	2014. 06. 23	보성군립노인요양원밝은동산 증축 준공(등기)		
	2019. 01. 01	보성군립노인요양원밝은동산 재수탁 확정		

* 일상생활 서비스

일반 프로그램	
업명	서비스 및 세부 업무
개인위생청결	신체 청결 케어, 기저귀 교체, 체위 변경, 화장실 이동 도움 등
건강관리	어르신 기능 상태에 따라 식사제공, 보행 운동, 병원 진료 등
사례관리	어르신의 다양한 욕구 충족 및 변화상황 대처 삶의 질 향상
상담관리	신체 및 심리상태 변화 보호자 의견 반영하여 서비스 제공 함
종교활동	주일·수요예배, 찬양, 가족 친교
호스피스관리	신체적·정서적·영적욕구를 충족시켜 평안한 임종 케어 지원
건강의료 및 물리치료	매월 2회 촉탁의 정기진료, 입·퇴원 관리, 투약·건강 체크, 치매 관리 욕창 및 감염관리, 보성군 보건소 구강검진, 통증 완화 및 기능회복 잔존 기능 유지(온수포, 초음파, 파라핀, 전기치료, 공기압 마사지) 등
인지기능향상	외부전문강사 국악레크리에이션, 아름다운이야기, 미술치료

여가프로그램	문예 교실, 동영상 자료 건강 체조, 지역사회연계, 산책 등
복지후생	생신 축하, 물품구입, 후원품 지급, 외출, 외박 관리
야유회 나들이	봄–가을 나들이 지역사회 행사 및 축제 참여
장례지원	장례예배, 묘지관리, 합동추모예배
자원봉사자 관리	자원봉사자 교육 및 간담회 실시, 감사편지
후원자 관리	후원자의 모임, 후원금 보고, 감사편지
홍보사업	선교와 사회복지(연4회), 방문자 홍보
간담회	직원, 가족, 어르신 간담회, 고충처리
직원건강 및 직원교육	건강검진, 독감예방접종, 근골격계질환 검사, 직무 및 역량강화교육

(3) 재가노인복지서비스

* 주요 사업 및 프로그램

프로그램(사업)명	사업내용	사업대상	운영회수
재가노인 지원 서비스	▪ 장기요양등급외 어르신댁을 사회복지사 및 요양보호사가 주 1~2회 방문하여 밑반찬지원서비스, 차량이송서비스, 개인, 교육 및 상담, 김장지원서비스, 정서지원서비스, 생신상 차려드리기, 이미용서비스, 문화활동 및 나들이서비스, 장보기, 후원자 결연, 등 일상에서 필요한 서비스 지원.	-65세 이상 -장기요양등급외 대상자 -차상위 및 기초 생활수급자	주 1~2회 방문
장기요양 서비스 (방문요양, 방문목욕)	▪ 방문요양서비스 장기요양등급 1~5등급 판정을 받은 어르신댁을 요양보호사가 주 1~6회 방문하여 어르신들에게 신체활동지원, 일상생활지원, 개인활동지원 정서지원 서비스 등을 제공 ▪ 방문목욕서비스-장기요양등급 1~5등급 판정을 받은 어르신댁을 요양보호사 2명이 주 1회 방문하여 가정에서 목욕 서비스를 제공	-65세 이상, 또는 노인성질환을 가진 대상자 -장기요양 1~5 등급 판정받은 대상자	주 2회~ 6회 방문

-우리 마을 지킴이 -문화재시설 지원봉사 -경로당 청소및 급식 도우미	■ 건강한 노인이 월 10회 3시간 마을 진입로, 취약계층 마을 순찰, 마을 경로당, 마을 회관 주 1회 청소 및 생활 쓰레기, 오염물을 주기적으로 관리하여 깨끗한 마을을 만들고자 함. ■ 건강한 노인이 월 10회 3시간 동물, 자연재해로 인한 문화재 파손 예방 및 생활 쓰레기 불법 투기로 인한 문화유산 오염 주기적 관리 ■ 건강한 노인이 월 10회 3시간 마을 경로당에 식사 및 청소 도우미를 지원함으로써 경로당 운영 활성화	-신청연령:지역 내 거주하는 만 65세 이상 -기초연금수급자로 공익활동 참여를 희망하는 자 * 예외: 만 60~64세 차상위	연중

(4) 세대공동체교육 프로그램

고령화로 인하여 야기되는 문제 가운데 한 가지는 사회적 측면에서 세대 간의 잠재적 갈등요인이 더욱 증가하고 있다는 점이다. 우리 사회의 급격한 현대화와 산업화는 세대 간의 간격을 크게 벌려놓았고, 특히 교육제도의 변화와 급속한 경제성장으로 인한 생활여건의 개선은 지금의 노인세대와 젊은 세대 사이의 이해 차이를 넓혀 놓았다. 이러한 변화는 과거 유교적인 전통 하에서의 노인에 대한 공경과 부양의식을 약화했을 뿐 아니라 사회 전반적으로 노인에 대한 부정적인 편견과 차별을 일반화시켰다. 또한, 빠르게 진행되는 핵가족화와 가족의 해체로 세대 간 공동체 의식이 상실되어 가고 있고, 세대 간의 오해, 편견, 불신 등이 증폭되고 있다. 세대공동체 교육프로그램은 필자가 속한 교회와 앞서 소개한 노인복지기관을 통해 시행하고 있는 중점 프로그램이다.

① 세대공동체교육의 개념

세대공동체란 여러 세대 혹은 여러 연령집단이 한 공동체 안에서 만나는 것을 의미한다.5 각 세대는 공동체 안에서 함께 활동해 나가면서 자신들이 미처 경험하지 못했던 시간과 공간을 경험할 수 있을 뿐 아니라 서로를 통하여 더욱 많은 것을 배우고 얻을 수 있다. 세대공동체 교육은 다양한 세대 간에 의미 있는 상호작용을 통하여 서로에 대한 지식을 증대시키고 오해와 편견을 수정할 수 있도록 도우며, 세대 간의 차이보다도 세대 공통의 관심이나 공통적인 시각을 더욱 부각함으로써 세대 간의 공감과 이해를 확대하도록 돕는 것이다. 노인들이 젊은이들에게 그들이 가진 경험과 지식을 전수하고 영향력을 미칠 기회를 제공함으로써 자신의 새로운 가치를 발견할 수 있게 하며 자존감을 높일 수 있게 한다. 한편 젊은이들은 세대공동체교육이나 프로그램을 통하여 노인세대에 대한 부정적 편견을 수정할 수 있는 계기가 될 수 있다. 이러한 세대공동체 교육은 학습, 레크리에이션, 이벤트나 활동, 자원봉사 등 여러 형태를 통하여 구체화할 수 있다.

② 세대공동체교육 프로그램 사례

다음에 소개할 프로그램은 청소년과 노인이 함께 세대공동체 봉사학습 프로그램을 통하여 청소년은 노인, 노인은 청소년에 대한 인식에 긍정적인 태도 변화를 도모하여 세대 간의 자아실현과 인간공동체의 화합을 이루도록 하고 청소년들에게 더 바람직한 봉

---

5 McClusky H.Y.(1990). The Community of Generations: A Goal and a Contect for the Education of Persons in the Later Years. in Sherron, R. & Lumsden, D.B. (Eds.). *Introduction to Educational Gerontology, 3rd. Ed.*, 59-83.

사학습이 무엇인지 일깨워주는 데 그 목적이 있다. 구체적인 목표는 다음과 같다. 첫째, 청소년들에게 노인에 대한 긍정적 태도를 향상한다. 둘째, 청소년들에게 자아존중감을 높인다. 셋째, 노인들에게 청소년에 대해 긍정적 태도를 향상 시킨다. 넷째, 노인들의 자아존중감을 높인다. 다섯째, 노인들의 생활에 만족감을 높인다.

다음 프로그램은 앞에서 소개한 작은자의집(노인무료양로시설)에서 방학 중 중고생들과 시설 어르신들이 함께 수행했던 세대공동체 프로그램이다.

차시	주제	목표	비고
1	노인에 대한 기본 이론	노인의 특성으로 신체적, 심리적, 성격적, 사회적 현상과 노인의 문제점인 경제적인 면, 건강, 고독과 소외의 문제점 등을 인식하게 한다.	노인에 대한 이해
	전통민속활동	우리 고유의 민족정신의 혼이 들어 있는 전통문화프로그램을 통해, 청소년들이 전통문화를 소중히 여기는 정신을 함양하고자 한다.	선조들의 지혜를 함께 익힘
	비디오 상영 (호랑이 골목대장 실버 봉사대)	도시 노인들이 봉사를 통해 자신의 동네 가꾸기 위해 여러 가지 선행하는 비디오를 감상하게 하여, 청소년들에게 진정한 봉사의 의미를 깨닫는 기회를 제공한다.	노인들의 봉사활동을 보여 줌
	봉사학습	노인봉사학습을 체계적으로 수행하기 위해 청소년들에게 봉사학습의 내용을 교육한 후 봉사활동으로 체험하게 하여 효과성을 높이고자 한다.	봉사학습 후 봉사활동
2	자원봉사란 무엇인가?	자원봉사의 의미와 특징, 필요성과 효과 등의 교육으로 자아성취감을 깨닫게 한다.	자아성취감 도모
	공동 미술활동 (만화 그리기)	공동미술활동으로 노인과 청소년들이 서로 의견을 나누고 함께 이야기 한 내용을 그림으로	함께 대화하면서 친근감 형성

		표현하고 발표하는 과정에서 상호간의 라포가 형성될 수 있도록 한다.	
	어르신의 인생 이야기	시설입소 어르신이 근검, 절약의 중요성을 강조하고, 청소년들의 호연지기 정신을 함양한다.	청소년들의 꿈과 비전
	음악활동	음악활동으로 세대 간의 특성을 이해하고, 노인과 청소년들이 한 팀을 구성하여, 노래를 통해 즐거움과 정서적인 안정을 도모한다.	즐거움과 정서적 안정
	봉사학습	봉사학습 교육으로 청소년들이 봉사활동을 자율적으로 함으로써 자아성취감을 달성하도록 한다.	스스로 하는 봉사활동 체험
3	노인과 봉사학습	청소년들에게 노인에 대한 봉사학습의 효과성을 높이기 위해 노인들의 관심사항과 노인의 성격 및 말벗 활동에 관해 설명한다.	봉사학습의 효과성 제고
	음식 만들기 (동지죽 만들기)	전통음식 만들기를 통해 우리 고유의 전통음식에 대한 가치의 중요성을 알게 한다.	전통음식에 대한 가치 부여
	학생 의견발표	학생들이 세대공동체 교육프로그램 참여로 어르신들에 대한 생각이 긍정적인 분위기로 변화될 수 있도록 도모한다.	긍정적인 변화를 도모
	레크리에이션 (풍선놀이)	다양한 스킨십이 있는 레크리에이션을 통해 어르신들과 청소년들이 상호 간의 라포를 형성할 수 있도록 유도한다.	서로 안아주면서 친밀감 조성
	봉사학습	지체부자유 어르신들의 식사 보조 및 양치 등의 봉사활동으로 진정한 자아성취감을 도모한다.	불편한 어르신들의 식사 체험

5. 교회와 농촌노인복지의 방향

1) 노인복지정책의 변화를 주목해야 한다

일반 사회복지정책과 함께 정부의 노인복지정책도 자주 바뀌고 있다. 정책은 사회복지 관련 법에 근거하고 그 정책은 현장에서 행정 절차에 따라 서비스로 이루어진다. 정부의 정책과 상관없이 민간복지의 추진도 가능하지만 직접 공공정책과 관련은 없을지라도 항상 복지사업을 수행하는 교회는 정부의 복지정책을 주시할 필요가 있다. 최근 우리나라의 사회복지 서비스 분야에서 가장 많은 법과 정책적 변화는 노인복지서비스 분야이다. 따라서 노인복지사업이나 서비스를 제공하는 교회는 항상 우리나라의 노인복지정책을 주목해야 한다.

2) 교회는 공공기관 및 다른 민간단체와 파트너십을 유지해야 한다

모든 사회복지 서비스는 공공과 민간의 긴밀한 협력관계가 중요하다. 주로 사회복지관련법 제정이나 정책은 정부 주도로 이루어지는 것이 사실이지만 민간 쪽에서는 민간기관의 중앙 기구 또는 협의회를 통하여 보건복지부나 여성가족부 기타 관련 정부 행정부처에 정책을 제안할 수 있으며 건전하고 정당한 압력단체의 역할을 통해 정부의 사회복지 정책에 민간의 요구사항을 반영시킬 수 있다. 특히 고령사회에 대한 복지대책이 중앙정부 및 지방자치단체 그리고 민간비영리 단체 등이 참여하는 공동의 역할 분담이 이루어져야 한다. 공공기관과 민간기관은 별개가 아니라는 점을 인식할 필요가 있다. 복지사업을 추진하는 데 있어서 공공기관과 민간의 교회는 신뢰를 바탕으로 상호 밀접한 교류와 참여가 있어야 한다. 서로 동반자 의식을 가지고 지역사회와 국가를 위한 복지 증진에 노력할 필요가 있다. 그래서 공공과 민간의 파트너십이 중요하다.

3) 노인복지서비스는 교회의 사명이라는 인식이 필요하다

사회봉사는 교회의 사명 중 하나다. 교회의 여러 가지 사명은 늘 균형과 조화가 있어야 한다. 과거 한국교회 보수적인 성향의 교단에서는 사회복지나 사회봉사를 사회참여와 관련지어서 부정적, 소극적으로 인식하는 경향이 있었다. 그러나 최근에는 점차 교단과는 상관없이 사회복지는 교회의 중요한 사명 가운데 하나라는 인식과 함께 사회복지사업이나 서비스에 많은 교회가 참여하고 있다. 특히 노인복지분야는 도시와 농촌교회 가릴 것 없이 교회가 사명의식을 가지고 적극적으로 참여해야 할 것이다. 교회에서는 노인 문제가 나 자신이나 가족의 문제라고 생각해야 할 뿐만 아니라 이웃과 사회를 위한 교회의 귀중한 사명으로 인식하고, 이에 대한 적절한 사회선교 준비와 대책이 절실하다고 보겠다.

4) 교회에는 노인복지 관련 전문가가 있어야 한다

2000년대 초반부터 많은 목회자가 사회선교나 복지에 관심을 가지고 대학이나 대학원의 사회복지학과에 진학하여 열심히 공부하는 분들이 있었다. 그리고 요즘도 그런 분들이 많다는 것은 매우 고무적인 일이다. 사회복지를 위한 열정과 의지도 중요하지만, 사회복지 또는 사회선교에 대한 전문지식을 갖출 필요가 있으며 이에 대한 계속 교육도 중요하다. 특히 교회에 노인복지 전문가가 있다면 반가운 일이다. 우선 담임 목회자가 노인복지에 대한 깊은 관심과 함께 노인이나 노년, 노인복지에 대한 전문성을 가질 필요가 있다. 그래야 지역사회를 위한 노인복지 관련 사업이나 서비스 또는 프로그램을 기획하고 실행하는 데 도움이 되기 때문이다. 농어촌지역의 목회자는 더욱 노인복지에 대한 전문성을 갖출 필요가 있다. 만일 담임 목회자가 여건이 되지 못한다면 교회 부교역자나 평신도 중에서 노인복지에 대한 전문 능력을 갖추는 것이 좋다.

5) 복지목회는 지시나 감독이 아니라 현장에서 '함께'해야 한다

복지사업이나 프로그램을 수행하는 일부 교회 목회자 가운데는 지시자나 감독자의 역할에 그치는 경우를 볼 수 있다. 교회의 형편과 사정에 따라 다르겠지만 현장 속에서 그들과 함께 피부를 접촉하고 함께 식탁을 나누는 현장 안의 복지목회가 이루어져야 할 것이다. 사무실 안에서 아무리 기획이 잘 이루어졌다고 할지라도 현장과 연결되지 못하고 복지 현장에 있는 서비스대상자(클라이언트)와 공감하고 함께 하지 못한다면 현장이 요구하는 실제적인 서비스가 될 수 없을 것이다. 농촌교회의 노인복지 서비스는 더더욱 현장으로 가깝게 다가가야 한다.

6. 나가는 말

지금까지 농촌노인복지의 사례를 설명하기 위해 먼저 현대사회와 노인 문제에 대해서 살펴보았고 노인사회복지선교의 필요성을 언급하였다. 이어서 필자의 교회를 중심으로 실천하고 있는 노인복지사업 세 분야를 시설 소개와 함께 주요사업 및 프로그램을 설명하였으며 끝으로 교회와 농촌 노인복지의 방향에 관해서 기술하였다. 같은 농촌 지역이라도 지역의 환경과 조건이 다양하므로 노인복지사업이나 서비스도 그 지역에 맞는 가장 바람직한 방법을 찾아 농촌지역 어르신들에게 효과적인 서비스가 이루어지도록 해야 할 것이다.

미국의 사회복지실천 학자인 셰퍼와 호레이시(B. W. Sheafor & C. R. Horejsi)는 그들의 저서인 『사회복지실천 기법과 지침』(*Techniques and Guidelines for Social Work Practice*)에서 사회복지사를 과학자와 예술가로서 표현하였다. 이 표현과 설명이 필자에게는 신선한 가르침으로 다가왔다. 사회복지나 노인복지는 이에 대한 필요한 지식이 머리에 담겨있어야 한다. 아무리 열정이나 동정 또는 헌신성이 마음 깊은 곳에서 우러나온다고 할지라도 기본적인 지식이 동반되어야 한다. 즉 클라이언트를 이해할 수 있는 전문지식이 있어야 한다. 예를 들면 문제를 해결 받고자 하는, 복지적 욕구가 있는 서비스대상자인 인간의 행동과 환경을 이해하는 기본지식과 같은 것을 말한다. 노인복지라고 한다면 우선 노인에 대한 기본적인 이해를 위한 지식이 있어야 한다는 뜻이다. 또한, 예술적 사회복지사란 간단히 말해 '따뜻한 가슴'이다. 앞에서 언급한 사회복지 서비스를 위한 지식이 머리에 아무리 많이 담겨있어도 사람을 위한 따뜻함이 수반되지 않으면 안 된다는 뜻이다. 특별히 농촌 지역에서의 교회를 중심으로 한 노인복지서비스는 농촌 사회적 가치를 담은 과학(머리)과 예술(가슴)이 노인복지 현장에서 꽃과 열매로 보여야 할 것이다.

총회한국교회연구원 '마을목회' 시리즈 ⑲

마을목회와 프런티어 교회들

2021년 3월 2일 초판 1쇄 인쇄
2021년 3월 9일 초판 1쇄 발행

기   획 | 총회한국교회연구원
지은이 | 김윤태 김의식 김한호 김휘현 노영상 민건동 이박행 최상민 허요환
펴낸이 | 김영호
펴낸곳 | 도서출판 동연
편   집 | 김구 박연숙 전영수 정인영 김율 디자인 | 황경실
등   록 | 제1-1383호(1992년 6월 12일)
주   소 | 서울시 마포구 월드컵로 163-3
전   화 | (02) 335-2630
팩   스 | (02) 335-2640
이메일 | yh4321@gmail.com
블로그 | https://blog.naver.com/dong-yeon-press

ISBN 978-89-6447-645-1 03200

〈총회한국교회연구원에서 출간한 '마을목회' 시리즈〉

1. 총회한국교회연구원.『마을목회 매뉴얼』. 제102회기 총회 정책 자료집 (2017).

2. 조용훈.『마을공동체와 교회공동체』. '마을목회' 개인저작 시리즈 1 (2017).

3. 김도일.『가정·교회·마을 교육공동체』. '마을목회' 개인저작 시리즈 2 (2018). **2018년 세종도
    서 우수학술도서**

4. 성석환.『지역공동체와 함께 하는 교회의 새로운 도전들』. '마을목회' 개인저작 시리즈 3 (2018).

5. 노영상 편.『마을교회와 마을목회(이론편)』. '마을목회' 시리즈 1 (2018).

6. 노영상 편.『마을교회와 마을목회(실천편)』. '마을목회' 시리즈 2 (2018).

7. 총회한국교회연구원 편.『하나님 나라를 구현하는 마을목회』. '마을목회' 시리즈 7/ 성경공
    부 교재: 마을과 함께 주님과 더불어 제1권 (2018).

8. 총회한국교회연구원 편.『마을과 함께하는 교회』. '마을목회' 시리즈 8/ 성경공부 교재: 마을
    과 함께 주님과 더불어, 제2권 (2018).

9. 총회한국교회연구원 편.『주민과 더불어 마을목회 실천하기』. '마을목회' 시리즈 9/ 성경공
    부 교재: 마을과 함께 주님과 더불어, 제3권 (2018).

10. 총회한국교회연구원 편.『세상을 살리는 마을목회』. '마을목회' 시리즈 10/ 성경공부 교재:
    마을과 함께 주님과 더불어 4권 (2018).

11. 한경호 편,『협동조합운동과 마을목회』. '마을목회' 시리즈 11 (2018).

12. 한국기독교사회복지실천학회 편.『마을목회와 지역사회복지』. '마을목회' 시리즈 12 (2019).

13. 한경호 엮음.『마을을 일구는 농촌 교회들』. '마을목회' 시리즈 13 (2019). **2020년 세종도서
    우수교양도서**

14. 총회한국교회연구원 편.『마을목회개론』. '마을목회' 시리즈 14 (2020).

15. 오상철 편.『사회적 봉사와 섬김을 중심으로 한 한국교회 통계조사』. '마을목회' 시리즈 15 (2020).

16. 송민호.『선교적 교회로 가는 길: 전통적인 교회에서 미셔널 처치로』. '마을목회' 시리즈 16 (2020).

17. 총회한국교회연구원 편.『온누리교회의 더멋진세상 만들기 선교』. '마을목회' 시리즈 17 (2020).

18. 기독교환경교육센터 살림/총회한국교회연구원 편.『생명살림 마을교회』. '마을목회' 시
    리즈 18 (2020).

19. 총회한국교회연구원편.『마을목회와 프런티어 교회들』. '마을목회' 시리즈 19 (2021).